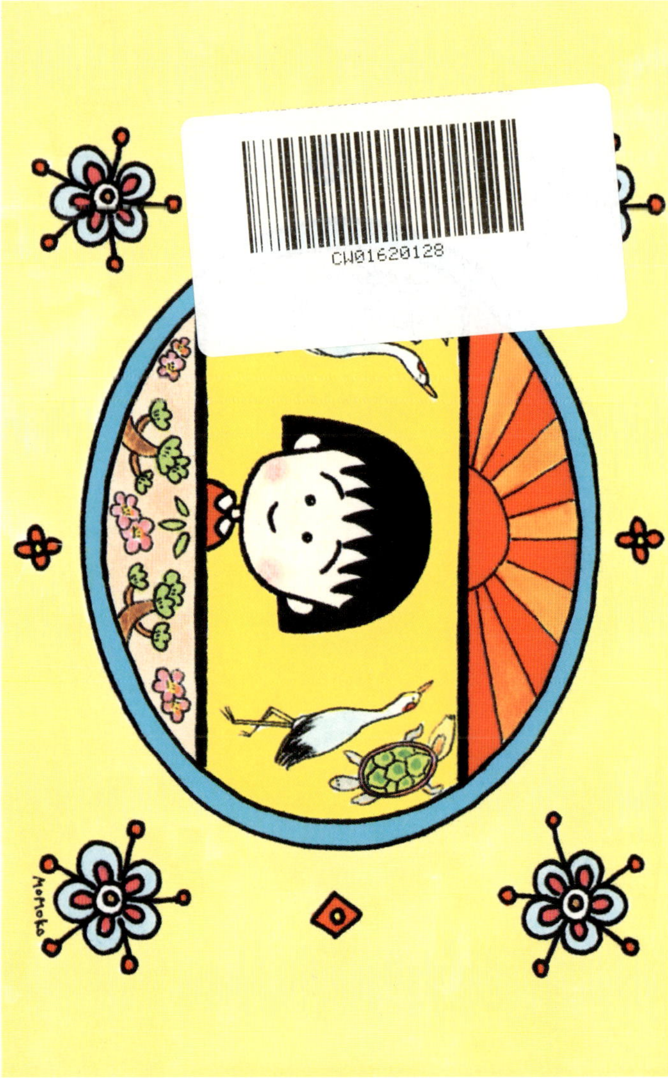
MoMoko

POST CARD

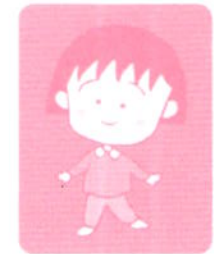

MOMOKO SAKURA

（キリトリ線）

集英社文庫

ちびまる子ちゃん④

さくらももこ

集英社版

もくじ

登場人物紹介

…さくら家の者達

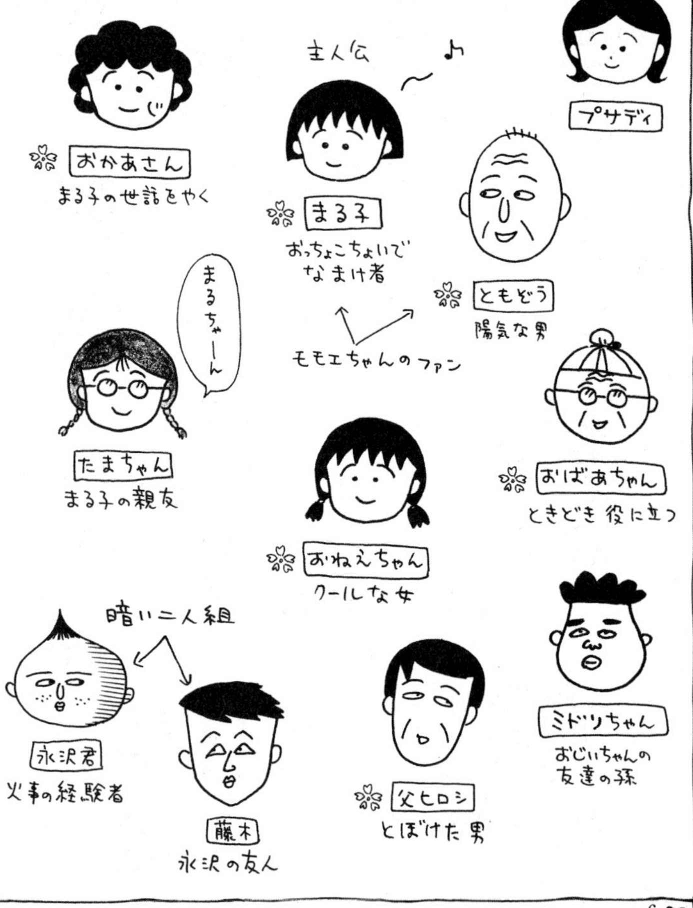

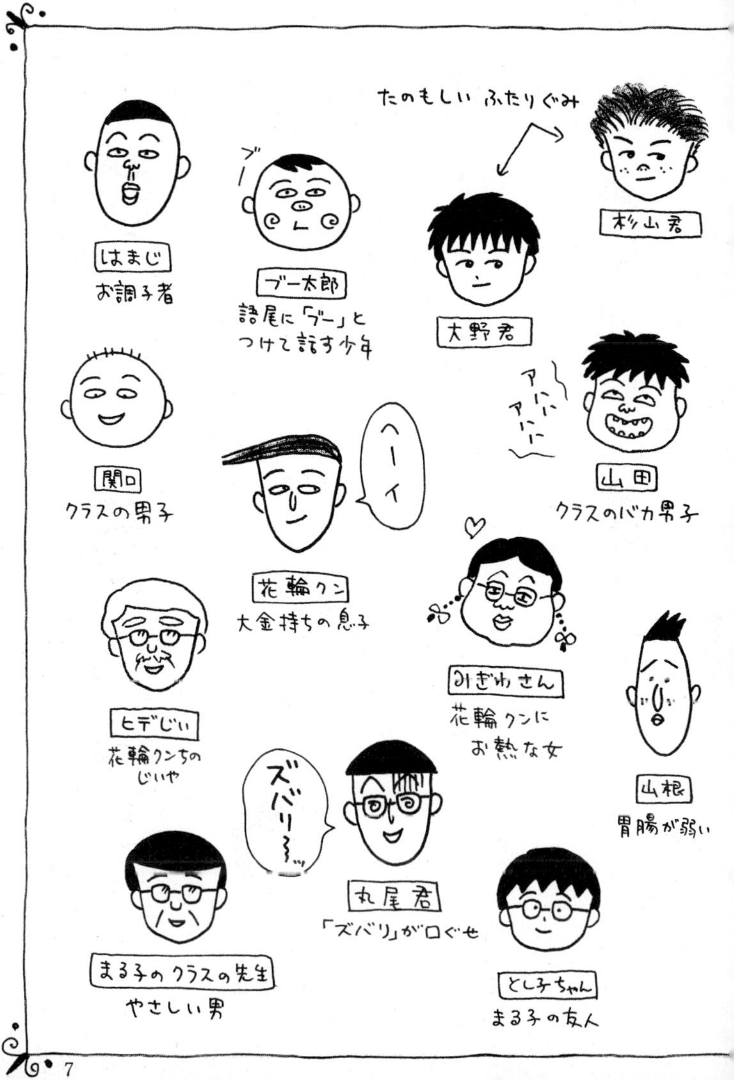

たのもしい ふたりぐみ
はまじ
お調子者
ブー
ブー太郎
語尾に「ブー」とつけて話す少年
大野君
杉山君
関口
クラスの男子
ヘーイ
花輪クン
大金持ちの息子
アハハ アハハ
山田
クラスのバカ男子
ヒデじい
花輪クンちのじいや
みぎわさん
花輪クンにお熱な女
山根
胃腸が弱い
ズバリ
丸尾君
「ズバリ」が口ぐせ
まる子のクラスの先生
やさしい男
とし子ちゃん
まる子の友人

ちびまる子ちゃん

④

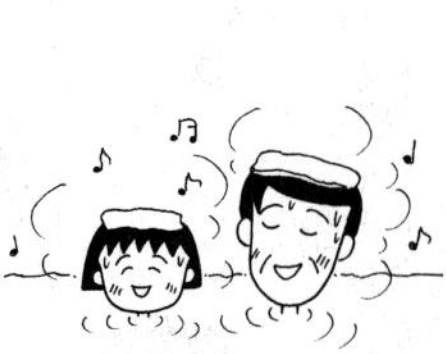

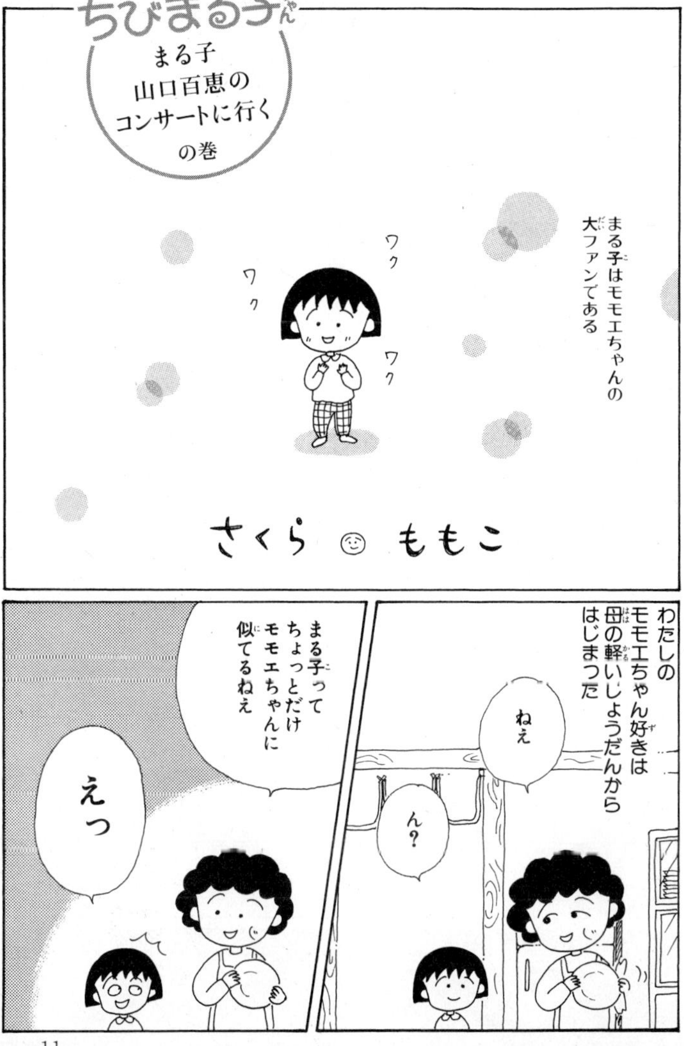
ちびまる子ちゃん
まる子 山口百恵のコンサートに行く の巻
まる子はモモエちゃんの大ファンである
ワクワク
ワクワク
さくらももこ
わたしのモモエちゃん好きは母の軽いじょうだんからはじまった
ねえ
ん?
まる子ってちょっとだけモモエちゃんに似てるねえ
えっ

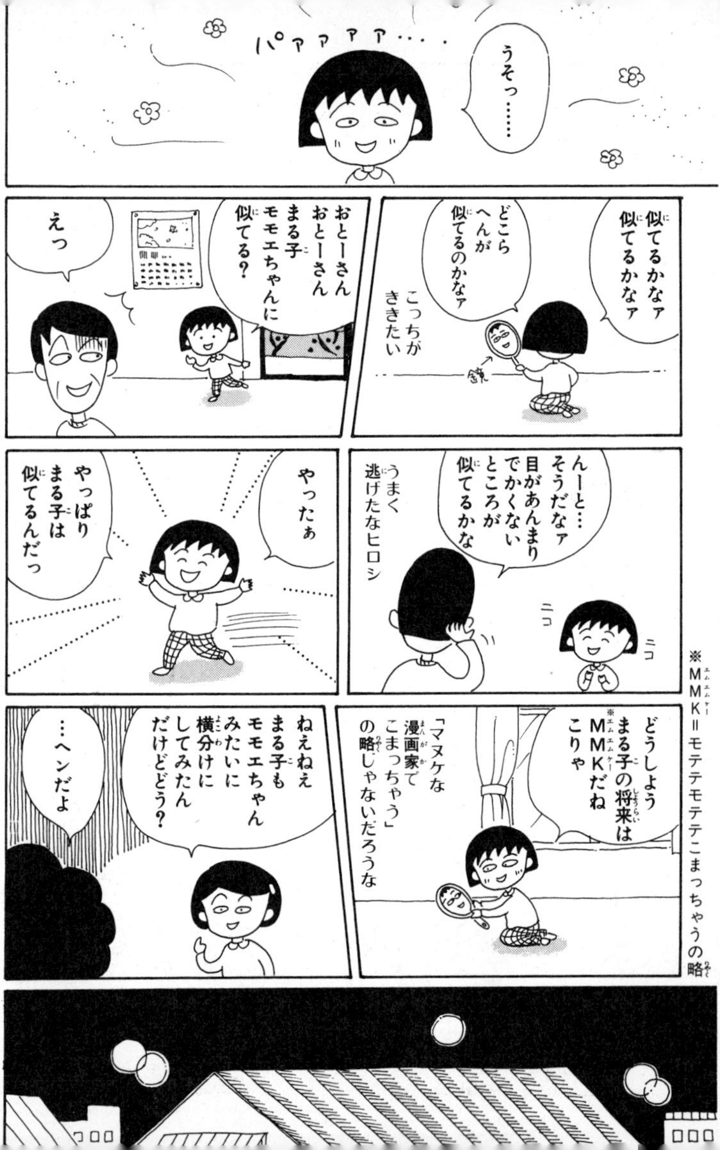

※MMK＝モテテモテテこまっちゃうの略

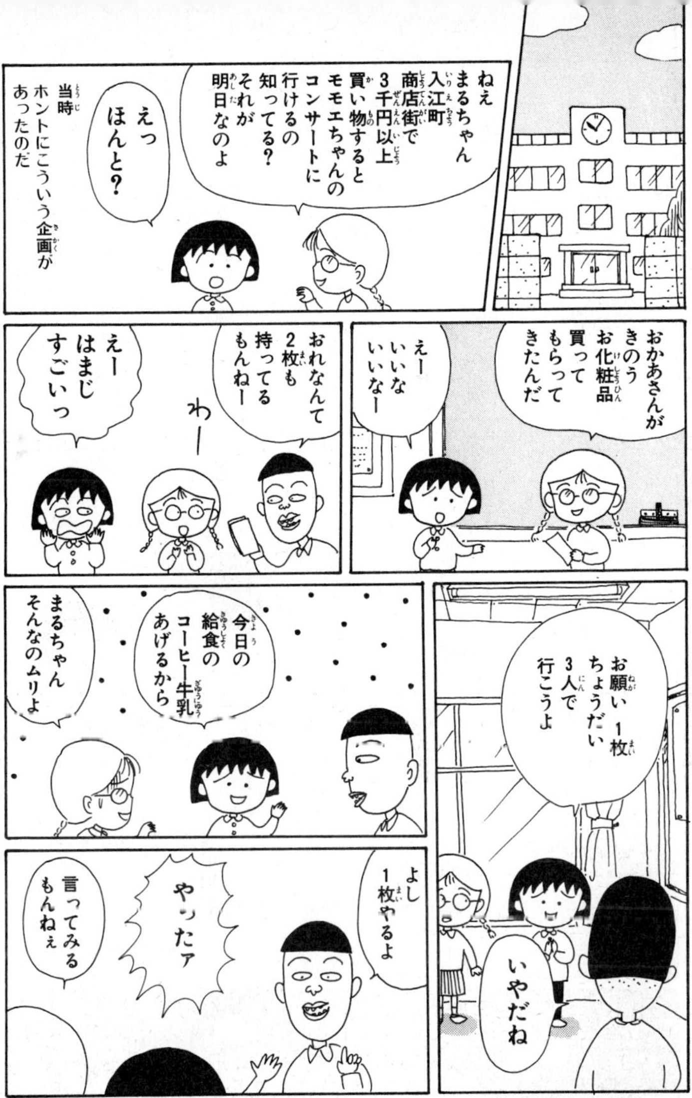

ねえ
まるちゃん
入江町
商店街で
3千円以上
買い物すると
モモエちゃんの
コンサートに
行けるの
知ってる?
それが
明日なのよ
えっ
ほんと?
当時
ホントにこういう企画が
あったのだ
おかあさんが
きのう
お化粧品
買って
もらって
きたんだ
えー
いいな
いいなー
おれなんて
2枚も
持ってる
もんねー
わー
えー
はまじ
すごいっ
お願い 1枚
ちょうだい
3人で
行こうよ
いやだね
今日の
給食の
コーヒー牛乳
あげるから
まるちゃん
そんなのムリよ
よし
1枚やるよ
やったァ
言ってみる
もんねぇ

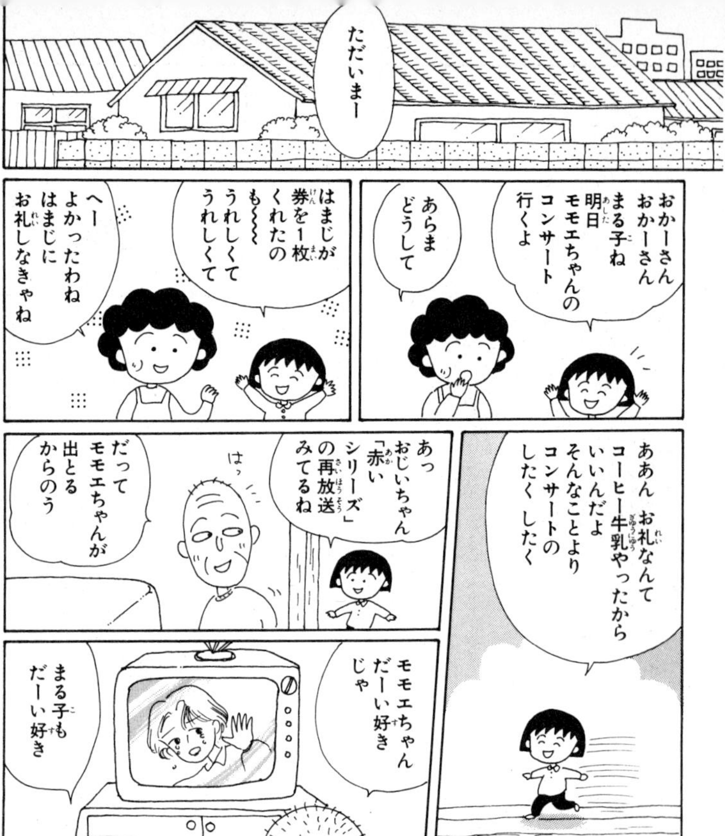
ただいまー
おかーさん おかーさん まる子ね 明日 モモエちゃんの コンサート 行くよ
あらま どうして
はまじが 券を1枚 くれたの も〜〜〜 うれしくて うれしくて
へー よかったわね はまじに お礼しなきゃね
ああん お礼なんて コーヒー牛乳やったから いいんだよ そんなことより コンサートの したく したく
あっ おじいちゃん 「赤い シリーズ」の再放送 みてるね
はっ
だって モモエちゃんが 出とるからのう
モモエちゃん だーい好き じゃ
まる子も だーい好き
この人に 会えるなんて 夢みたい……
えっ
いつどこで 会えるんじゃ いつどこで いつどこで

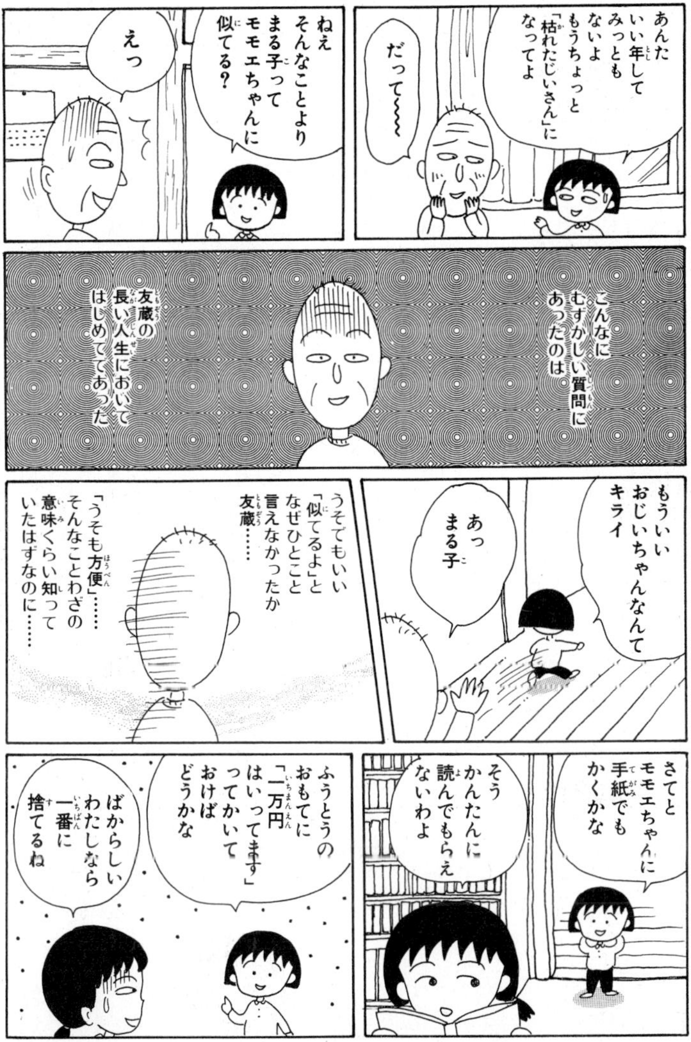

あんた いい年して みっともないよ もうちょっと 「枯れたじいさん」に なってよ
だって～～～
ねえ そんなことより まる子って モモエちゃんに 似てる？
えっ
こんなに むずかしい質問に あったのは
友蔵の 長い人生において はじめてであった
もういい おじいちゃんなんて キライ
あっ まる子
うそでもいい 「似てるよ」と なぜひとこと 言えなかったか 友蔵……
「うそも方便」…… そんなことわざの 意味くらい知って いたはずなのに……
さてと モモエちゃんに 手紙でも かくかな
そう かんたんに 読んでもらえ ないわよ
ふうとうの おもてに 「一万円 はいってます」 ってかいて おけば どうかな
ばからしい わたしなら 一番に 捨てるね

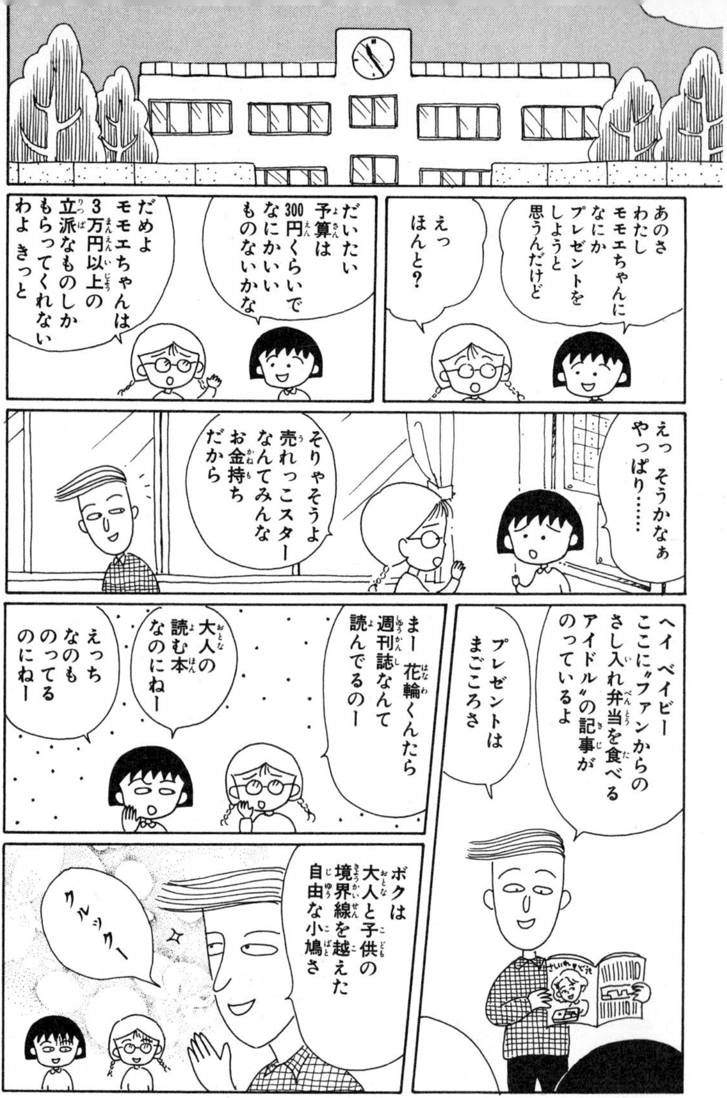
あのさ わたし モモエちゃんに なにか プレゼントを しようと 思うんだけど
えっ ほんと？
だいたい 予算は 300円くらいで なにかいい ものないかな
だめよ モモエちゃんは 3万円以上の 立派なものしか もらってくれない わよ きっと
えっ そうかなぁ やっぱり……
そりゃそうよ 売れっこスター なんてみんな お金持ち だから
ヘイ ベイビー ここに〝ファンからの さし入れ弁当を食べる アイドル〟の記事が のっているよ
プレゼントは まごころさ
まー 花輪くんたら 週刊誌なんて 読んでるのー
大人の 読む本 なのにねー
えっち なのも のってる のにねー
ボクは 大人と子供の 境界線を越えた 自由な小鳩さ
クルックー

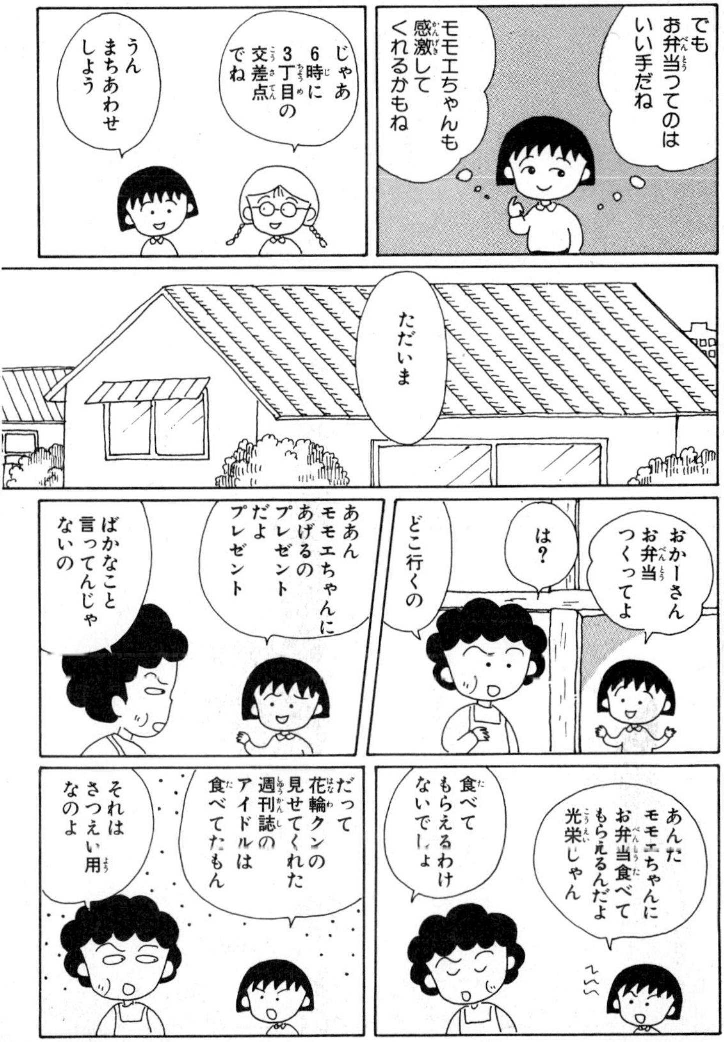
でも
お弁当ってのは
いい手だね
モモエちゃんも
感激して
くれるかもね
じゃあ
6時に
3丁目の
交差点
でね
うん
まちあわせ
しよう
ただいま
おかーさん
お弁当
つくってよ
は?
どこ行くの
ああん
モモエちゃんに
あげるの
プレゼント
だよ
プレゼント
ばかなこと
言ってんじゃ
ないの
あんた
モモエちゃんに
お弁当食べて
もらえるんだよ
光栄じゃん
食べて
もらえるわけ
ないでしょ
だって
花輪クンの
見せてくれた
週刊誌の
アイドルは
食べてたもん
それは
さつえい用
なのよ

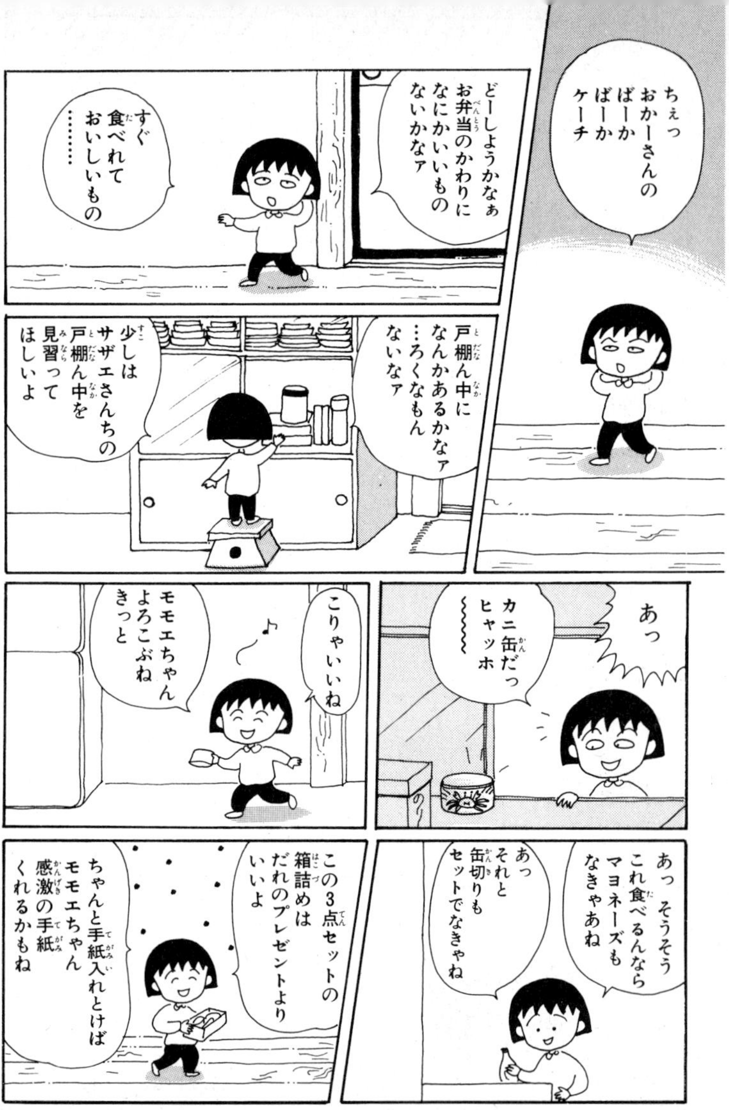
ちぇっ
おかーさんの
ばーか
ばーか
ケーチ
どーしようかなぁ
お弁当のかわりに
なにかいいもの
ないかなァ
すぐ
食べれて
おいしいもの
………
戸棚ん中に
なんかあるかなァ
…ろくなもん
ないなァ
少しは
サザエさんちの
戸棚ん中を
見習って
ほしいよ
あっ
カニ缶だっ
ヒャッホ〜〜〜
こりゃいいね
モモエちゃん
よろこぶね
きっと
あっ そうそう
これ食べるんなら
マヨネーズも
なきゃあね
あっ
それと
缶切りも
セットでなきゃね
この3点セットの
箱詰めは
だれのプレゼントより
いいよ
ちゃんと手紙入れとけば
モモエちゃん
感激の手紙
くれるかもね

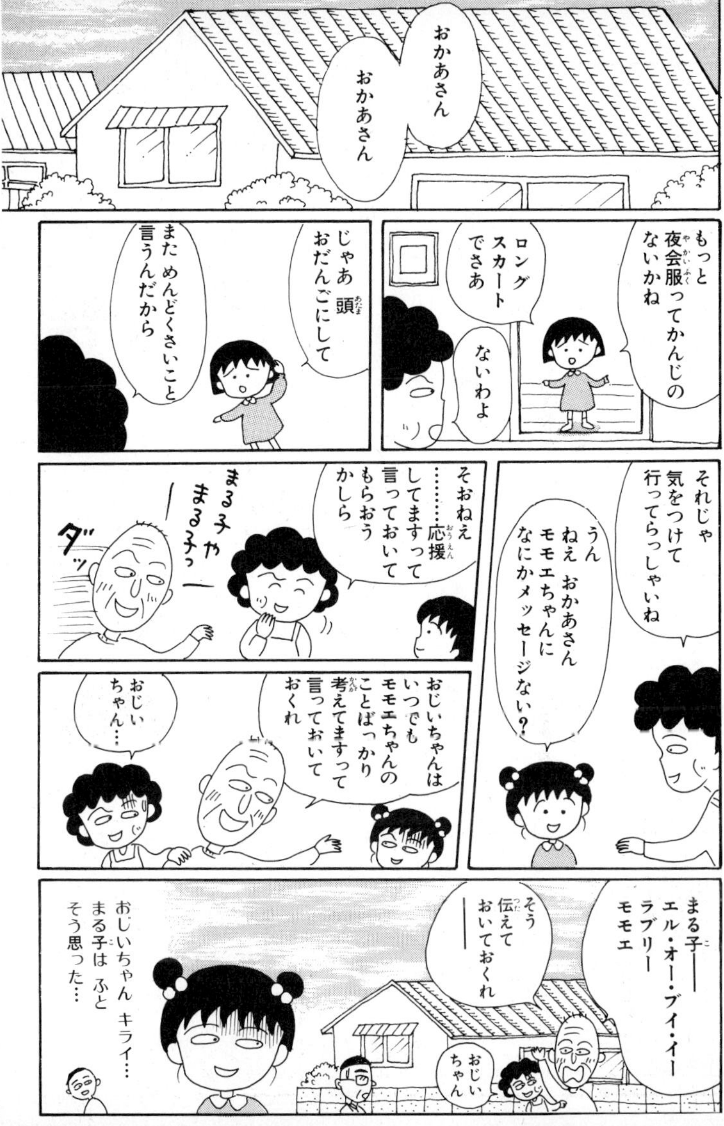
おかあさん
おかあさん
もっと夜会服ってかんじのないかね
ロングスカートでさあ
ないわよ
じゃあ 頭おだんごにして
また めんどくさいこと言うんだから
それじゃ気をつけて行ってらっしゃいね
うん ねえ おかあさん モモエちゃんになにかメッセージない？
そおねえ……応援してますって言っておいてもらおうかしら
まる子や まる子っ―
ダッ
おじいちゃんはいつでもモモエちゃんのことばっかり考えてますって言っておいておくれ
おじいちゃん…
まる子―― エル・オー・ブイ・イー ラブリー モモエ
そう伝えておいておくれ――
おじいちゃん
おじいちゃん キライ…。
まる子は ふと そう思った…

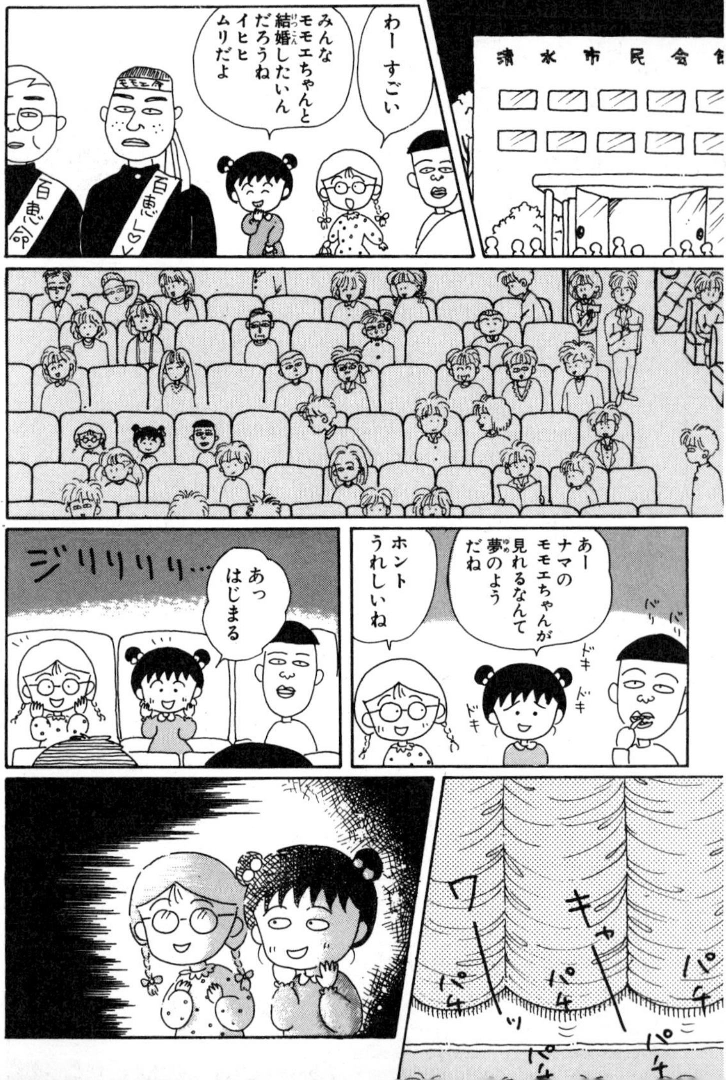
清水市民会
わー すごい
みんな モモエちゃんと結婚したいんだろうね イヒヒ ムリだよ
モモエ命
百恵命
あー ナマのモモエちゃんが見れるなんて夢のようだね
ホント うれしいね
ドキ ドキ ドキ
バリ バリ
ジリリリリ…
あっ はじまる
キャー
ワーッ
パチ パチ パチ パチ パチ パチ

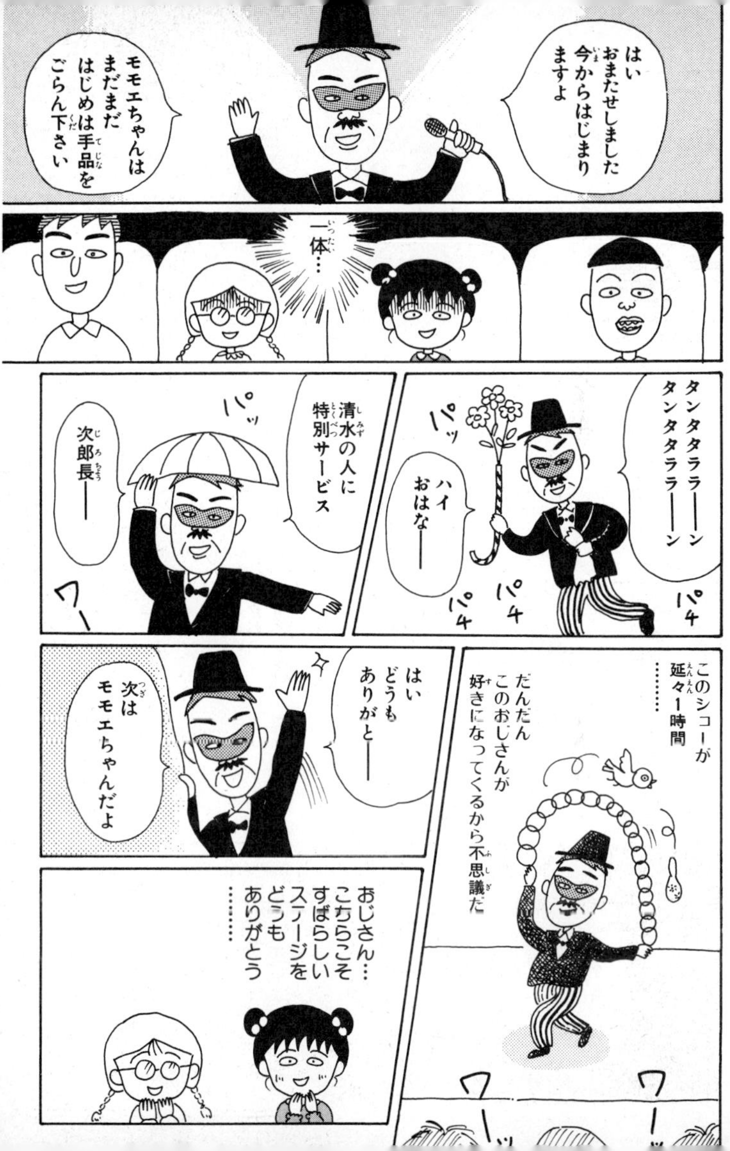
はい
おまたせしました
今からはじまりますよ
モモエちゃんは
まだまだ
はじめは手品を
ごらん下さい
一体…
タンタタララーーン
タンタタララーーン
パッ
ハイ
おはなーー
パチ
パチ
パチ
清水の人に
特別サービス
パッ
次郎長ーー
ワー
このシコーが
延々1時間……
だんだん
このおじさんが
好きになってくるから不思議だ
はい
どうも
ありがとーー
次は
モモエちゃんだよ
ワー
ワー
おじさん…
こちらこそ
すばらしい
ステージを
どうも
ありがとう……

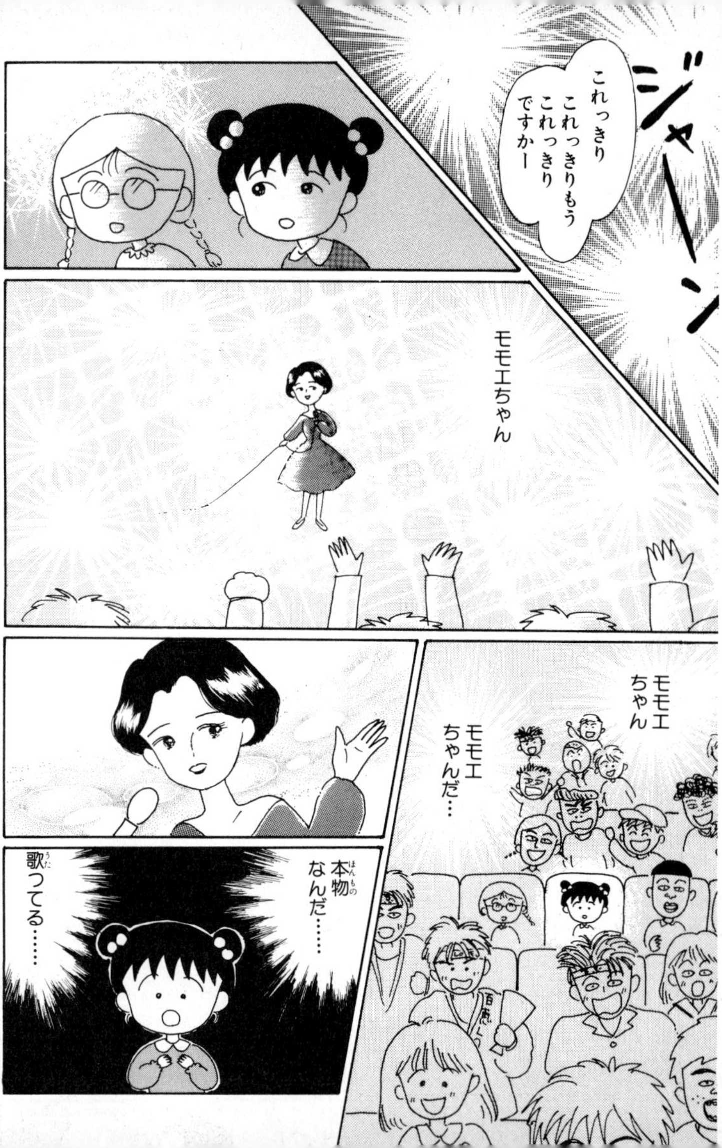
ジャーン
これっきり
これっきりもう
これっきり
ですかー
モモエちゃん
モモエ
ちゃん
モモエ
ちゃんだ…
本物なんだ……
歌ってる……

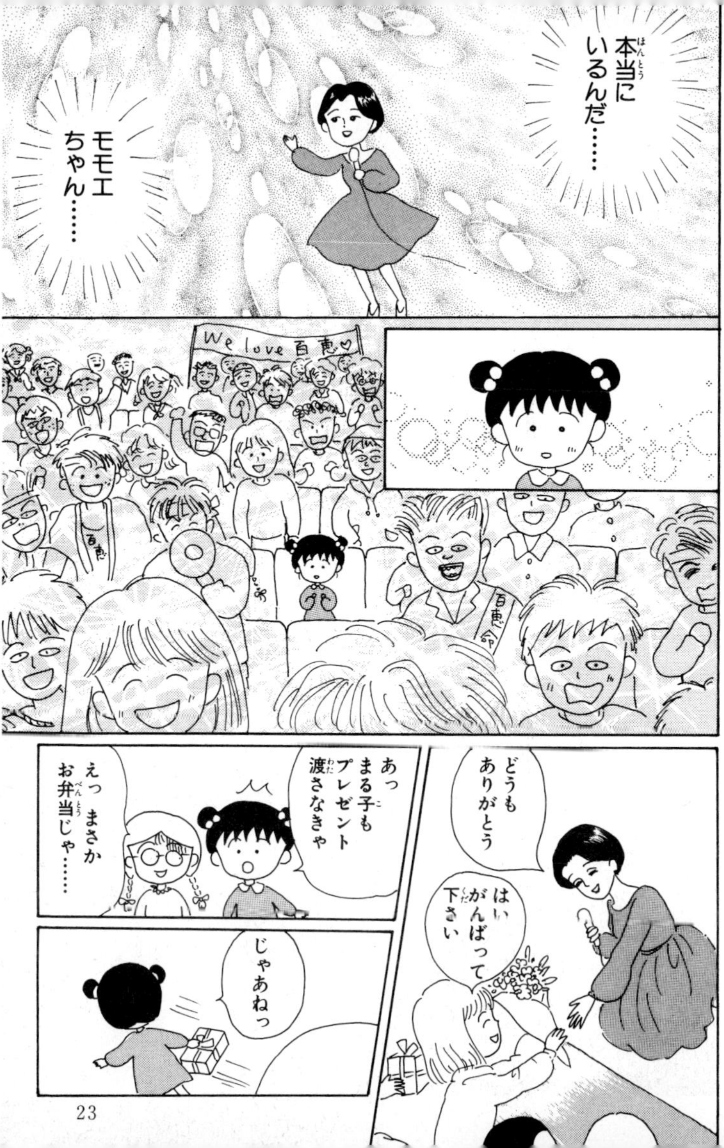
本当にいるんだ……
モモエちゃん……
We love 百恵♡
百恵
百恵命
どうもありがとう
はい がんばって下さい
あっ まる子もプレゼント渡さなきゃ
えっ まさか お弁当じゃ……
じゃあねっ

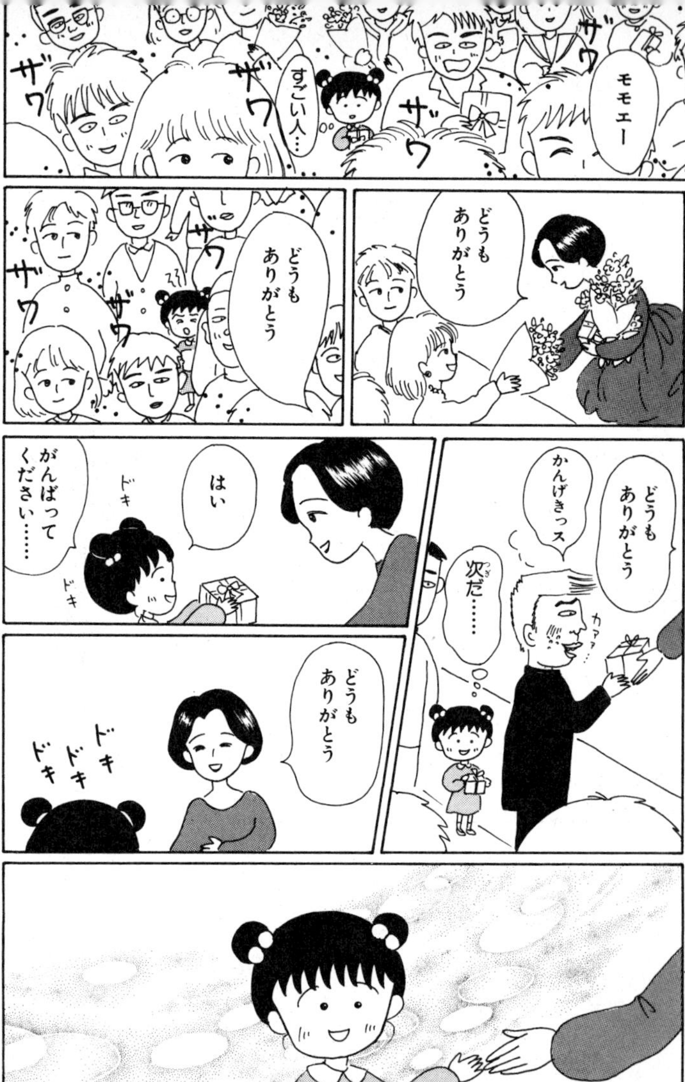
モモエー
ザワ
ザワ
ザワ
すごい人…
ザワ
どうもありがとう
どうもありがとう
ザワ
ザワ
ザワ
どうもありがとう
かんげきっス
カァァ…
次だ……
はい
がんばってください……
ドキ
ドキ
どうもありがとう
ドキ
ドキ
ドキ
ドキ

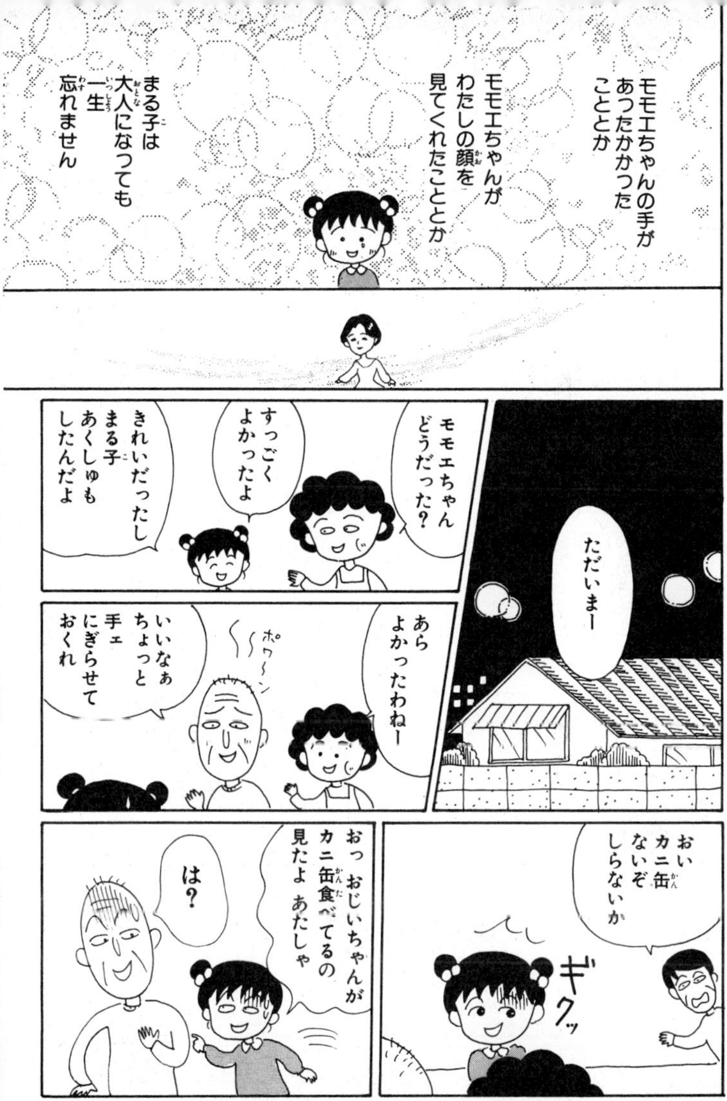
モモエちゃんの手が
あったかかった
ことか
モモエちゃんが
わたしの顔を
見てくれたことか
まる子は
大人になっても
一生
忘れません
ただいまー
モモエちゃん
どうだった?
すっごく
よかったよ
きれいだったし
まる子
あくしゅも
したんだよ
あら
よかったわねー
ポワ〜ン
いいなぁ
ちょっと
手ェ
にぎらせて
おくれ
おい
カニ缶
ないぞ
しらないか
ギクッ
おっ おじいちゃんが
カニ缶食べてるの
見たよ あたしゃ
は?

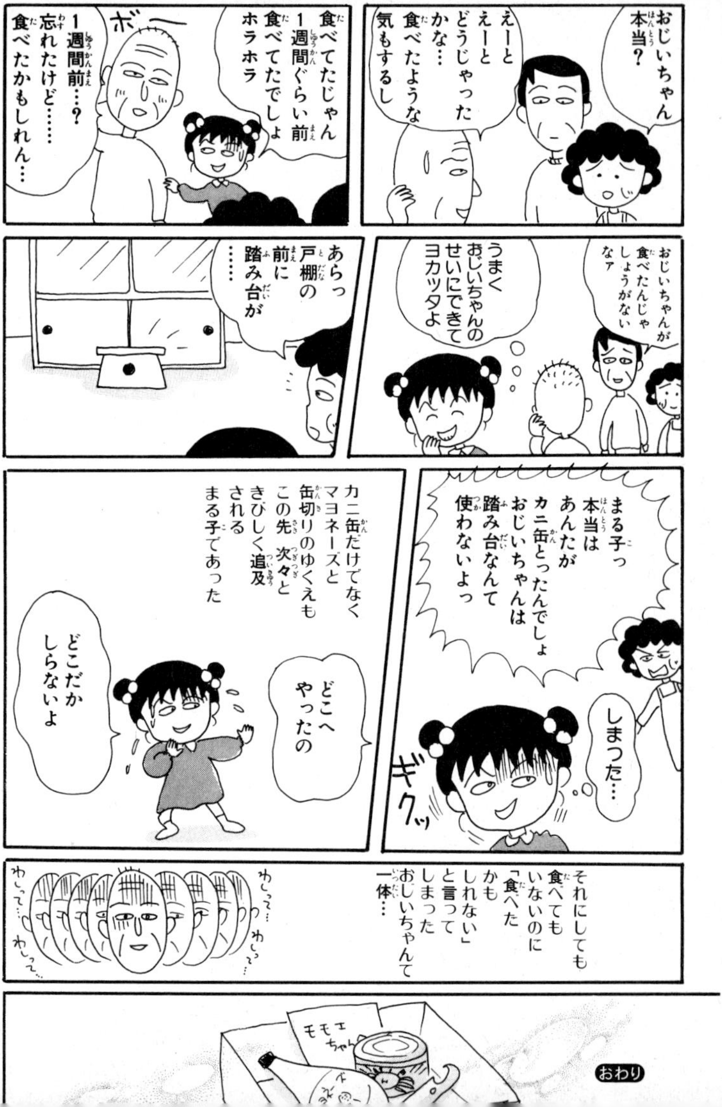

おじいちゃん本当？
えーとえーとどうじゃったかな…食べたような気もするし
食べてたじゃん1週間ぐらい前食べてたでしょホラホラ
ボー
1週間前…？忘れたけど……食べたかもしれん…
おじいちゃんが食べたんじゃしょうがないなァ
うまくおじいちゃんのせいにできてヨカッタよ
あらっ戸棚の前に踏み台が……
まる子っ本当はあんたがカニ缶とったんでしょおじいちゃんは踏み台なんて使わないよっ
しまった…
ギクッ
カニ缶だけでなくマヨネーズと缶切りのゆくえもこの先 次々ときびしく追及されるまる子であった
どこへやったの
どこだかしらないよ
それにしても食べてもいないのに「食べたかもしれない」と言ってしまったおじいちゃんて一体…
わしって…
わしって…
わしって…
わしって…
モモエちゃん
おわり

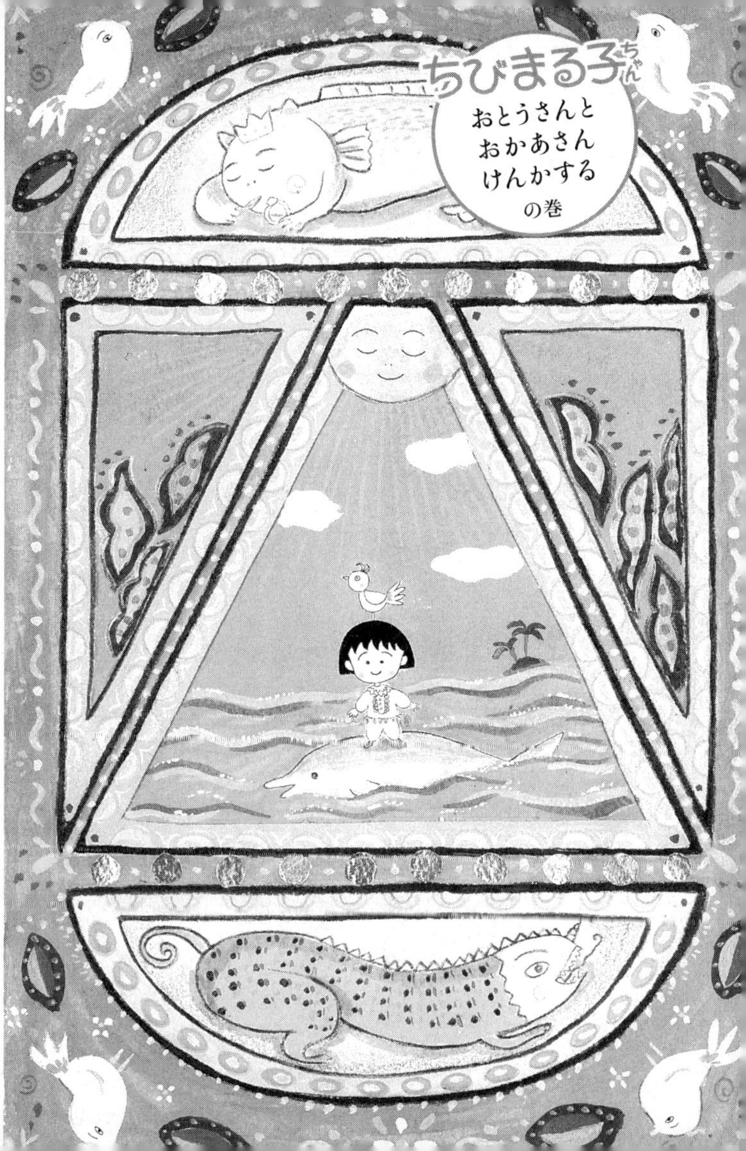
ちびまる子ちゃん
おとうさんと
おかあさん
けんかする
の巻

おまけのページ（登場人物について）

〝花輪クンや丸尾クンは実際にいたのですか〟という質問をよくききますがここでそれぞれお答えいたしましょう。

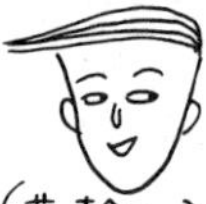
（花輪クン）

キザなお金持ちという設定のキャラで、特定のモデルはいません。ただお金持ちの友人のくらしを参考にしている部分があり、その友人は実在します。
でも、その友人はキザでもなく、全然自慢もしない女の子でした。
キザな男の子は学年に何人かいましたから、それらをデフォルメした形が花輪クンです。私は最近花輪クンがとても好きで、彼が登場するとちょっとテレちゃいますね。

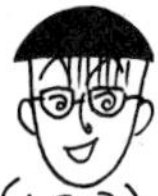
（丸尾君）

この子は架空の登場人物ですが、小学校のころよくいた〝学級委員なりたがりエキセントリック少年〟というのが私の心の中の記憶により
デフォルメされた形となって現れています。

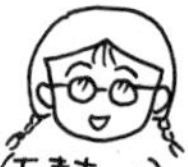
（たまちゃん）

たまちゃんとは小学校以来の仲良しでほんとにいっしょに学校に行ったりしてました。彼女がメガネをかけるようになったのは高校にはいってからでしたけれど。

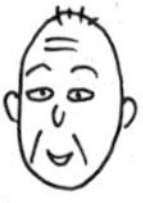
（おじいちゃん）

うちにじいさんはいましたがこんなにいいじいさんじゃなかったですね　本当は。とんでもないイジワルじじいでしたが、まる子に登場しているじいさんは、私の理想も含まれているのでしょう。痴呆ぎみという点だけは一緒でした。

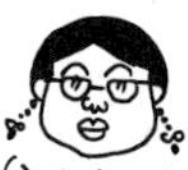
（みぎわさん）

完全に架空のキャラです。モデルがいるって言ったらおこられるよ。くわばらくわばら。

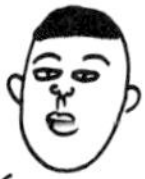
（はまじ）

彼は実在です。〝はまじ〟というあだ名も本当でした。ゆかいなキャラクターで、私は彼と小学校3・4・5・6年、中学校2・3年と同じクラスという長いつきあいでした。
あんたと同じクラスで楽しかったよ。

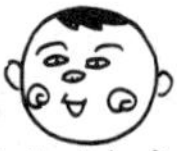
（ブー太郎）

いました。
こんな顔でデブちんでした。
ほんとに「ブー」とは言ってなかったけれど、いまにも言いそうなカオでした。

他にも実在してたり記憶のデフォルメだったりいろいろです。でも、全部私の心のどこかにいたんたちばっかりだと思います。

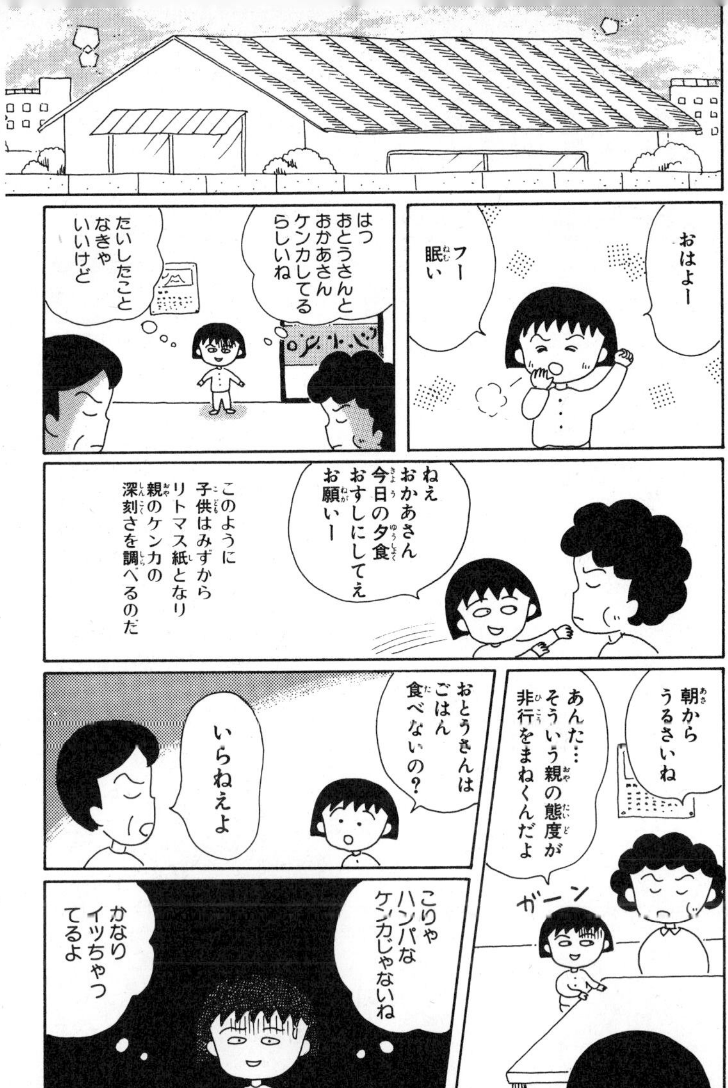
おはよー
フー 眠い
はっ おとうさんと おかあさん ケンカしてる らしいね
たいしたこと なきゃ いいけど
ねえ おかあさん 今日の夕食 おすしにしてえ お願いー
このように 子供はみずから リトマス紙となり 親のケンカの 深刻さを調べるのだ
朝から うるさいね
あんた… そういう親の態度が 非行をまねくんだよ
ガーン
おとうさんは ごはん 食べないの?
いらねえよ
こりゃ ハンパな ケンカじゃないね
かなり イッちゃってるよ

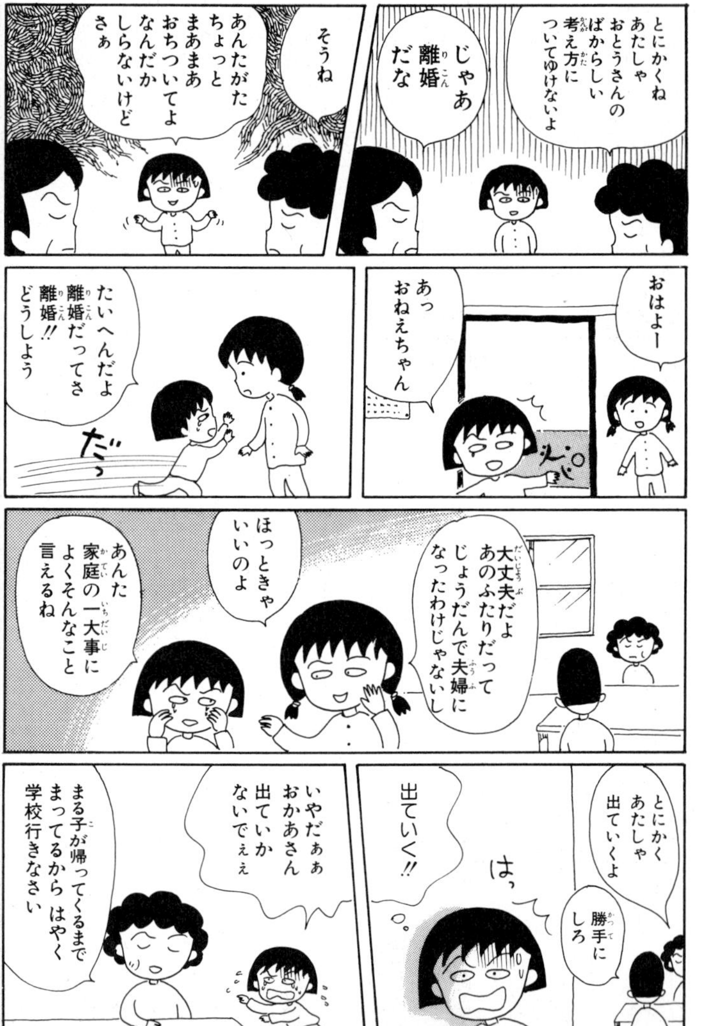
とにかくね あたしゃ おとうさんの ばからしい 考え方に ついてゆけないよ
じゃあ 離婚だな
そうね
あんたがた ちょっと まあまあ おちついてよ なんだか しらないけど さぁ
おはよー
あっ おねえちゃん
たいへんだよ 離婚だってさ 離婚!! どうしよう
だっ
大丈夫だよ あのふたりだって じょうだんで夫婦に なったわけじゃないし
ほっときゃ いいのよ
あんた 家庭の一大事に よくそんなこと 言えるね
とにかく あたしゃ 出ていくよ
勝手に しろ
は
出ていく!!
いやだぁぁ おかあさん 出ていか ないでぇぇ
まる子が帰ってくるまで まってるから はやく 学校行きなさい

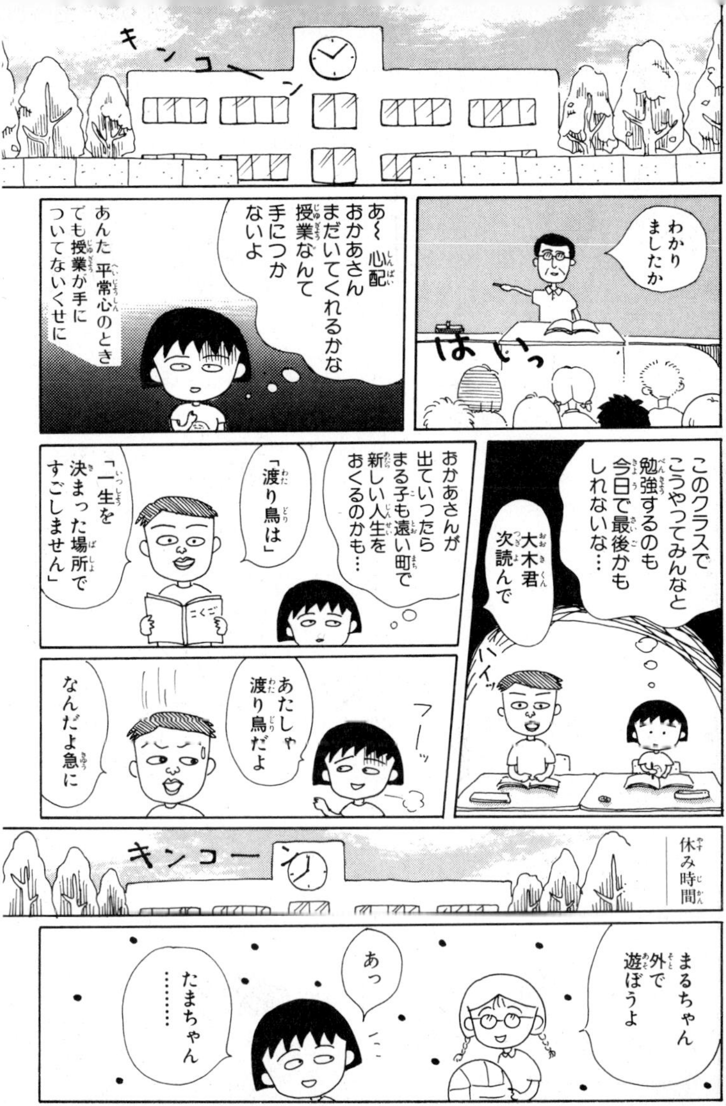

キンコーン
わかりましたか
はいっ
あ〜 心配
おかあさん まだいてくれるかな
授業なんて手につかないよ
あんた 平常心のときでも授業が手についてないくせに
このクラスでこうやってみんなと勉強するのも今日で最後かもしれないな…
大木君 次読んで
ハイッ
おかあさんが出ていったらまる子も遠い町で新しい人生をおくるのかも…
「渡り鳥は」
「一生を決まった場所ですごしません」
こくご
フーッ
あたしゃ渡り鳥だよ
なんだよ急に
休み時間
キンコーン
まるちゃん外で遊ぼうよ
あっ
たまちゃん………

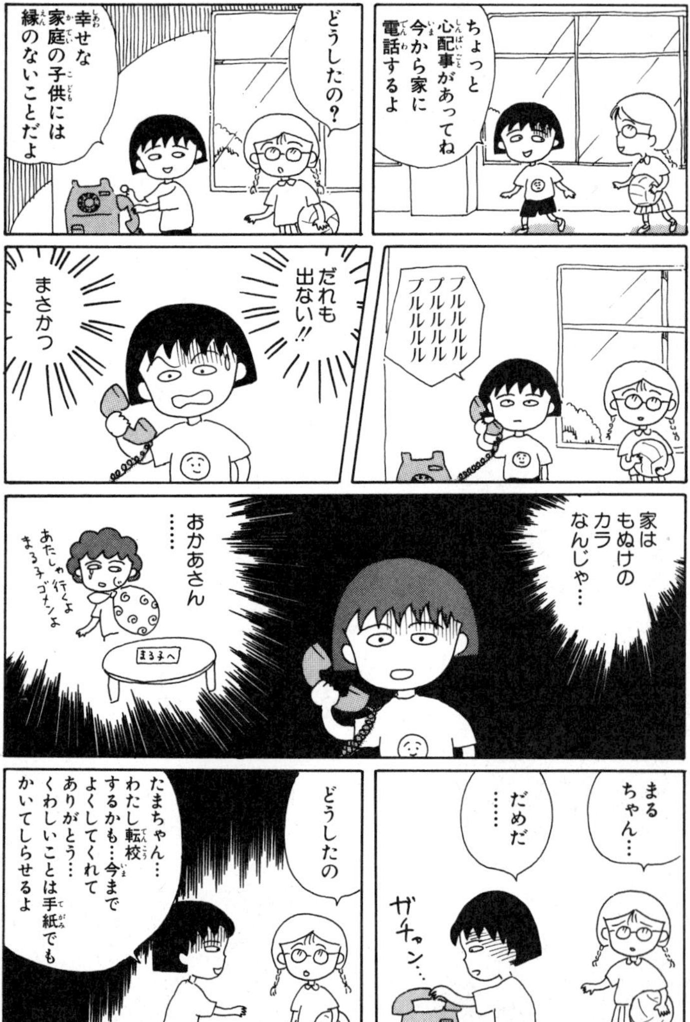
ちょっと
心配事があってね
今から家に
電話するよ
どうしたの？
幸せな
家庭の子供には
縁のないことだよ
プルルルル
プルルルル
プルルルル
だれも
出ない!!
まさかっ
家は
もぬけの
カラ
なんじゃ…
おかあさん
……
あたしゃ行くよ
まる子ゴメンよ
まる子へ
まる
ちゃん……
だめだ
……
ガチャン…
どうしたの
たまちゃん…
わたし転校
するかも…今まで
よくしてくれて
ありがとう…
くわしいことは手紙でも
かいてしらせるよ

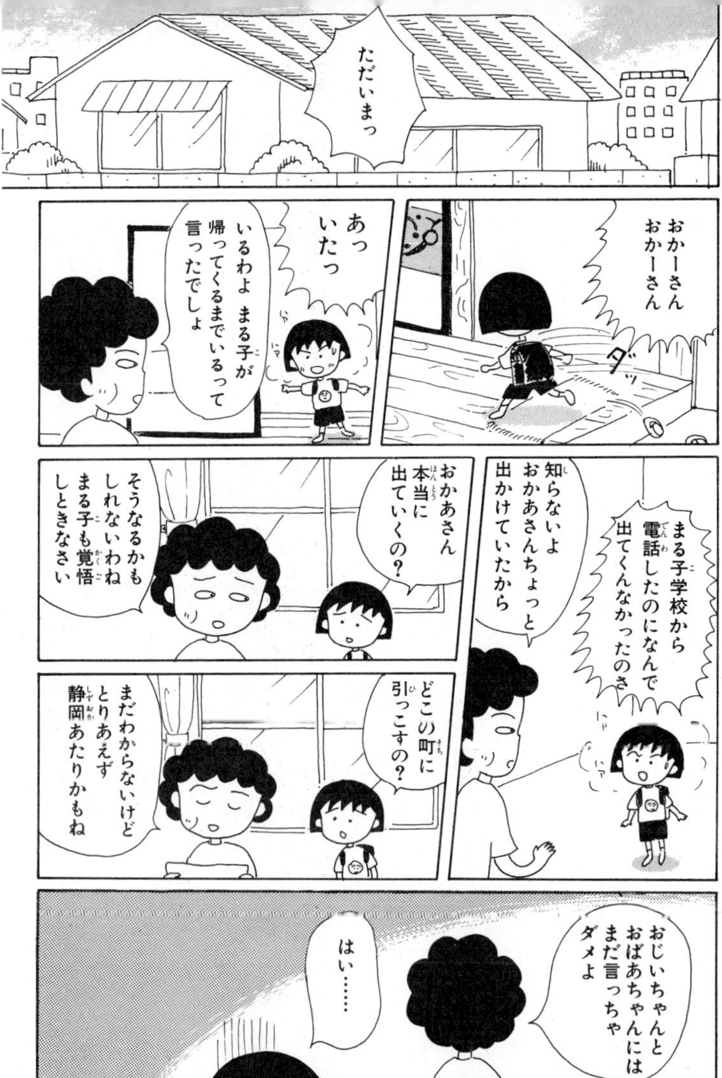
ただいまっ
おかーさん
おかーさん
ダッ
あっ
いたっ
いるわよ まる子が
帰ってくるまでいるって
言ったでしょ
まる子学校から
電話したのになんで
出てくんなかったのさ
知らないよ
おかあさんちょっと
出かけていたから
おかあさん
本当に
出ていくの？
そうなるかも
しれないわね
まる子も覚悟
しときなさい
どこの町に
引っこすの？
まだわからないけど
とりあえず
静岡あたりかもね
おじいちゃんと
おばあちゃんには
まだ言っちゃ
ダメよ
はい……

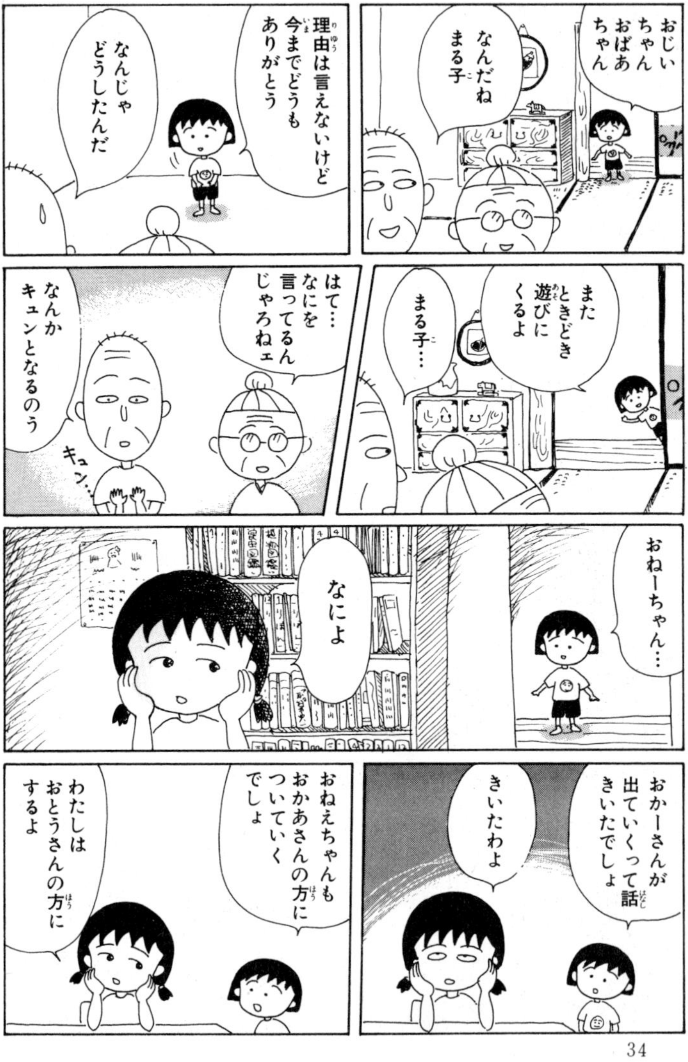
おじいちゃん おばあちゃん
なんだね まる子
理由は言えないけど 今までどうも ありがとう
なんじゃ どうしたんだ
また ときどき 遊びに くるよ
まる子…
はて… なにを 言ってるん じゃろねェ
なんか キュンとなるのう
キュン…
おねーちゃん…
なによ
おかーさんが 出ていくって話 きいたでしょ
きいたわよ
おねえちゃんも おかあさんの方に ついていく でしょ
わたしは おとうさんの方に するよ

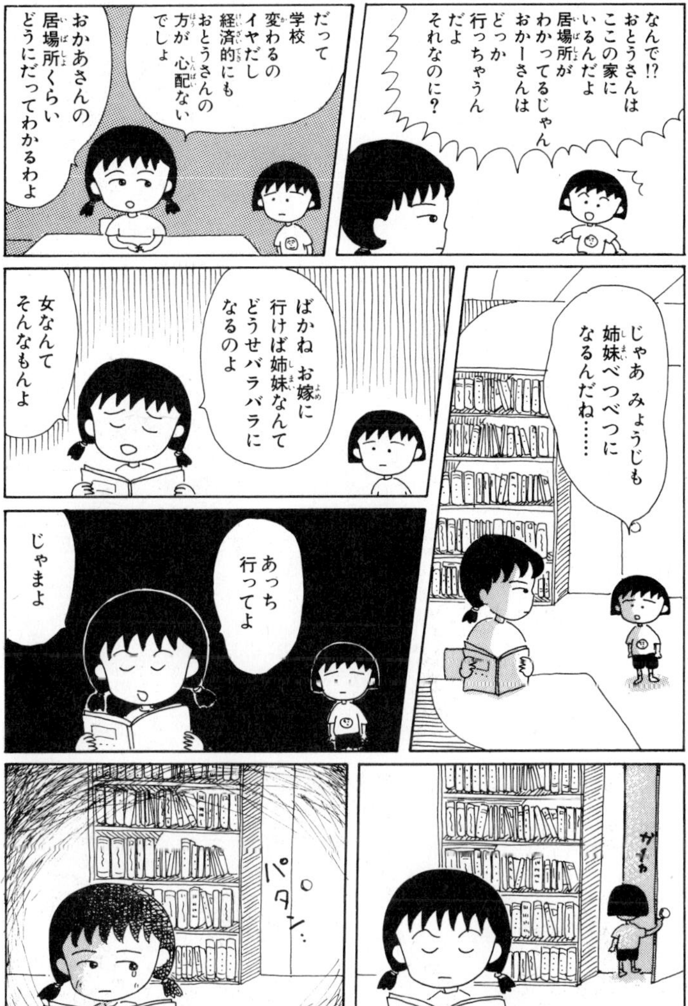
なんで!? おとうさんは ここの家に いるんだよ 居場所が わかってるじゃん おかーさんは どっか 行っちゃうん だよ それなのに?
だって 学校 変わるの イヤだし 経済的にも おとうさんの 方が 心配ない でしょ
おかあさんの 居場所くらい どうにだって わかるわよ
じゃあ みょうじも 姉妹べつべつに なるんだね……
ばかね お嫁に 行けば姉妹なんて どうせバラバラに なるのよ
女なんて そんなもんよ
あっち 行ってよ
じゃまよ
ガチャ
パタン…

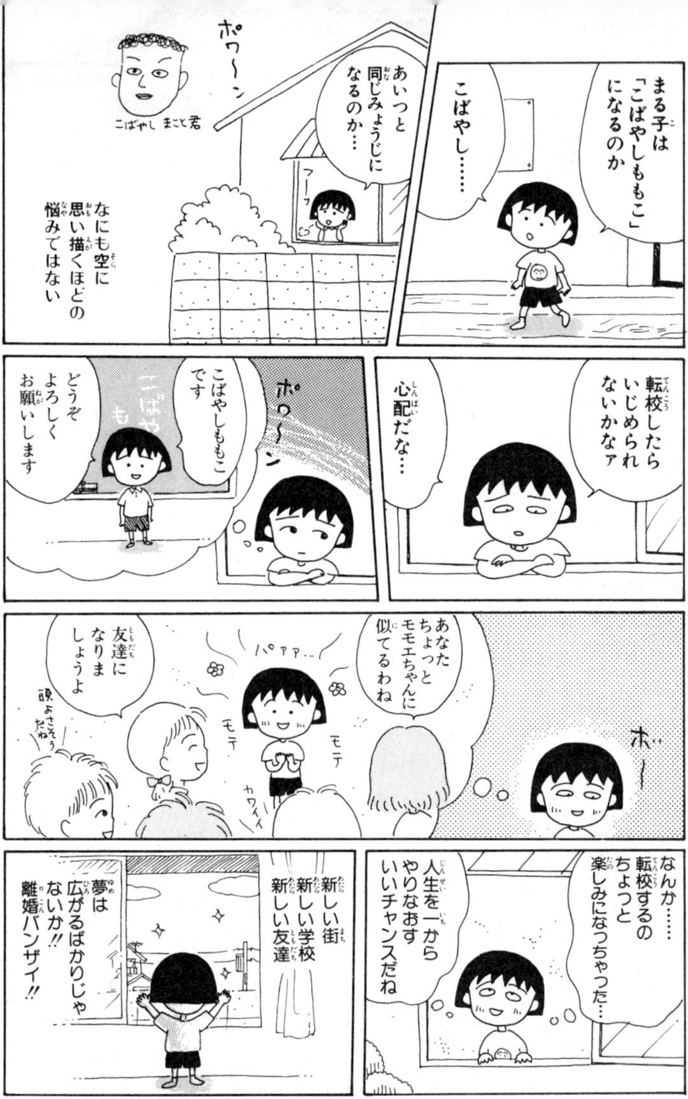
まる子は「こばやしももこ」になるのか
こばやし……
あいつと同じみようじになるのか…
ポワ〜ン
こばやし まこと君
なにも空に思い描くほどの悩みではない
転校したらいじめられないかなァ
心配だな…
ポワ〜ン
こばやしももこです
どうぞよろしくお願いします
ホ〜
あなたちょっとモモエちゃんに似てるわね
パァア…
モテ
モテ
カワイイ
友達になりましょうよ
頭よさそうだね
なんか……転校するのちょっと楽しみになっちゃった…
人生を一からやりなおすいいチャンスだね
新しい街
新しい学校
新しい友達
夢は広がるばかりじゃないか!!
離婚バンザイ!!

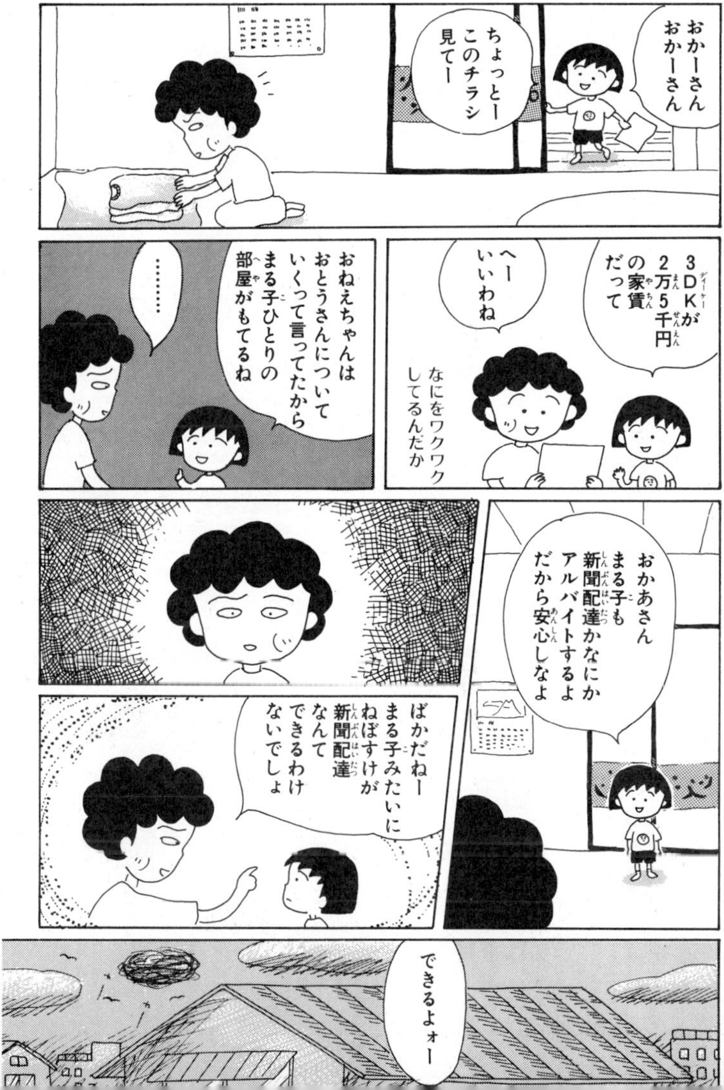
おかーさん おかーさん
ちょっとー このチラシ 見てー
3DKが 2万5千円の家賃だって
へー いいわね
なにをワクワクしてるんだか
おねえちゃんは おとうさんについて いくって言ってたから まる子ひとりの 部屋がもてるね
………
おかあさん まる子も 新聞配達かなにか アルバイトするよ だから安心しなよ
ばかだねー まる子みたいに ねぼすけが 新聞配達 なんて できるわけ ないでしょ
できるよォー

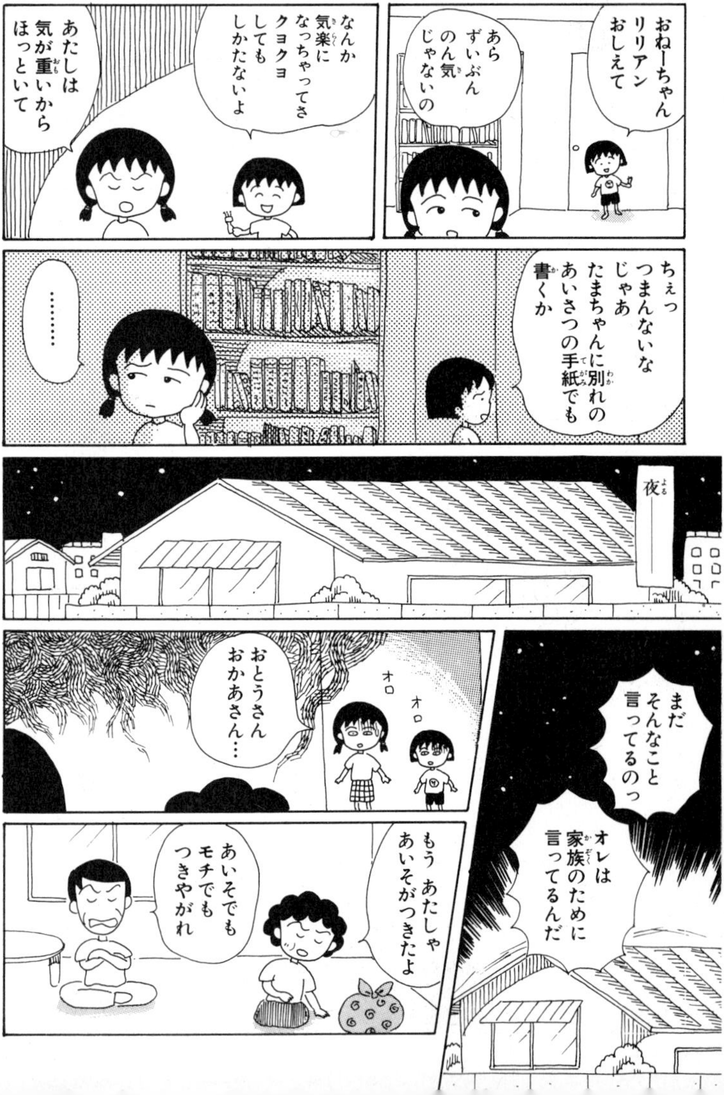
おねーちゃん
リリアン
おしえて
あら
ずいぶん
のん気
じゃないの
なんか
気楽に
なっちゃってさ
クヨクヨ
しても
しかたないよ
あたしは
気が重いから
ほっといて
ちぇっ
つまんないな
じゃあ
たまちゃんに別れの
あいさつの手紙でも
書くか
………
夜――
まだ
そんなこと
言ってるのっ
オレは
家族のために
言ってるんだ
おとうさん
おかあさん…
オロ
オロ
もう あたしゃ
あいそがつきたよ
あいそでも
モチでも
つきやがれ

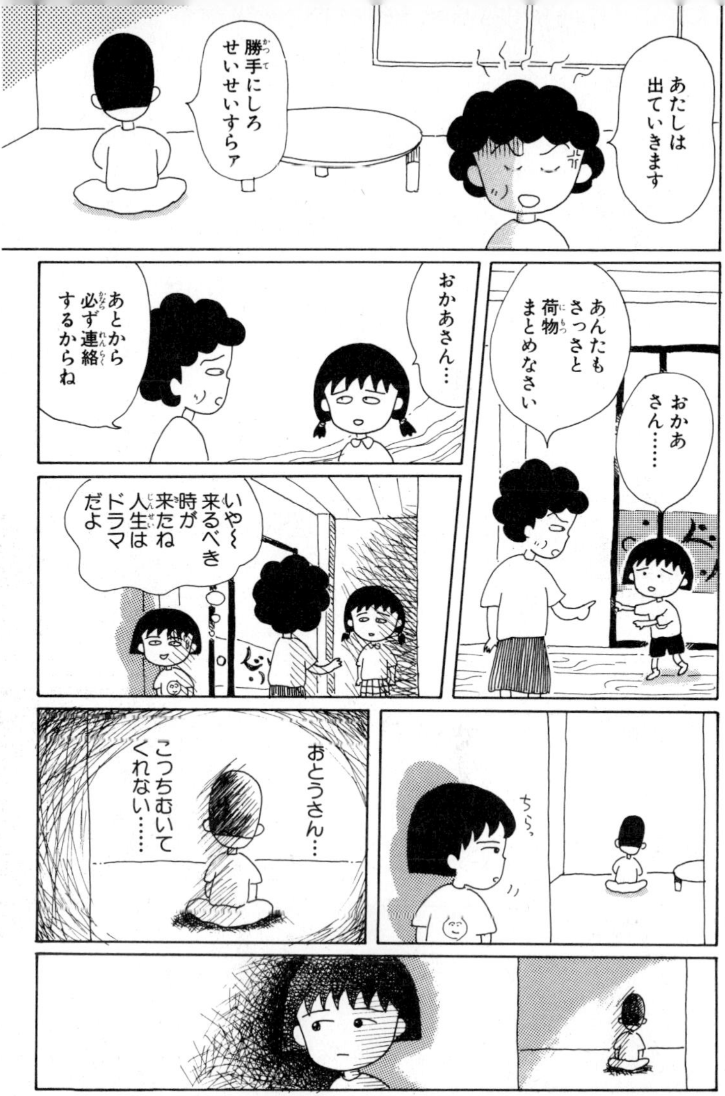

あたしは出ていきます
勝手にしろせいせいすらァ
おかあさん……
あんたもさっさと荷物まとめなさい
おかあさん…
あとから必ず連絡するからね
いや〜来るべき時が来たね人生はドラマだよ
ちらっ
おとうさん…
こっちむいてくれない……

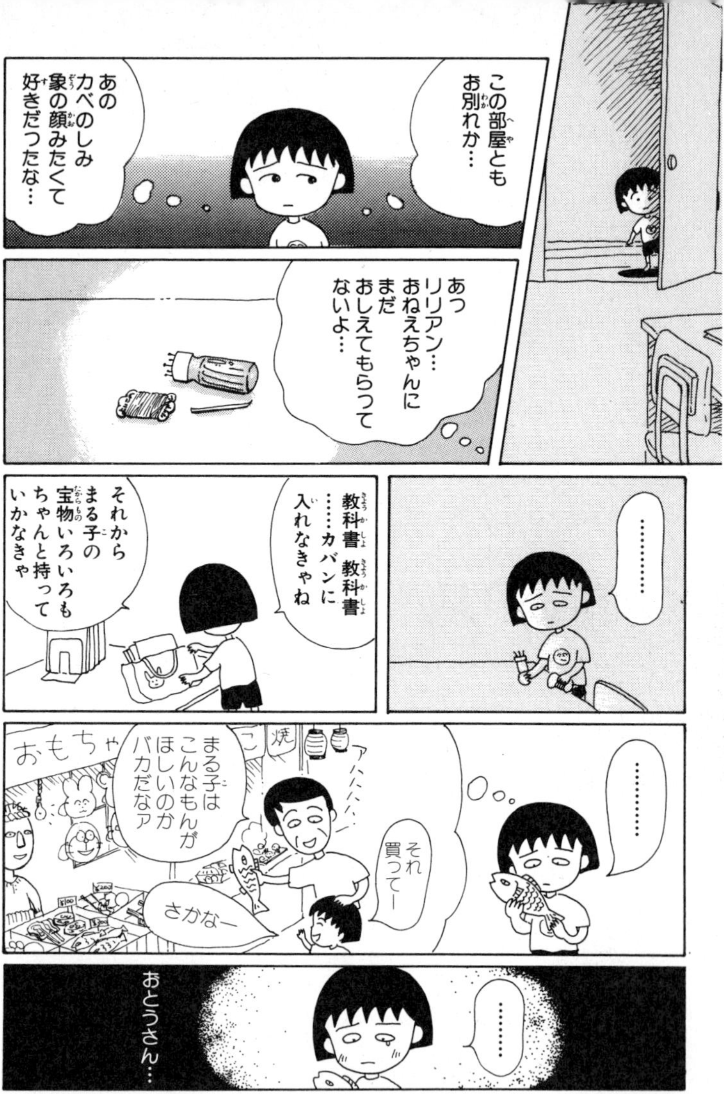
この部屋とも
お別れか…
あの
カベのしみ
象の顔みたくて
好きだつたな…
あつ
リリアン…
おねえちゃんに
まだ
おしえてもらつて
ないよ…
…………
教科書 教科書
……カバンに
入れなきゃね
それから
まる子の
宝物いろいろも
ちゃんと持って
いかなきゃ
…………
それ
買つてー
アハハハ
まる子は
こんなもんが
ほしいのか
バカだなア
さかなー
おもちゃ
焼
……
おとうさん…

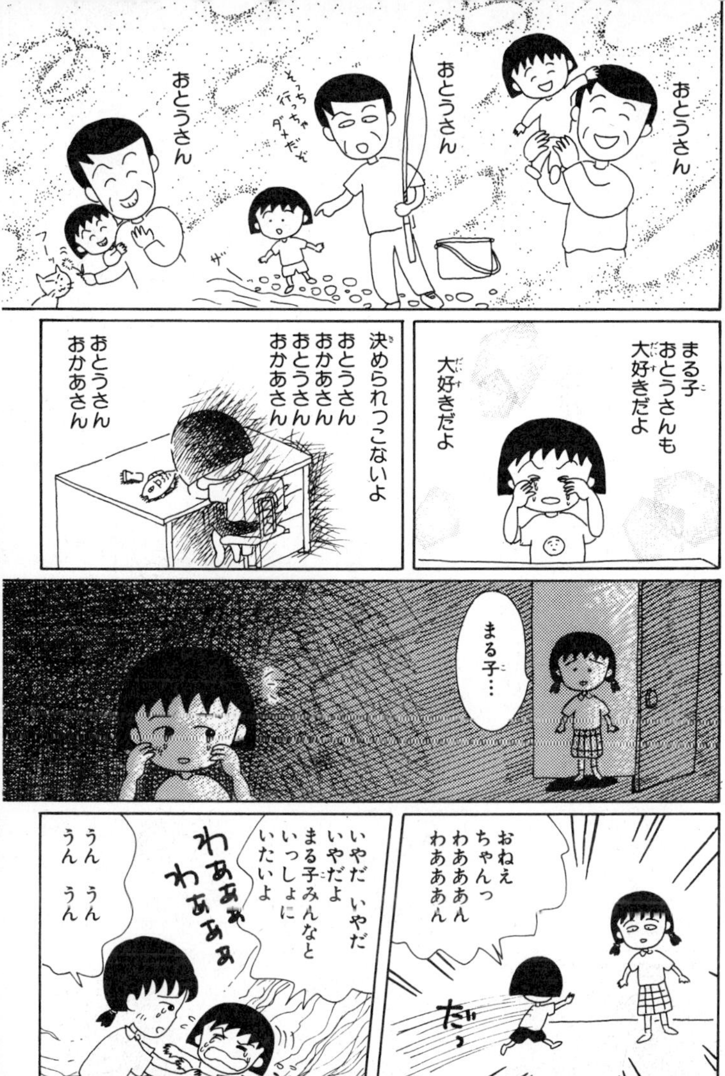
おとうさん
おとうさん
そっち行っちゃダメだぞ
おとうさん
ザ
フーッ
まる子
おとうさんも
大好きだよ
大好きだよ
決められっこないよ
おとうさん
おかあさん
おとうさん
おかあさん
おとうさん
おかあさん
まる子…
おねえちゃんっ
わあああん
わあああん
だっ
いやだ いやだ
いやだよ
まる子みんなと
いっしょに
いたいよ
わあああ
わあああ
うん うん
うん うん

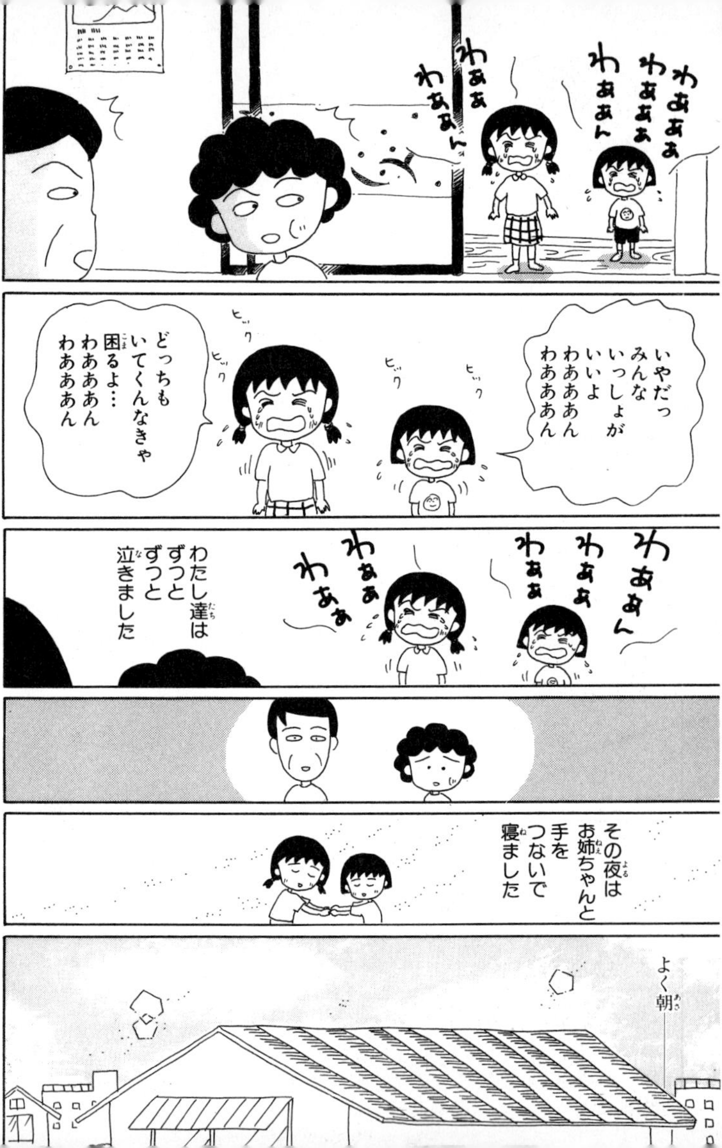
わあああ
わああああ
わあああん
わああ
わああん
いやだっ
みんな
いっしょが
いいよ
わあああん
わあああん
ヒック
ヒック
ヒック
ヒック
どっちも
いてくんなきゃ
困るよ…
わあああん
わあああん
わあん
わああ
わああ
わああ
わああ
わたし達は
ずっと
ずっと
泣きました
その夜は
お姉ちゃんと
手を
つないで
寝ました
よく朝

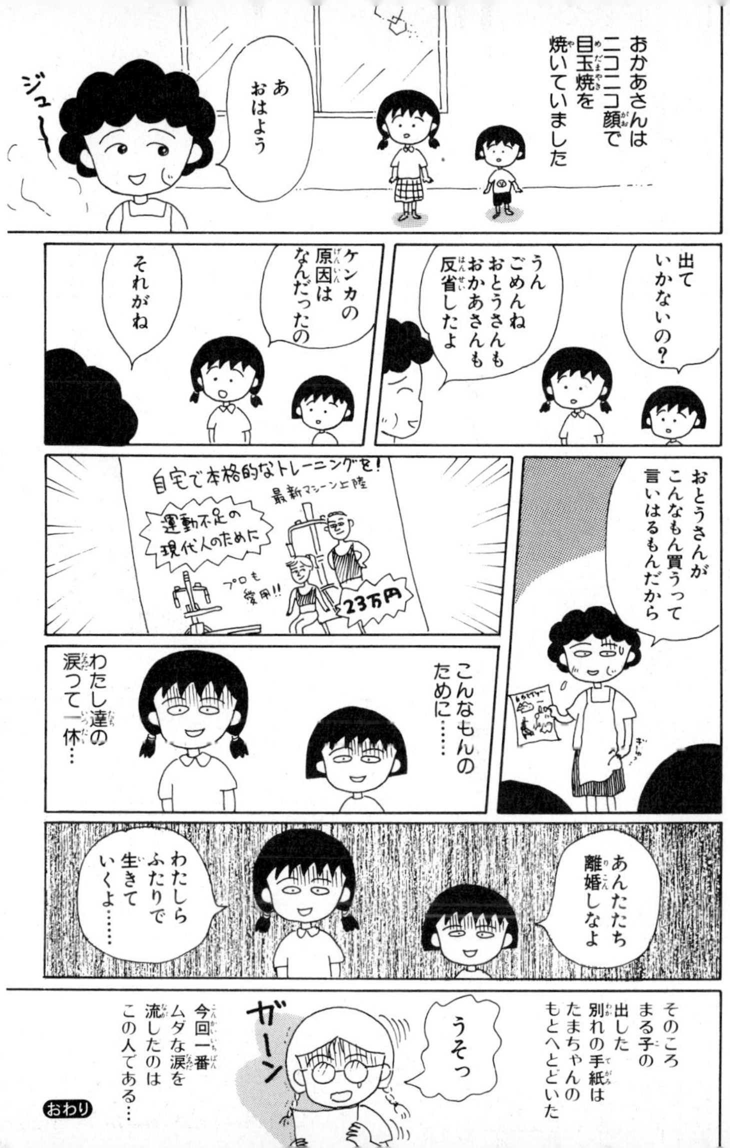
おかあさんは
ニコニコ顔で
目玉焼を
焼いていました
あ
おはよう
ジュ〜〜
出て
いかないの？
うん
ごめんね
おとうさんも
おかあさんも
反省したよ
ケンカの
原因は
なんだったの
それがね
おとうさんが
こんなもん買うって
言いはるもんだから
自宅で本格的なトレーニングを！
最新マシーン上陸
運動不足の
現代人のために
プロも
愛用!!
23万円
こんなもんの
ために……
わたし達の
涙って一体…
あんたたち
離婚しなよ
わたしら
ふたりで
生きて
いくよ……
そのころ
まる子の
出した
別れの手紙は
たまちゃんの
もとへとどいた
うそっ
ガーン
今回一番
ムダな涙を
流したのは
この人である…
おわり

ちびまる子ちゃん

まる子まぼろしの洋館を見るの巻

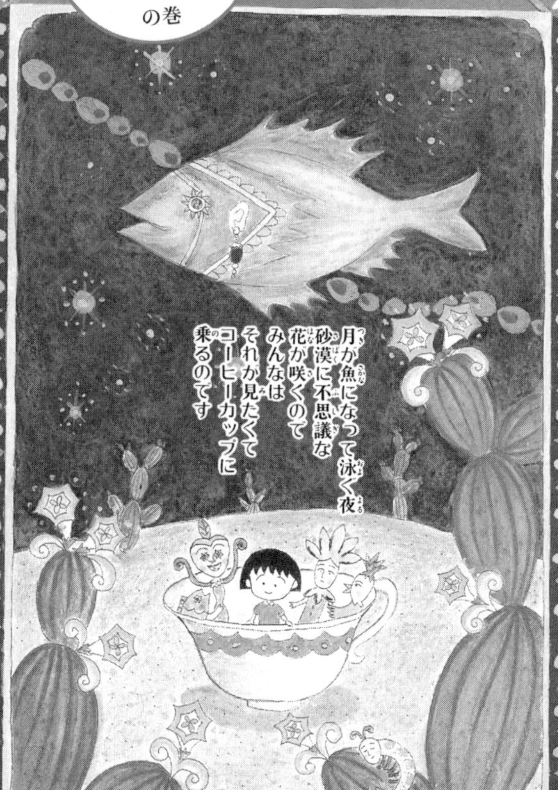

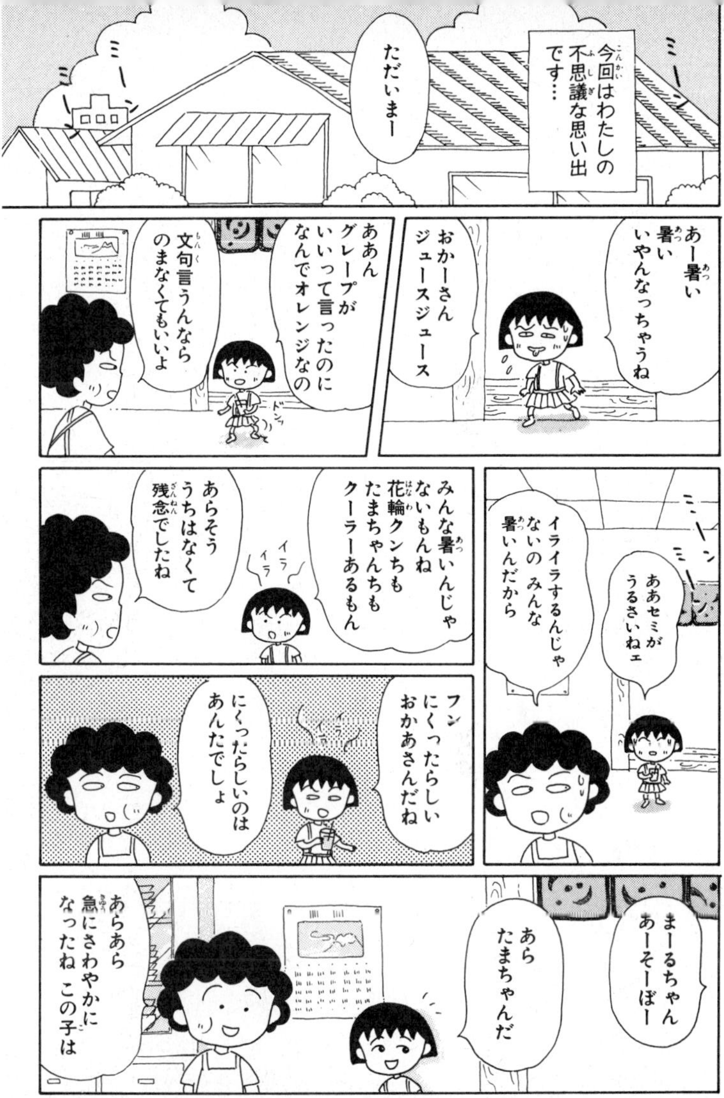
今回はわたしの不思議な思い出です…
ミーン
ミーン
ただいまー
あー暑い 暑い いやんなっちゃうね
おかーさん ジュースジュース
ああん グレープがいいって言ったのになんでオレンジなの
ドンッ
文句言うんならのまなくてもいいよ
ミーン
ミーン
ああセミがうるさいねェ
イライラするんじゃないの みんな暑いんだから
みんな暑いんじゃないもんね 花輪クンちもたまちゃんちもクーラーあるもん
イラ イラ
あらそう うちはなくて残念でしたね
フン にくったらしいおかあさんだね
イラ イラ
にくったらしいのはあんたでしょ
まーるちゃん あーそーぼー
あら たまちゃんだ
あらあら 急にさわやかになったね この子は

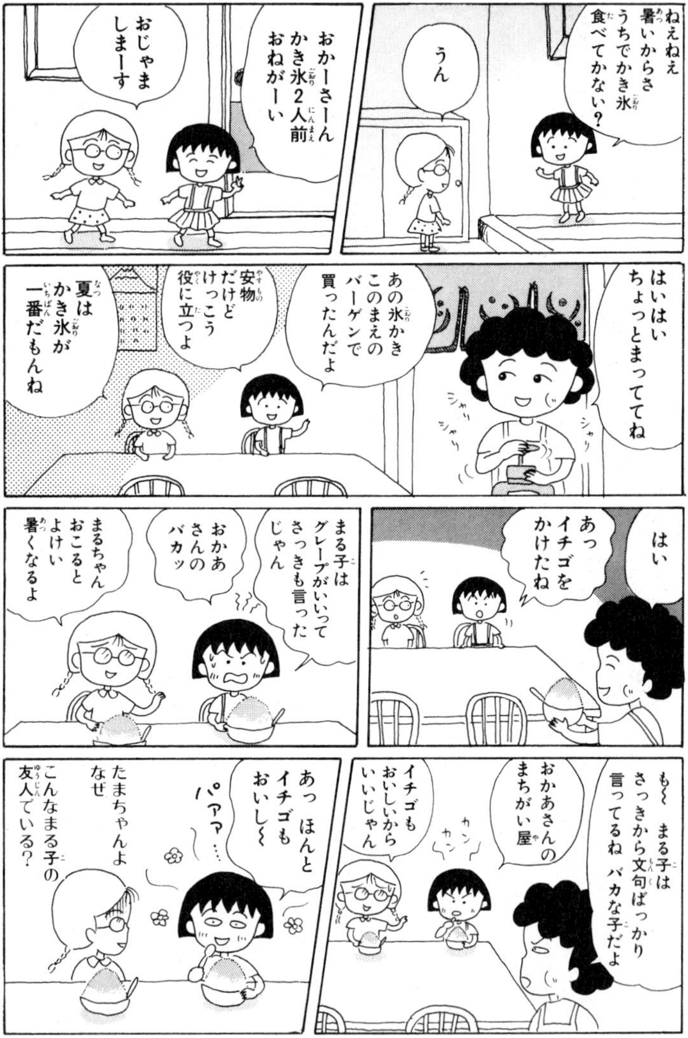
ねえねえ 暑いからさ うちでかき氷食べてかない？
うん
おかーさーん かき氷2人前おねがーい
おじゃましまーす
はいはい ちょっとまっててね
シャリ
シャリ
シャリ
あの氷かき このまえのバーゲンで買ったんだよ
安物だけど けっこう役に立つよ
夏はかき氷が一番だもんね
はい
あっ イチゴをかけたね
まる子はグレープがいいってさっきも言ったじゃん
おかあさんのバカッ
まるちゃん おこるとよけい暑くなるよ
も〜 まる子はさっきから文句ばっかり言ってるね バカな子だよ
おかあさんのまちがい屋
カン
カン
イチゴもおいしいからいいじゃん
あっ ほんとイチゴもおいし〜
パアア……
たまちゃんよ なぜこんなまる子の友人でいる？

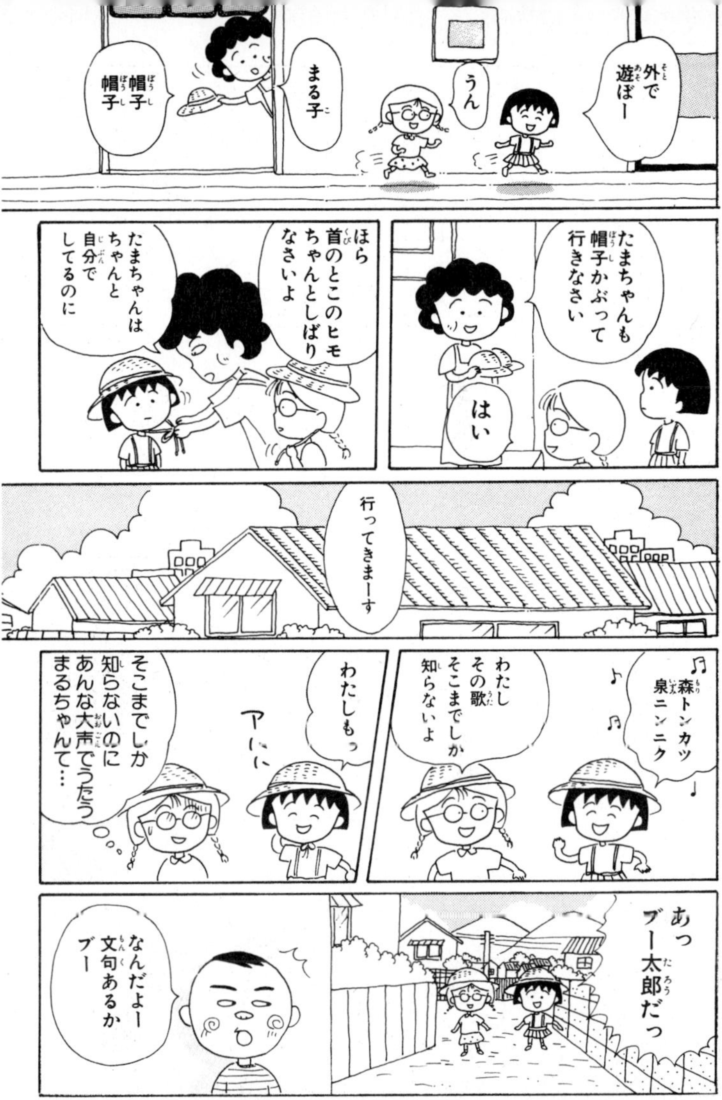
外で遊ぼー
うん
まる子
帽子帽子
たまちゃんも帽子かぶって行きなさい
はい
ほら首のとこのヒモちゃんとしばりなさいよ
たまちゃんはちゃんと自分でしてるのに
行ってきまーす
森トンカツ泉ニンニク
わたしその歌そこまでしか知らないよ
わたしもっ
そこまでしか知らないのにあんな大声でうたうまるちゃんて…
あっブー太郎だっ
なんだよー文句あるかブー

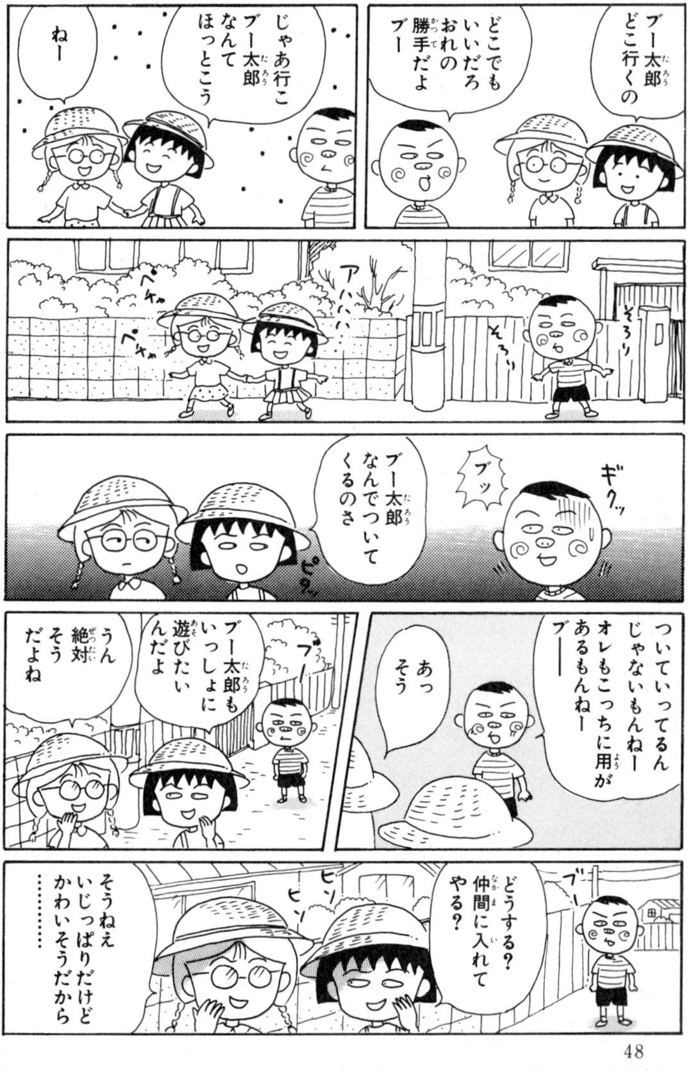
ブー太郎どこ行くの
どこでもいいだろおれの勝手だよブー
じゃあ行こブー太郎なんてほっとこう
ねー
そろりそろり
アハハハ
ペチャペチャ
ギクッ
ブッ
ブー太郎なんでついてくるのさ
ピタッ
ついていってるんじゃないもんねーオレもこっちに用があるもんねーブーー
あっそう
ブー
ブー太郎もいっしょに遊びたいんだよ
うん絶対そうだよね
ブー
どうする?仲間に入れてやる?
ヒソヒソ
そうねえいじっぱりだけどかわいそうだから……

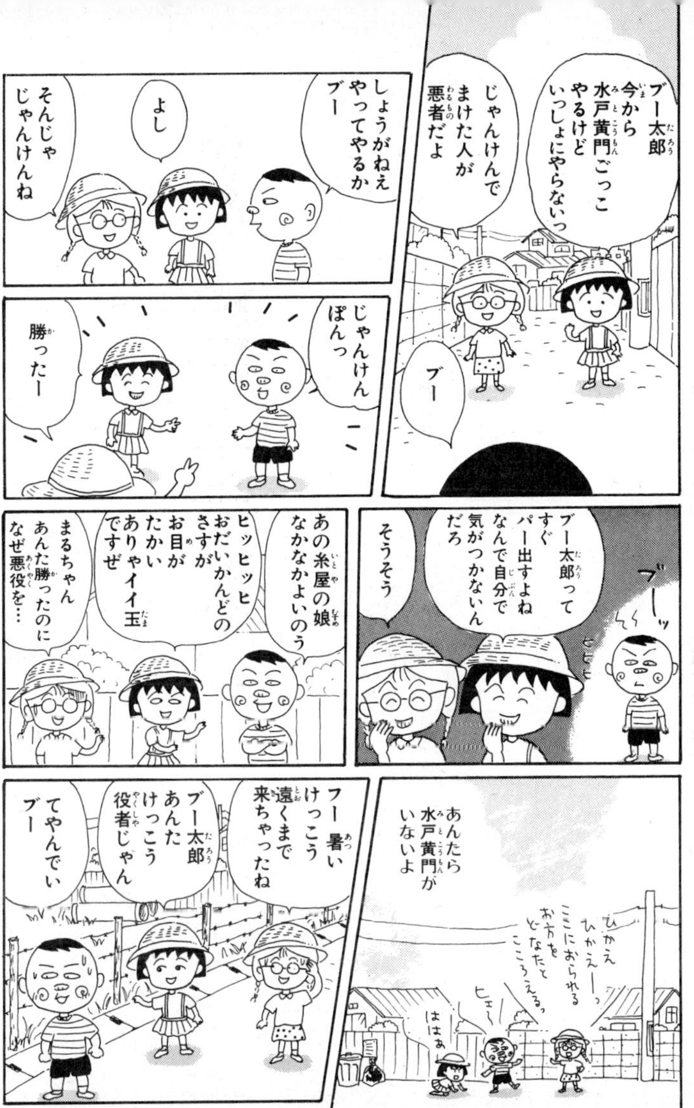
ブー太郎 今から 水戸黄門ごっこ やるけど いっしょにやらないっ
じゃんけんで まけた人が 悪者だよ
ブー
しょうがねえ やってやるか ブー
よし
そんじゃ じゃんけんね
じゃんけん ぽんっ
勝ったー
ブー太郎って すぐ パー出すよね なんで自分で 気がつかないん だろ
そうそう
ブーッ
あの糸屋の娘 なかなかよいのう
ヒッヒッヒ おだいかんどの さすが お目が たかい ありゃイイ玉 ですぜ
まるちゃん あんた勝ったのに なぜ悪役を…
あんたら 水戸黄門が いないよ
ひかえ ひかえーっ
ここにおられる お方を どなたと こころえるっ
ヒェ〜
ははぁ
フー 暑い けっこう 遠くまで 来ちゃったね
ブー太郎 あんた けっこう 役者じゃん
てやんでい ブー

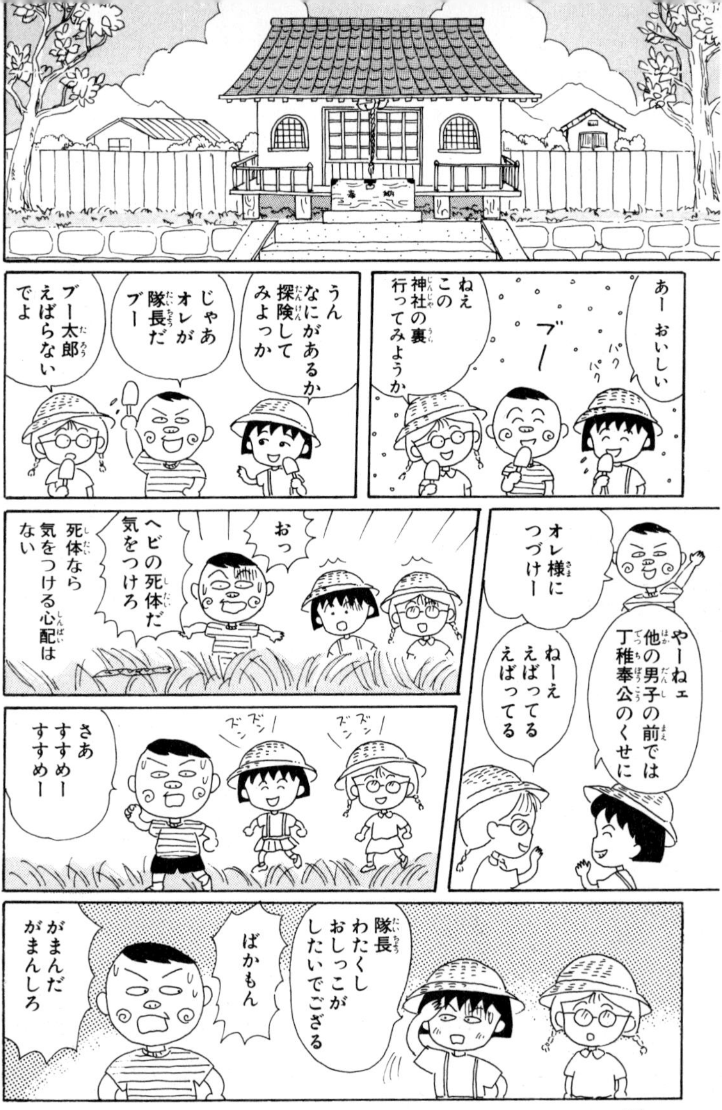

あー おいしい
パク パク
ブー
ねえ この 神社の裏 行ってみようか
うん なにがあるか 探険して みよっか
じゃあ オレが 隊長だ ブー
ブー太郎 えばらない でよ
オレ様に つづけー
やーねェ 他の男子の前では 丁稚奉公のくせに
ねーえ えばってる えばってる
おっ
ヘビの死体だ 気をつけろ
死体なら 気をつける心配は ない
ズンズン
ズンズン
さあ すすめー すすめー
隊長 わたくし おしっこが したいでござる
ばかもん
がまんだ がまんしろ

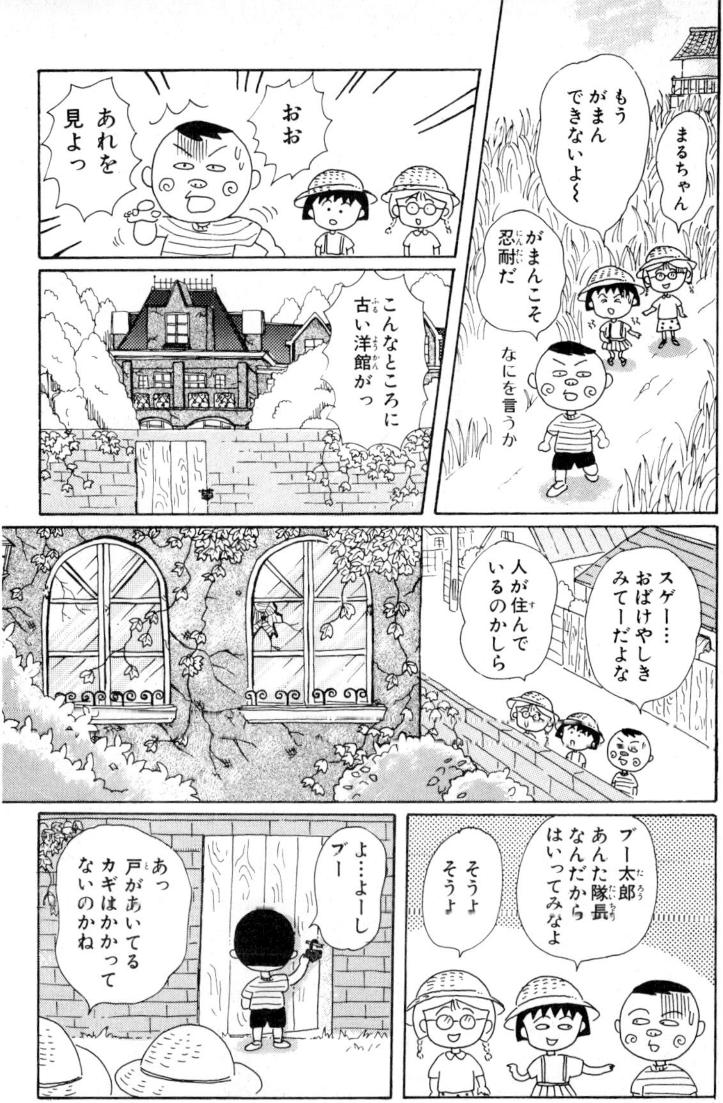
まるちゃん
もう がまん できないよ〜
がまんこそ 忍耐だ
なにを言うか
おお
あれを 見よっ
こんなところに 古い洋館がっ
スゲー… おばけやしき みてーだよな
人が住んでいるのかしら
ブー太郎 あんた隊長 なんだから はいってみなよ
そうよ そうよ
よ…よーし ブー
あっ 戸があいてる カギはかかって ないのかね

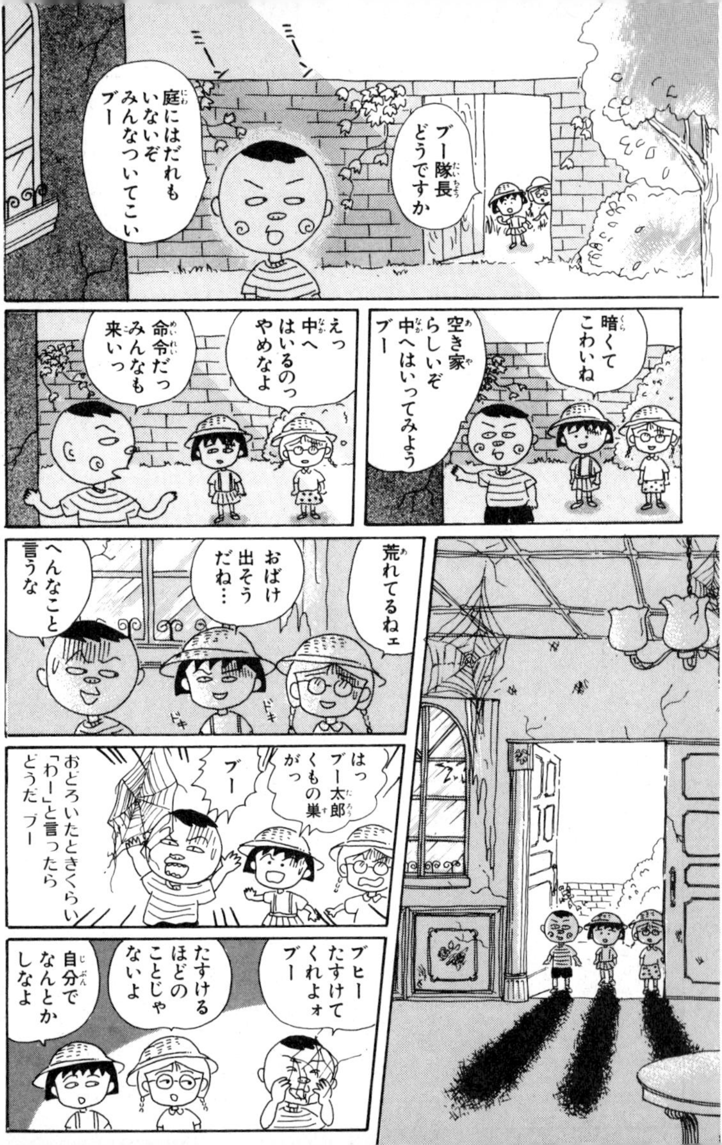
ミーン
ミーン
ブー隊長どうですか
庭にはだれもいないぞ みんなついてこい ブー
暗くてこわいね
空き家らしいぞ 中へはいってみよう ブー
えっ 中へはいるのっ やめなよ
命令だっ みんなも来いっ
荒れてるねェ
おばけ出そうだね…
ドキ ドキ
へんなこと言うな
はっ ブー太郎 くもの巣がっ
ブー
おどろいたときくらい「わー」と言ったらどうだ ブー
ブヒー たすけてくれよォ ブー
たすけるほどのことじゃないよ
自分でなんとかしなよ

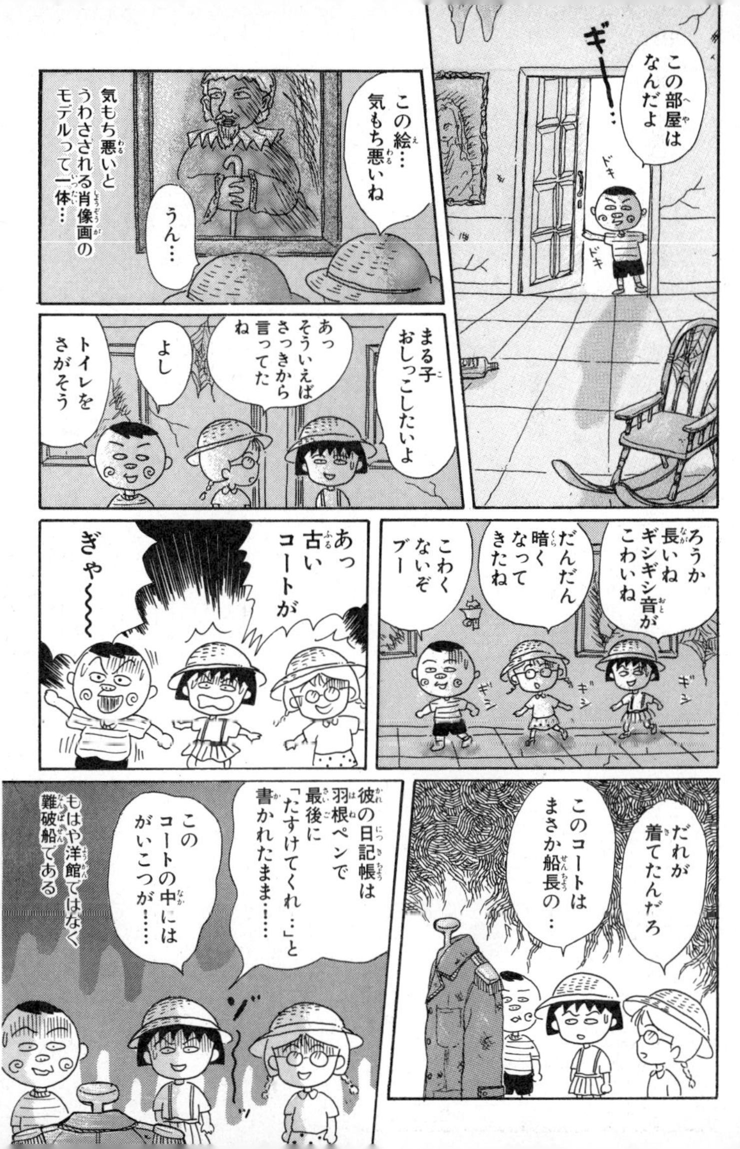
この部屋はなんだよ
ギー…
ドキ
ドキ
この絵…気もち悪いね
うん…
気もち悪いとうわさされる肖像画のモデルって一体…
まる子おしっこしたいよ
あっ そういえばさっきから言ってたね
よし
トイレをさがそう
ろうか長いね ギシギシ音がこわいね
だんだん暗くなってきたね
こわくないぞブー
ギシ
ギシ
ギシ
あっ古いコートが
ぎゃ〜〜〜
だれが着てたんだろ
このコートはまさか船長の…
彼の日記帳は羽根ペンで最後に「たすけてくれ…」と書かれたまま……
このコートの中にはがいこつが……
もはや洋館ではなく難破船である

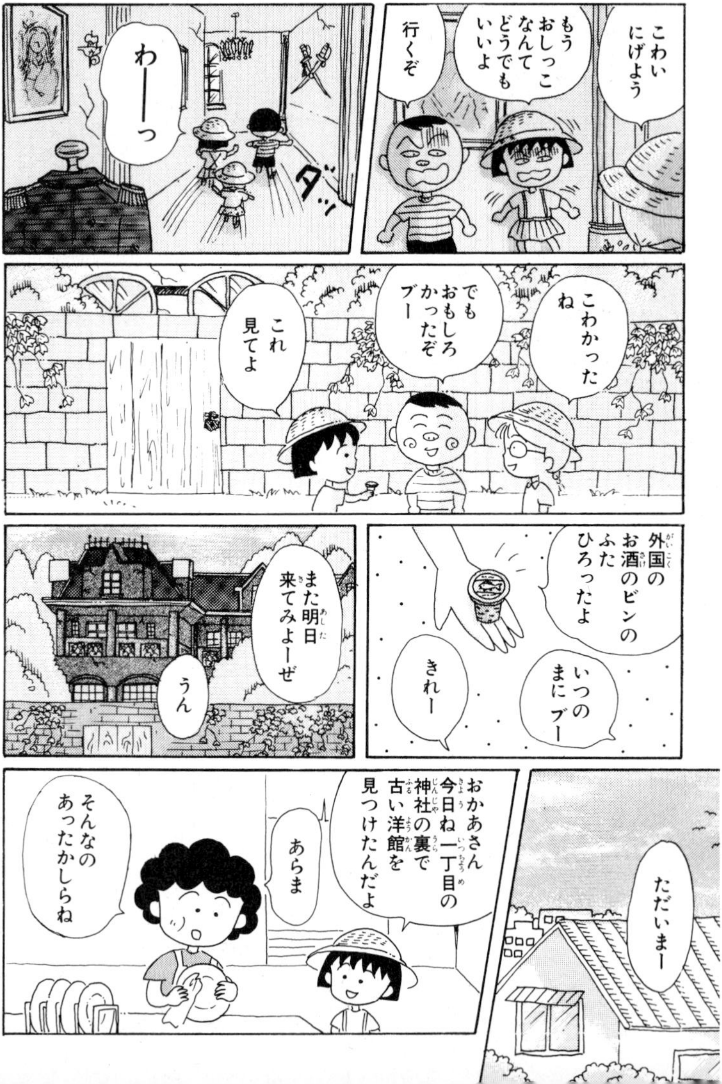
こわい
にげよう
もう
おしっこ
なんて
どうでも
いいよ
行くぞ
わーーっ
ダッ
こわかった
ね
でも
おもしろ
かったぞ
ブー
これ
見てよ
外国の
お酒のビンの
ふた
ひろったよ
いつの
まに ブー
きれー
また明日
来てみよーぜ
うん
ただいまー
おかあさん
今日ね一丁目の
神社の裏で
古い洋館を
見つけたんだよ
あらま
そんなの
あったかしらね

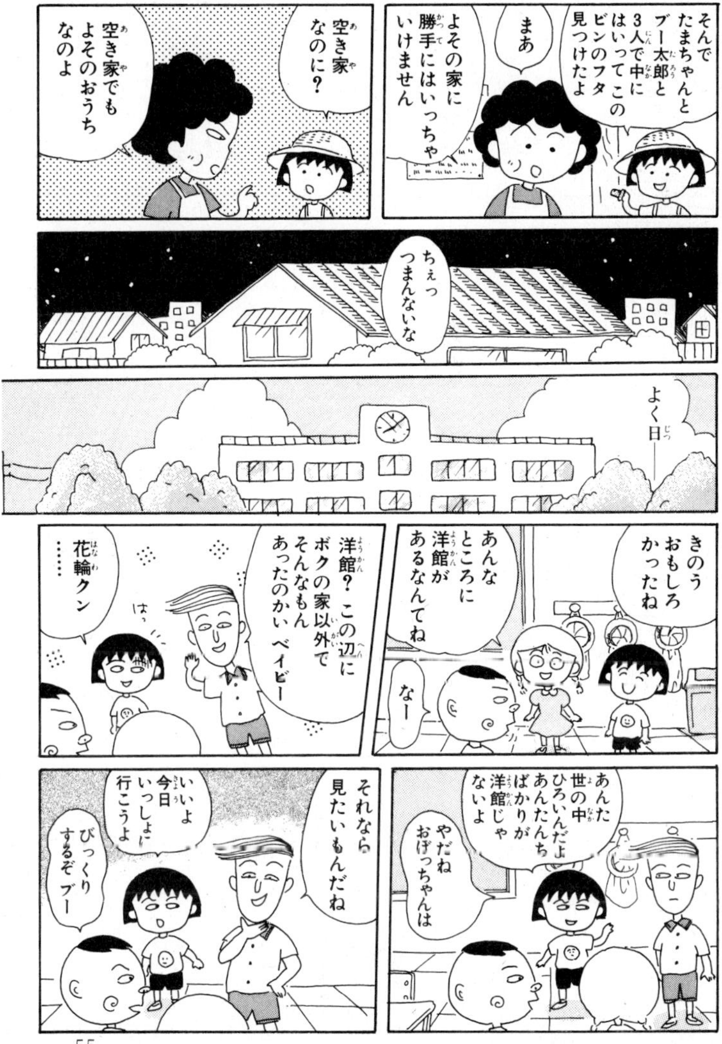
そんでたまちゃんとブー太郎と3人で中にはいってこのビンのフタ見つけたよ
まあ
よその家に勝手にはいっちゃいけません
空き家なのに?
空き家でもよそのおうちなのよ
ちぇっ つまんないな
よく日――
きのうおもしろかったね
あんなところに洋館があるなんてね
なー
洋館? この辺にボクの家以外でそんなもんあったのかい ベイビー
はっ
花輪クン……
あんた世の中ひろいんだよ あんたんちばかりが洋館じゃないよ
やだね おぼっちゃんは
それなら見たいもんだね
いいよ今日いっしょに行こうよ
びっくりするぞ ブー

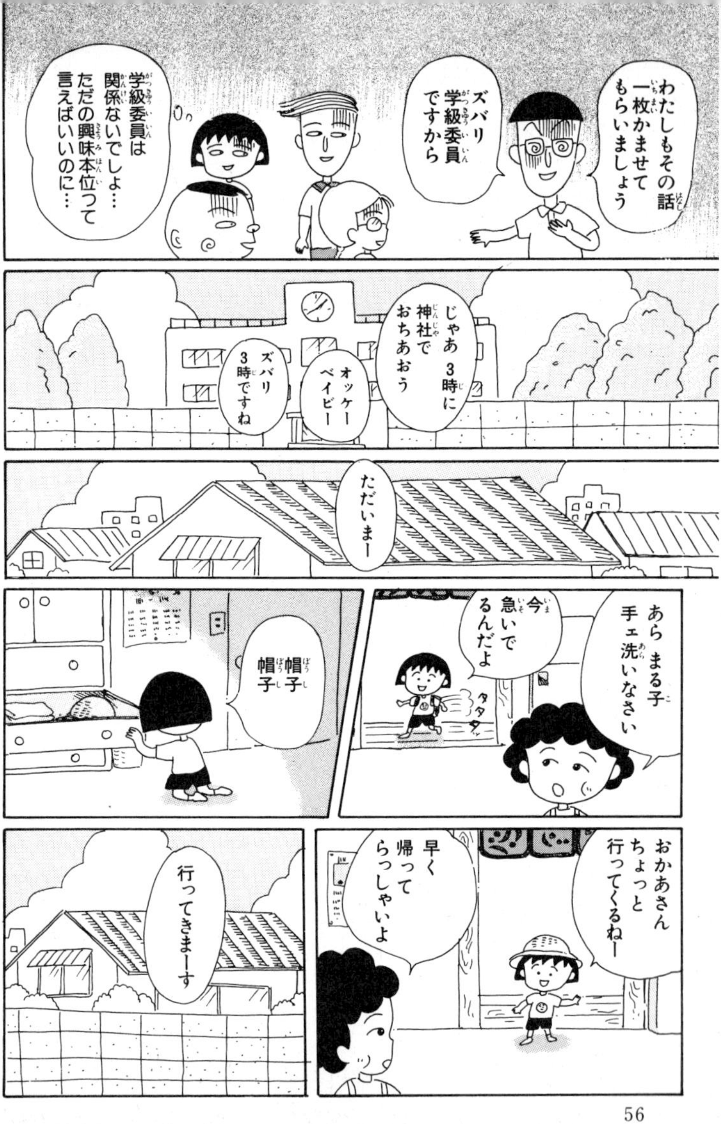
わたしもその話一枚かませてもらいましょう
ズバリ学級委員ですから
学級委員は関係ないでしょ…ただの興味本位って言えばいいのに…
じゃあ3時に神社でおちあおう
オッケーベイビー
ズバリ3時ですね
ただいまー
あらまる子手ェ洗いなさい
今急いでるんだよ
タタタッ
帽子帽子
おかあさんちょっと行ってくるねー
早く帰ってらっしゃいよ
行ってきまーす

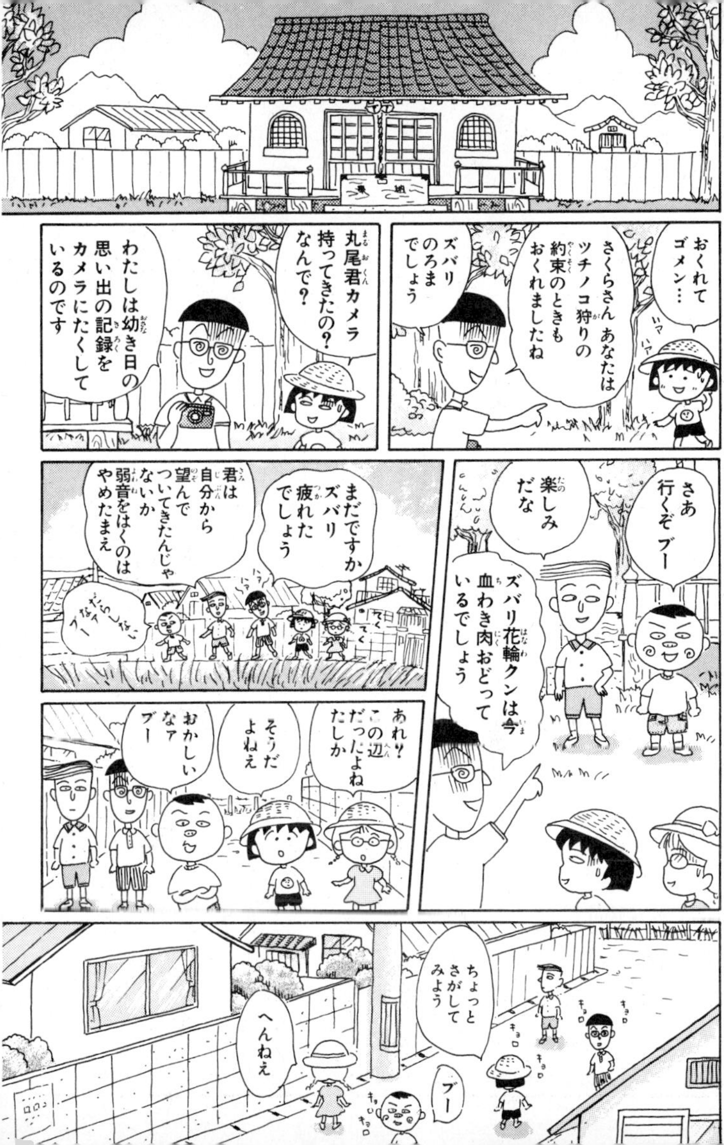
おくれてゴメン…
さくらさん あなたはツチノコ狩りの約束のときもおくれましたね
ズバリのろまでしょう
丸尾君カメラ持ってきたの? なんで?
わたしは幼き日の思い出の記録をカメラにたくしているのです
さあ行くぞ ブー
楽しみだな
ズバリ花輪クンは今血わき肉おどっているでしょう
まだですかズバリ疲れたでしょう
君は自分から望んでついてきたんじゃないか弱音をはくのはやめたまえ
てくてく
あれ!? この辺だったよねたしか
そうだよねえ
おかしいなァ ブー
ちょっとさがしてみよう
キョロキョロ
へんねえ
ブー

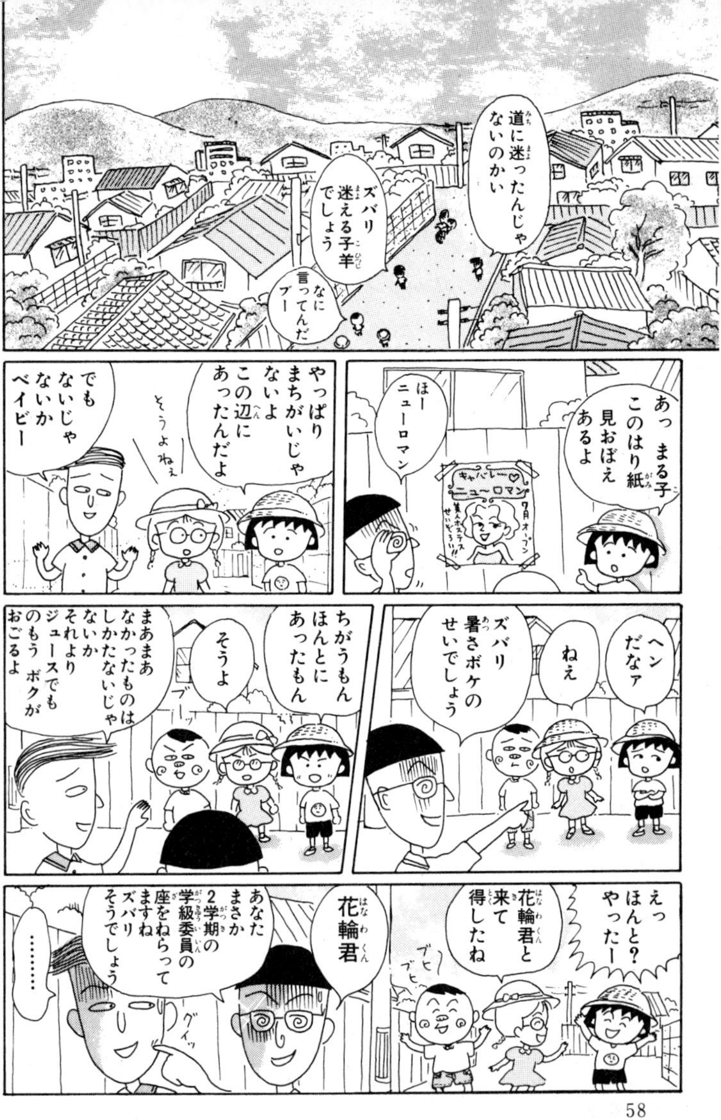
道に迷ったんじゃないのかい
ズバリ迷える子羊でしょう
なに言ってんだブー
あっ まる子 このはり紙見おぼえあるよ
ほー ニューロマン
キャバレー♡
ニューロマン
7月オープン
美人ホステスせいぞろい!!
やっぱりまちがいじゃないよ この辺にあったんだよ
そうよねぇ
でもないじゃないか ベイビー
ヘンだなァ
ねえ
ズバリ暑さボケのせいでしょう
ちがうもん ほんとにあったもん
そうよ
ブーッ
まあまあ なかったものはしかたないじゃないか それよりジュースでものもう ボクがおごるよ
えっ ほんと? やったー
花輪君と来て得したね
ブヒ ブヒ
花輪君
あなた まさか 2学期の学級委員の座をねらってますね ズバリそうでしょう
グイッ
………

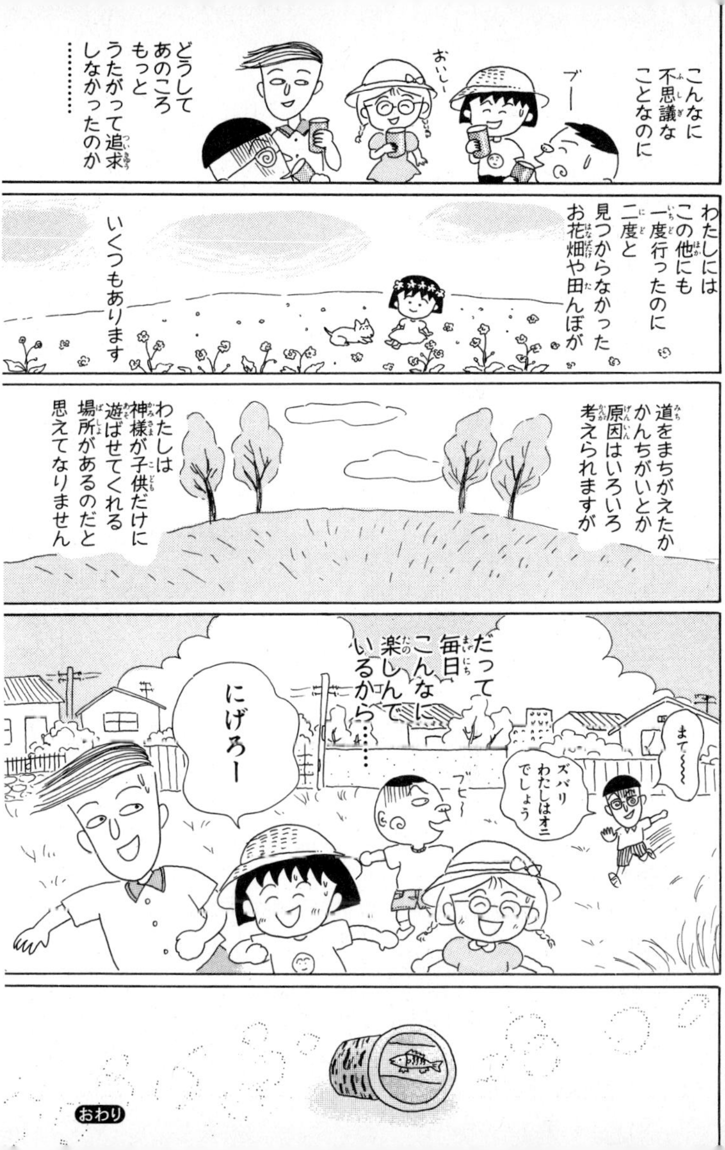

こんなに不思議なことなのに
ブー
おいしー
どうしてあのころもっとうたがって追求しなかったのか……
わたしにはこの他にも一度行ったのに二度と見つからなかったお花畑や田んぼが
いくつもあります
道をまちがえたかかんちがいとか原因はいろいろ考えられますが
わたしは神様が子供だけに遊ばせてくれる場所があるのだと思えてなりません
だって毎日こんなに楽しんでいるから……
まて〜〜
ズバリわたしはオニでしょう
ブヒ〜
にげろー
おわり

ちびまる子ちゃん
まるちゃん ラジオ体操がイヤで仕方ないの巻

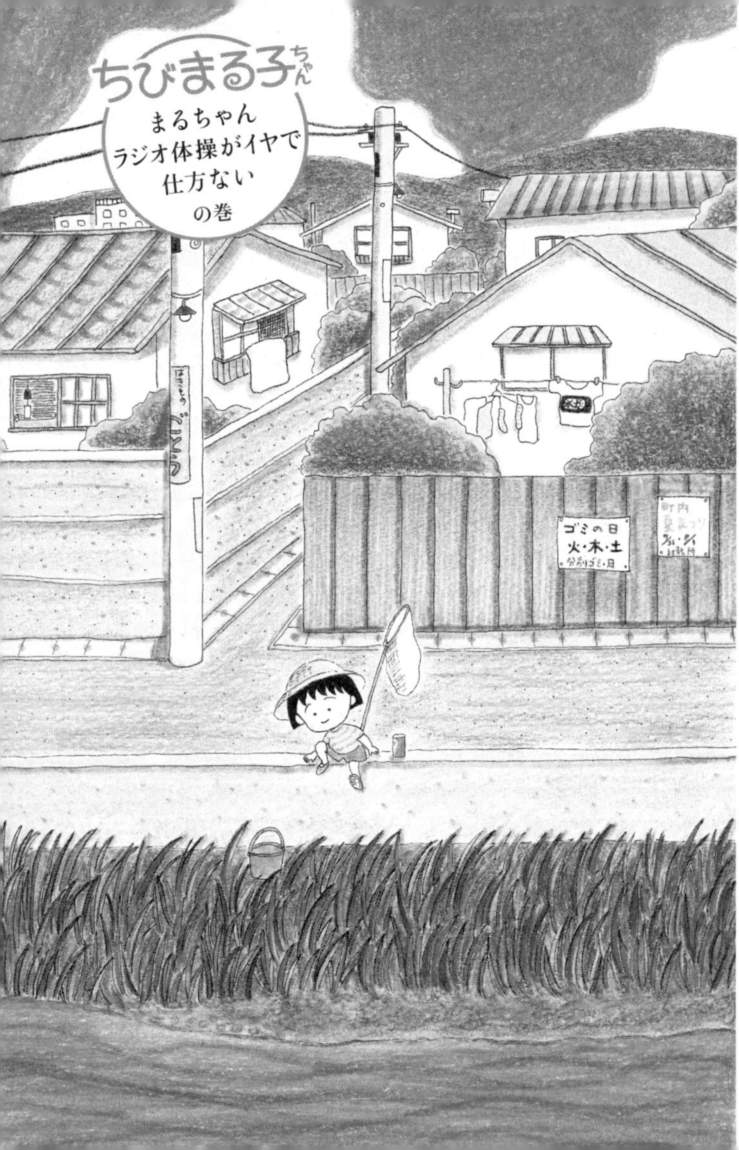

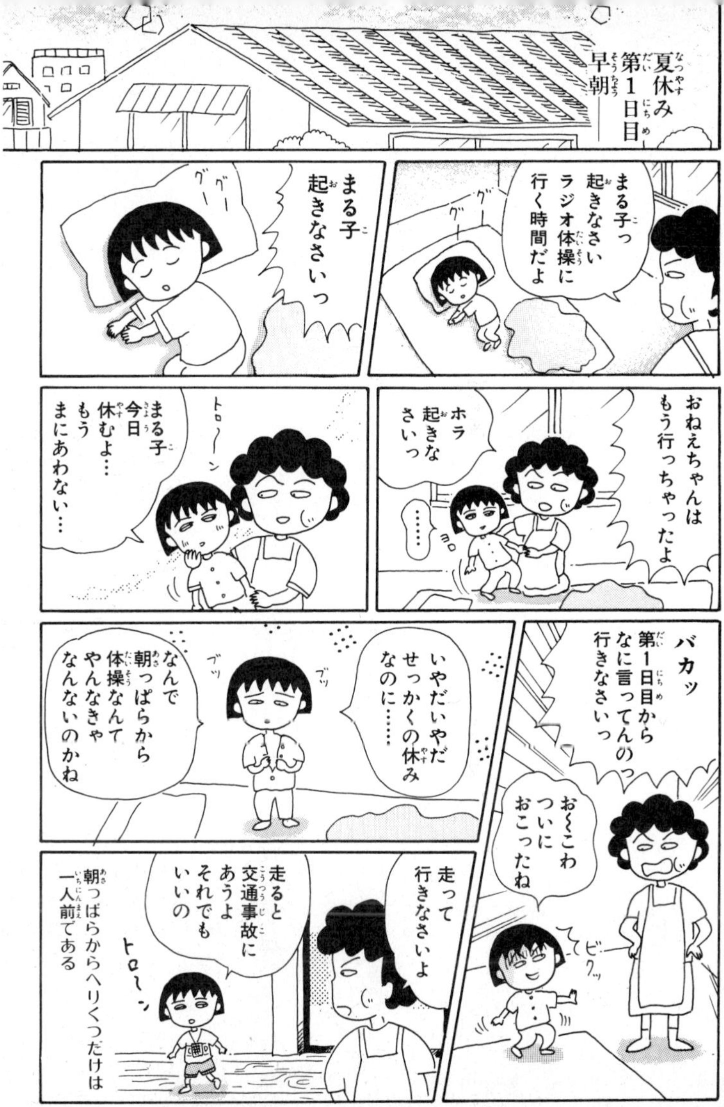

夏休み第1日目早朝――
まる子っ
起きなさい
ラジオ体操に
行く時間だよ
グーグー
まる子
起きなさいっ
グーグー
おねえちゃんは
もう行っちゃったよ
ホラ
起きな
さいっ
……
ヨロ
まる子
今日
休むよ…
もう
まにあわない…
トローン
バカッ
第1日目から
なに言ってんのっ
行きなさいっ
お〜こわ
ついに
おこったね
ビクッ
いやだいやだ
せっかくの休み
なのに……
ブツ
ブツ
なんで
朝っぱらから
体操なんて
やんなきゃ
なんないのかね
走って
行きなさいよ
走ると
交通事故に
あうよ
それでも
いいの
トロ〜ン
朝っぱらからへりくつだけは
一人前である

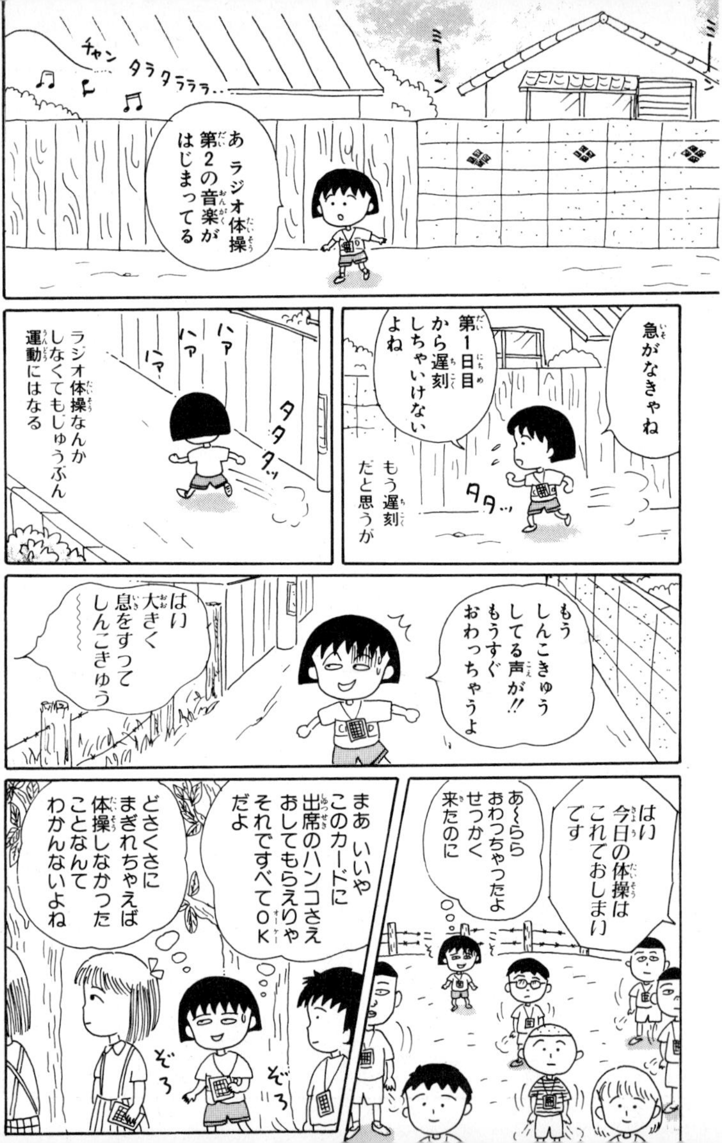
チャン…タラタラララ…
ミーン
ミーン
あ ラジオ体操第2の音楽がはじまってる
急がなきゃね
第1日目から遅刻しちゃいけないよね
もう遅刻だと思うが
タタ…
タタタッ
ハァ
ハァ
ハァ
ラジオ体操なんかしなくてもじゅうぶん運動にはなる
もう しんこきゅうしてる声が!! もうすぐおわっちゃうよ
はい 大きく息をすってしんこきゅう
はい 今日の体操はこれでおしまいです
あ〜らら おわっちゃったよ せっかく来たのに
こそ
こそ
まあ いいや このカードに出席のハンコさえおしてもらえりゃそれですべてOKだよ
どさくさにまぎれちゃえば体操しなかったことなんてわかんないよね
ぞろ
ぞろ

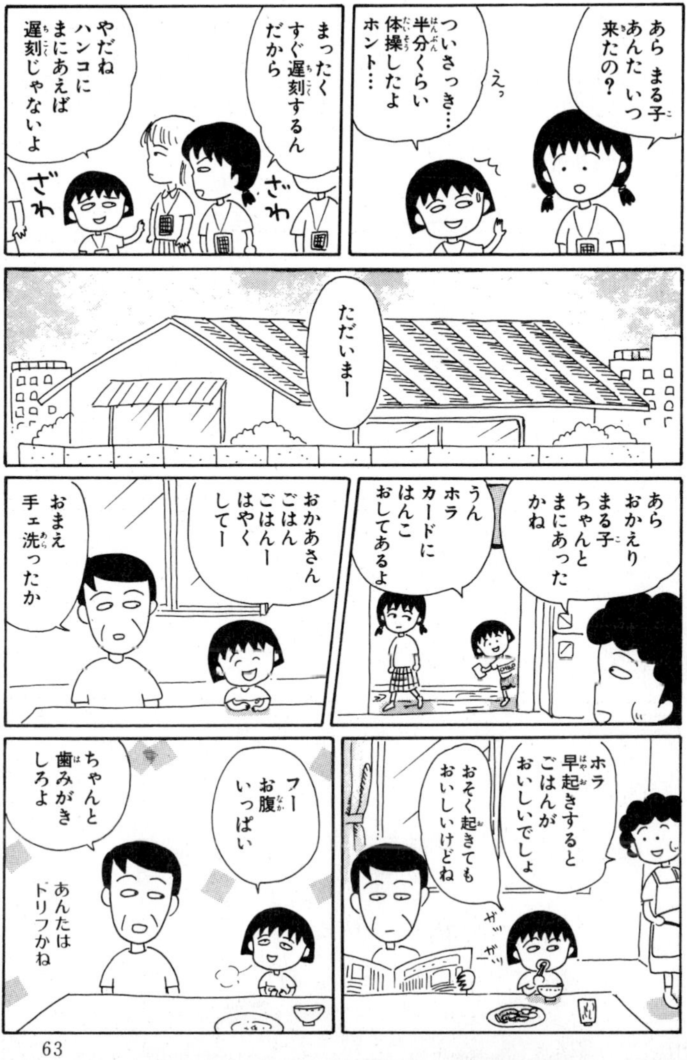

あら まる子 あんた いつ 来たの？
えっ
ついさっき…… 半分くらい 体操したよ ホント…
まったく すぐ遅刻するん だから
ざわ ざわ
やだね ハンコに まにあえば 遅刻じゃないよ
ただいまー
あら おかえり まる子 ちゃんと まにあった かね
うん ホラ カードに はんこ おしてあるよ
おかあさん ごはん ごはんー はやく してー
おまえ 手ェ洗ったか
ホラ 早起きすると ごはんが おいしいでしょ
おそく起きても おいしいけどね
ザッ ザッ
フー お腹 いっぱい
ちゃんと 歯みがき しろよ
あんたは ドリフかね

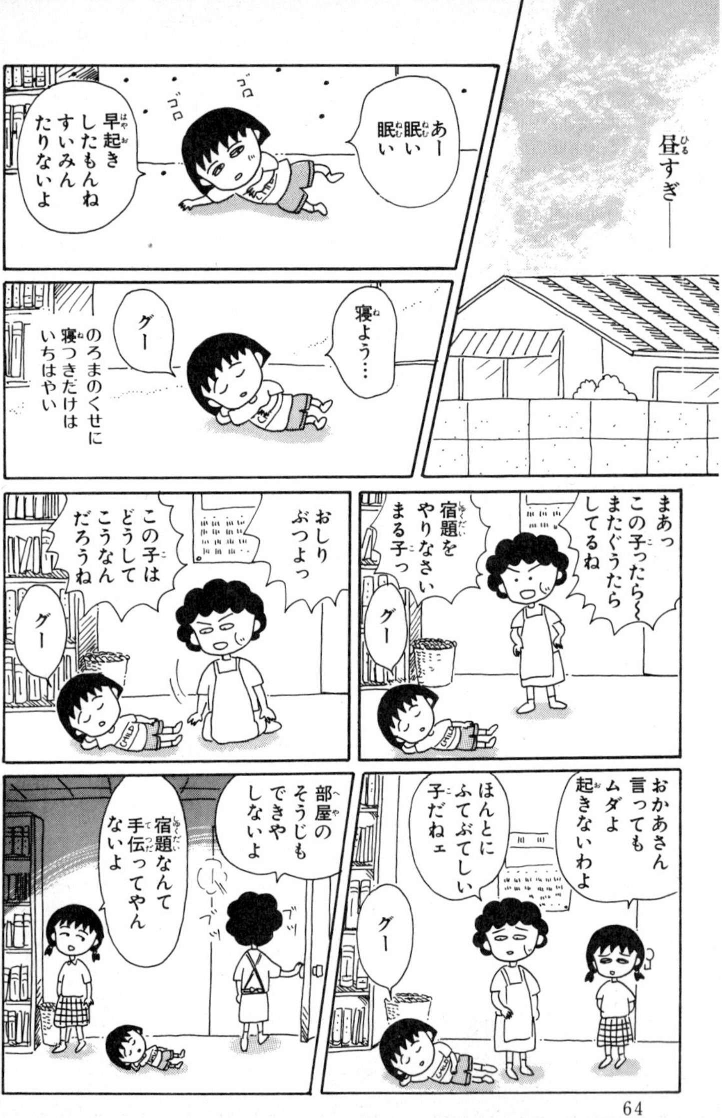
昼すぎ——
あー 眠い 眠い
ゴロ
ゴロ
早起きしたもんね すいみんたりないよ
寝よう…
グー
のろまのくせに寝つきだけはいちはやい
まあっ この子ったら〜 またぐうたらしてるね
宿題をやりなさい まる子っ
グー
おしりぶつよっ
この子はどうしてこうなんだろうね
グー
おかあさん言ってもムダよ 起きないわよ
ほんとにふてぶてしい子だねェ
グー
部屋のそうじもできやしないよ
ブツ ブツ
宿題なんて手伝ってやんないよ

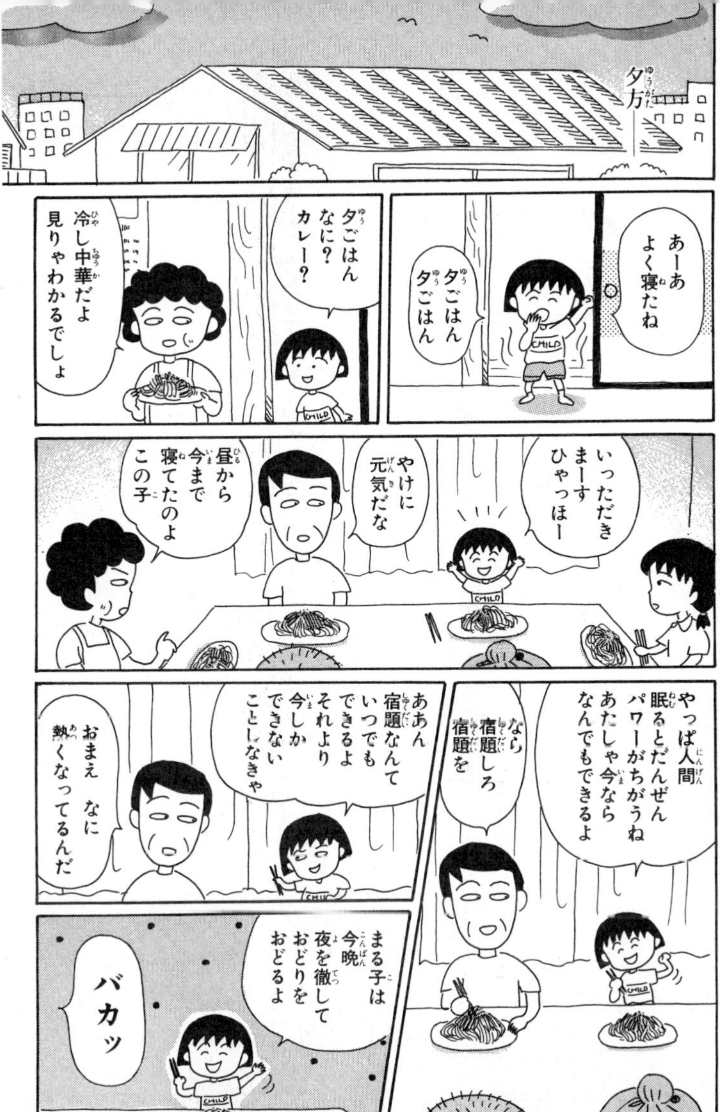
夕方
あーあ よく寝たね
夕ごはん 夕ごはん
夕ごはん なに? カレー?
冷し中華だよ 見りゃわかるでしょ
いっただきまーす ひゃっほー
やけに元気だな
昼から今まで寝てたのよ この子
やっぱ人間眠るとだんぜんパワーがちがうね あたしゃ今ならなんでもできるよ
なら宿題しろ宿題を
ああん宿題なんていつでもできるよ それより今しかできないことしなきゃ
おまえ なに熱くなってるんだ
まる子は今晩夜を徹しておどりをおどるよ
バカッ

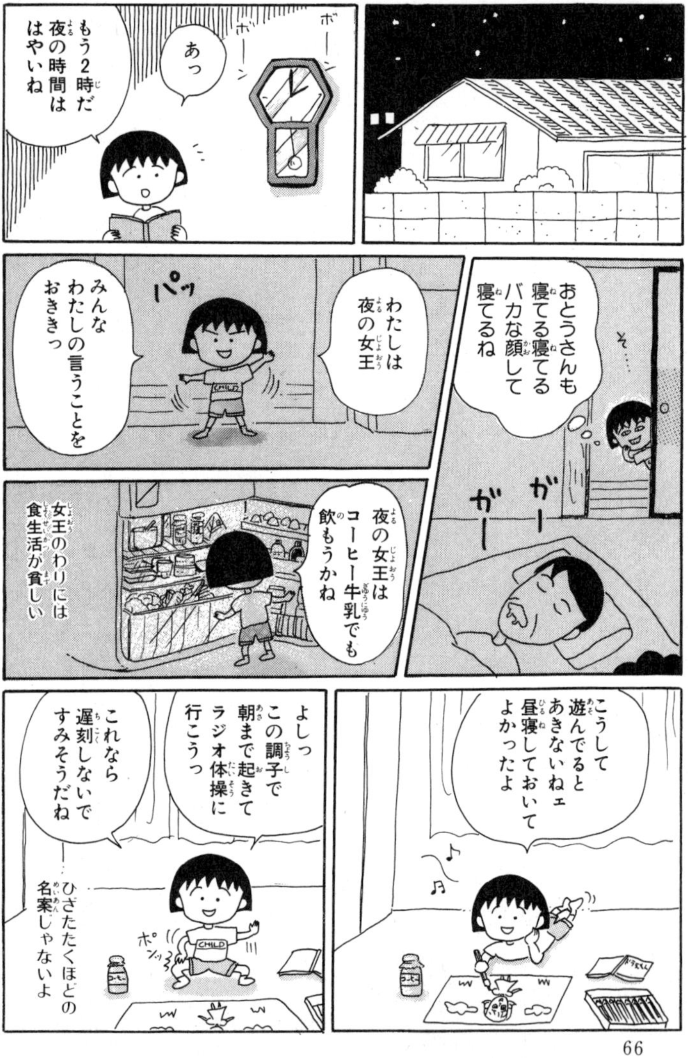
ボーン
ボーン
あっ
もう2時だ
夜の時間ははやいね
そ…
おとうさんも寝てる寝てる
バカな顔して寝てるね
ガー
ガー
わたしは夜の女王
パッ
みんなわたしの言うことをおききっ
夜の女王はコーヒー牛乳でも飲もうかね
女王のわりには食生活が貧しい
こうして遊んでるとあきないねェ
昼寝しておいてよかったよ
よしっ
この調子で朝まで起きてラジオ体操に行こうっ
これなら遅刻しないですみそうだね
ポンッ
ひざたたくほどの名案じゃないよ

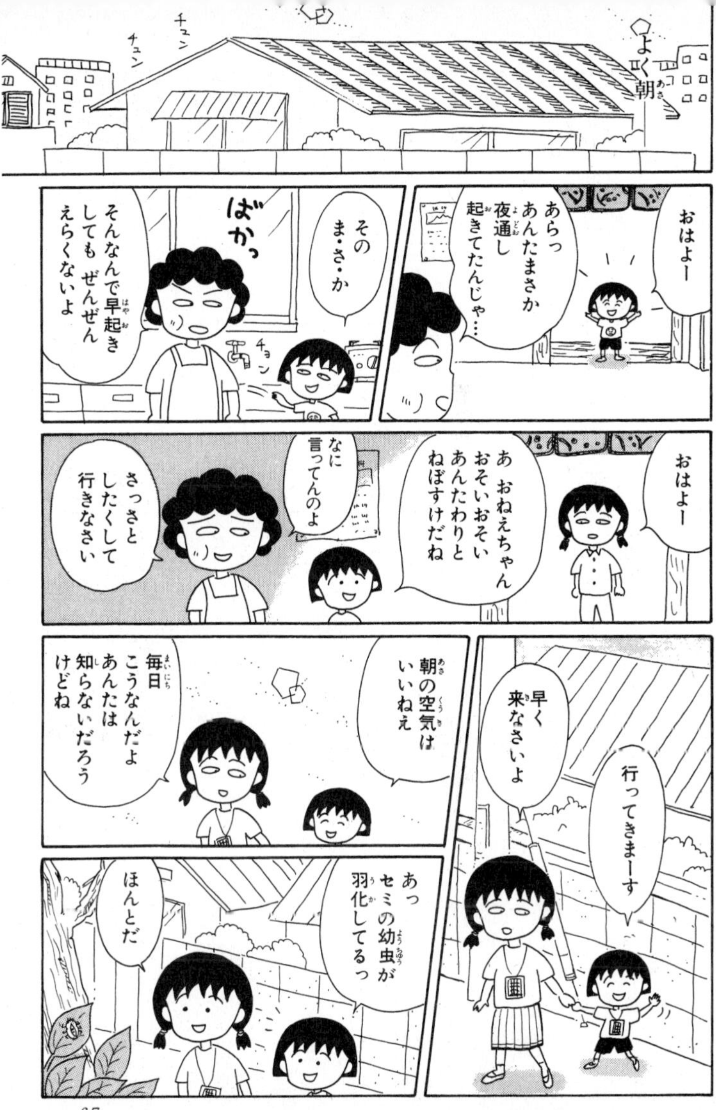
チュン
チュン
よく朝
おはよー
あらっ あんたまさか夜通し起きてたんじゃ…
その ま・さ・か
ばかっ
チョン
そんなんで早起きしても ぜんぜんえらくないよ
おはよー
あ おねえちゃん おそいおそい あんたわりとねぼすけだね
なに言ってんのよ
さっさとしたくして行きなさい
早く来なさいよ
行ってきまーす
朝の空気はいいねぇ
毎日こうなんだよ あんたは知らないだろうけどね
あっ セミの幼虫が羽化してるっ
ほんとだ

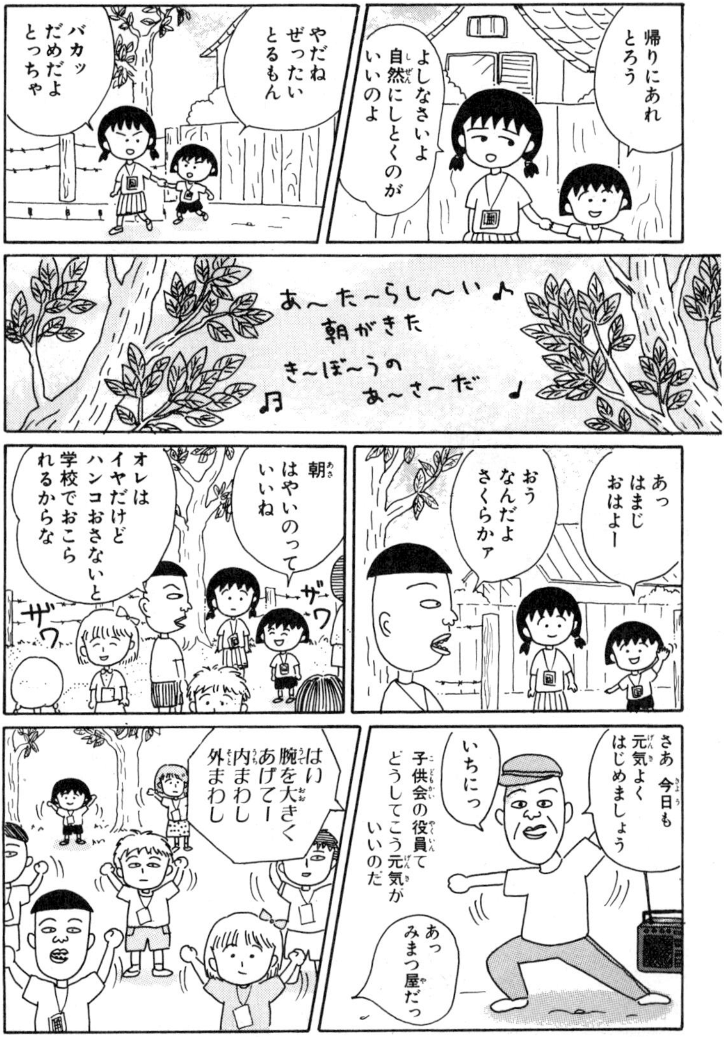
帰りにあれとろう
よしなさいよ自然にしとくのがいいのよ
やだねぜったいとるもん
バカッだめだよとっちゃ
あ～た～らし～い♪朝がきた
き～ぼ～うのあ～さ～だ
あっはまじおはよー
おうなんだよさくらかァ
朝はやいのっていいね
オレはイヤだけどハンコおさないと学校でおこられるからな
ザワ
ザワ
さあ今日も元気よくはじめましょう
いちにっ
子供会の役員てどうしてこう元気がいいのだ
あっみまつ屋だっ
はい腕を大きくあげてー内まわし外まわし

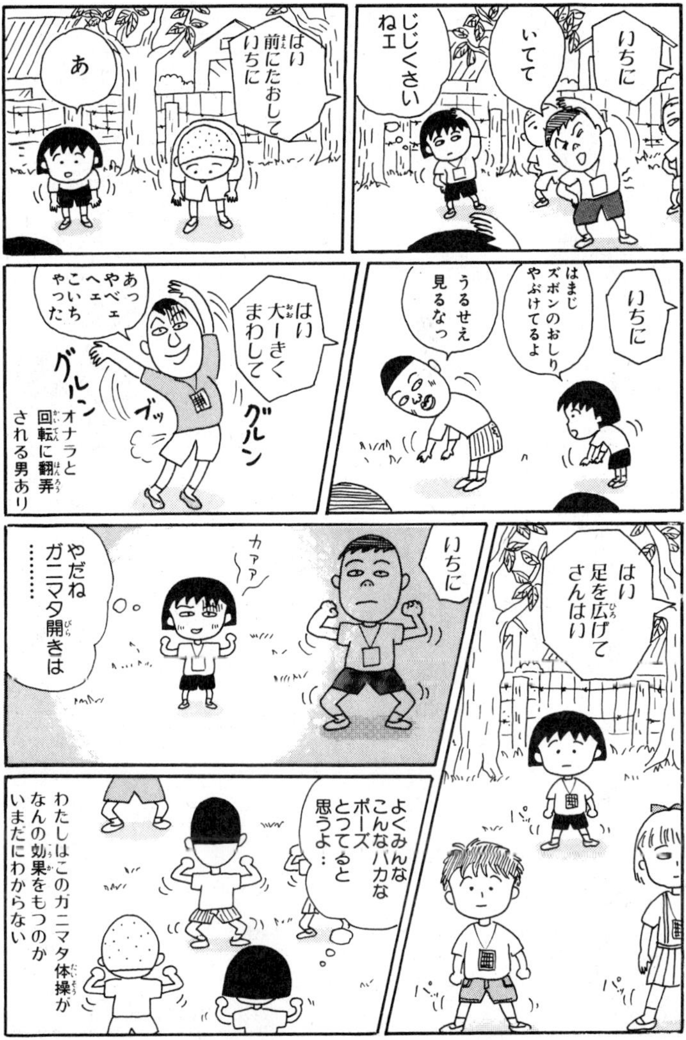
いちに
いてて
じじくさいねエ
はい 前にたおして いちに
あ
いちに
はまじ ズボンのおしり やぶけてるよ
うるせえ 見るなっ
はい 大ーきく まわして
あっ やべェ へェこいちやった
グルン
ブッ
グルン
オナラと回転に翻弄される男あり
はい 足を広げて さんはい
いちに
カァァ
やだね ガニマタ開きは……
パッ
パッ
パッ
よくみんな こんなバカな ポーズ とってると 思うよ…
わたしはこのガニマタ体操が なんの効果をもつのか いまだにわからない

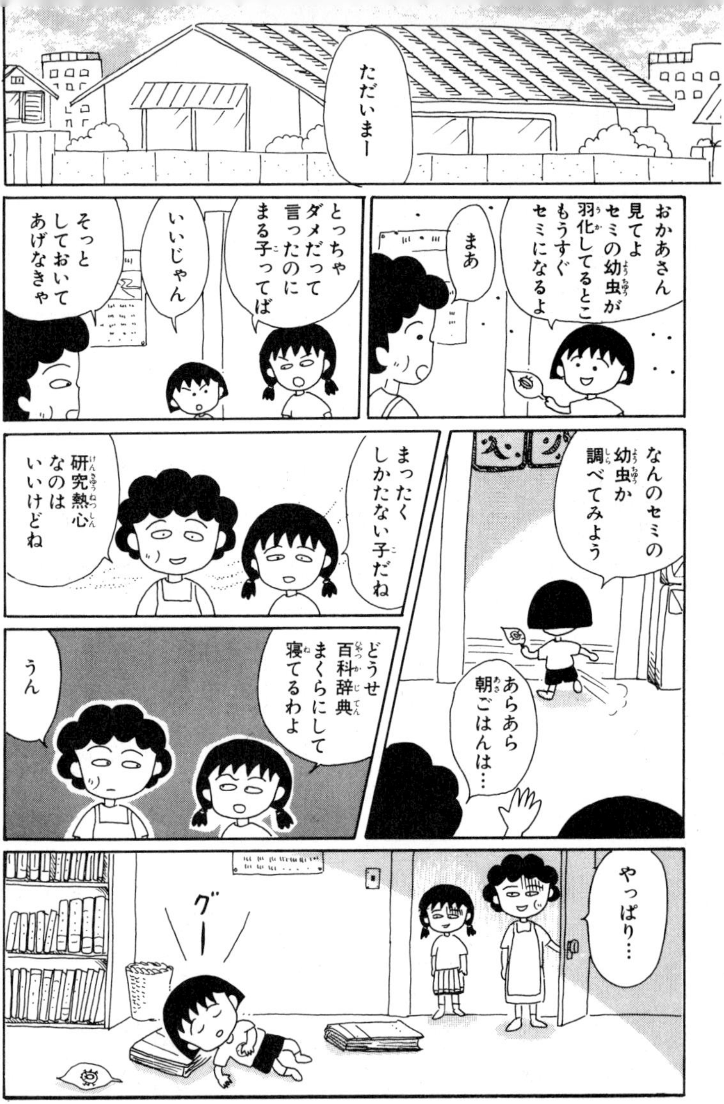
ただいまー
おかあさん見てよ セミの幼虫が羽化してるとこ もうすぐセミになるよ
まあ
とっちゃダメだって言ったのにまる子ってば
いいじゃん
そっとしておいてあげなきゃ
なんのセミの幼虫か調べてみよう
あらあら朝ごはんは…
まったくしかたない子だね
研究熱心なのはいいけどね
どうせ百科辞典まくらにして寝てるわよ
うん
やっぱり…
グー

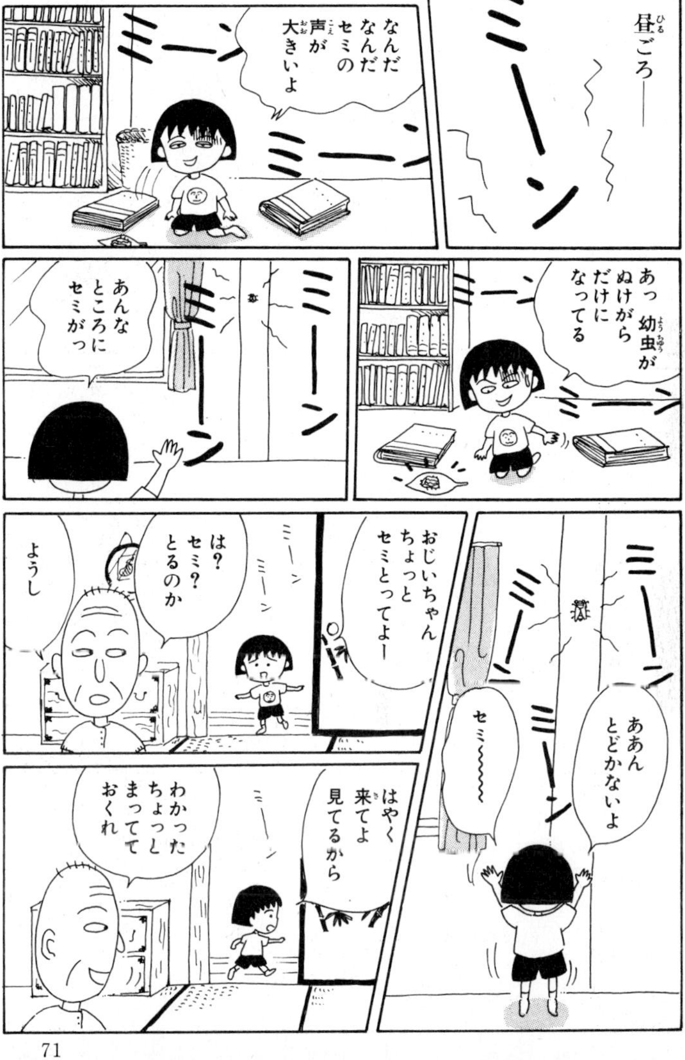

昼ごろ——
ミーーン
なんだ
なんだ
セミの
声が
大きいよ
ミーン
ミーン
あっ 幼虫が
ぬけがら
だけに
なってる
ミーン
ミーーン
ミーン
ミーーン
あんな
ところに
セミがっ
ミーーン
ミーン
ミーン
ああん
とどかないよ
セミ〜〜〜
おじいちゃん
ちょっと
セミとってよー
ミーン
ミーン
は？
セミ？
とるのか
ようし
はやく
来てよ
見てるから
ミーン
わかった
ちょっと
まってて
おくれ

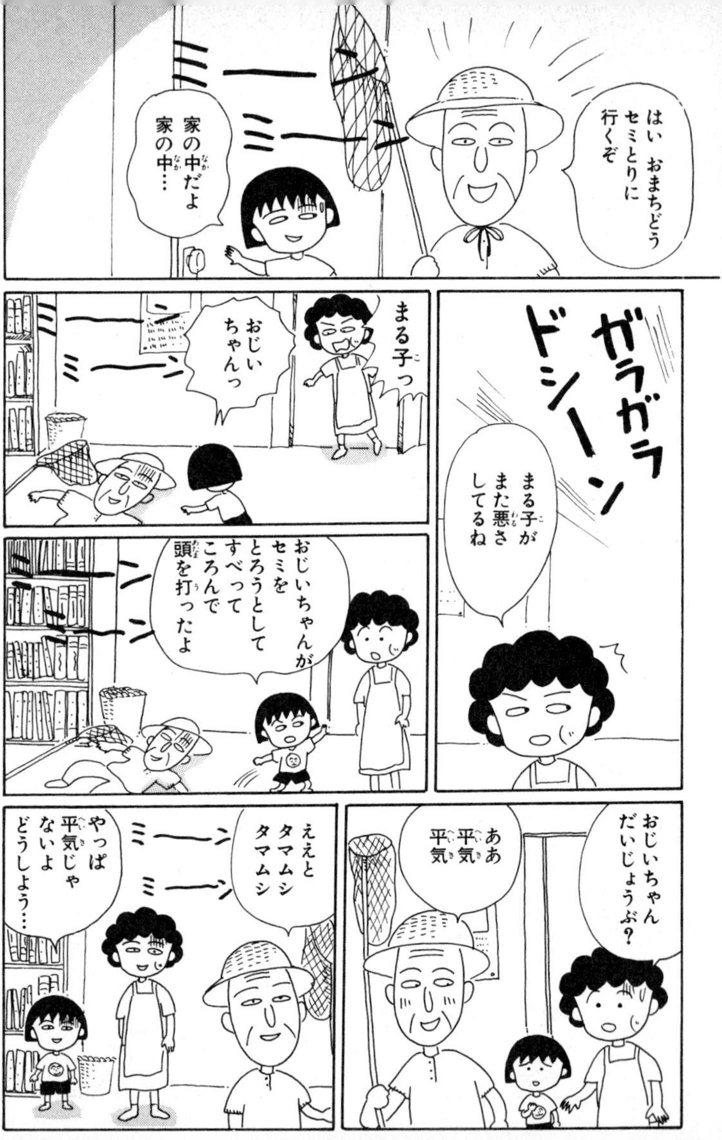
はい おまちどう セミとりに 行くぞ
ミーーン ミーーン
家の中だよ 家の中…
ガラガラ
ドシーン
まる子が また悪さ してるね
まる子っ
おじいちゃんっ
ミーーン ミーーン
おじいちゃんが セミを とろうとして すべって ころんで 頭を打ったよ
ミーーン ミーーン
おじいちゃん だいじょうぶ？
ああ 平気 平気
ええと タマムシ タマムシ
ミーーン ミーーン
やっぱ 平気じゃ ないよ どうしよう…

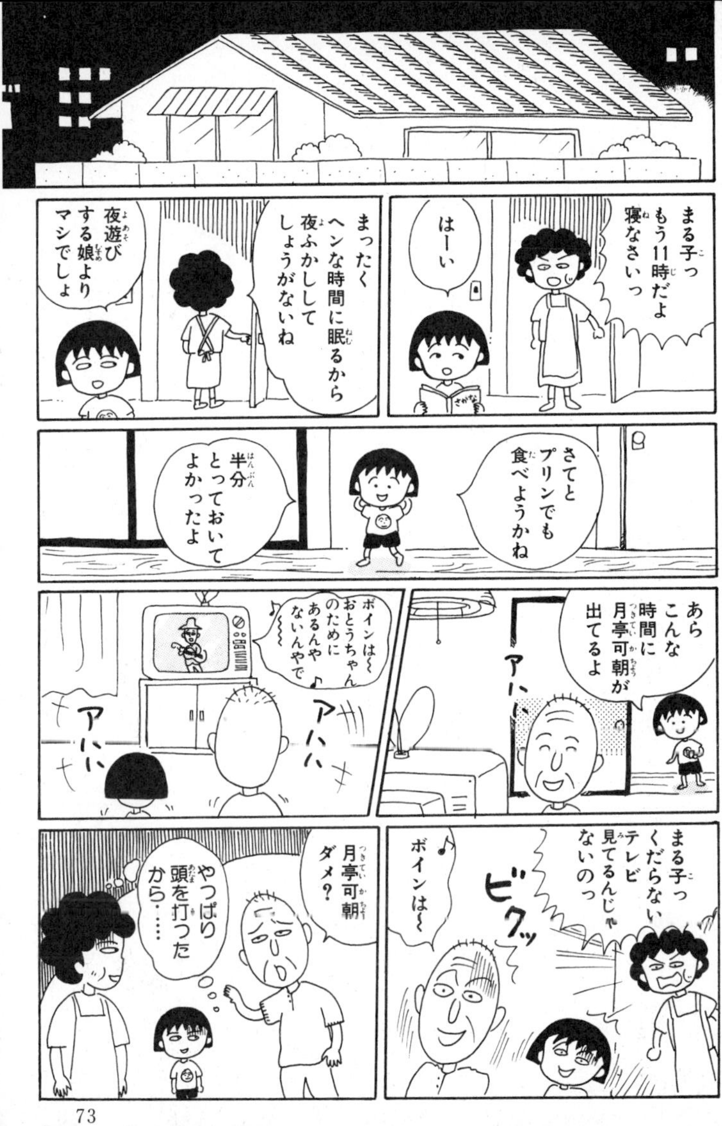
まる子っ もう11時だよ 寝なさいっ
はーい
まったく ヘンな時間に眠るから 夜ふかしして しょうがないね
夜遊び する娘より マシでしょ
さてと プリンでも 食べようかね
半分 とっておいて よかったよ
あら こんな 時間に 月亭可朝が 出てるよ
アハハ
ボインは～ おとうちゃん のために あるんや ないんやで ～～
アハハ
アハハ
まる子っ くだらない テレビ 見てるんじゃ ないのっ
ビクッ
ボインは～
月亭可朝 ダメ？
やっぱり 頭を打った から……

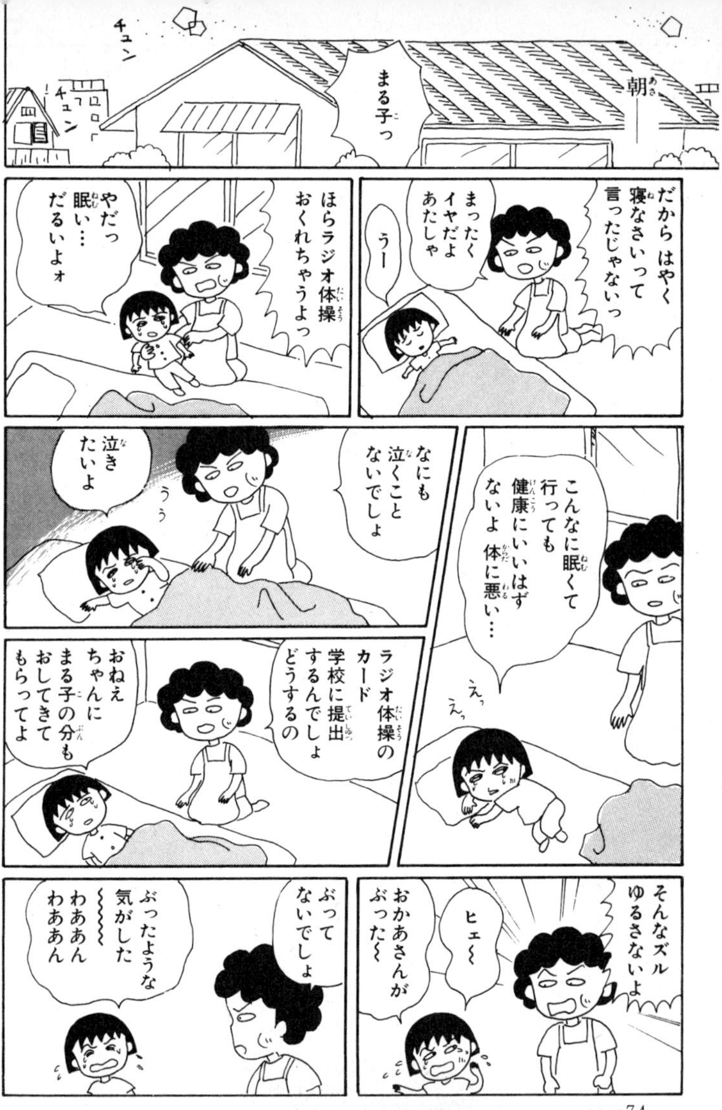
朝
まる子っ
チュン
チュン
だから はやく寝なさいって言ったじゃないっ
まったくイヤだよあたしゃ
うー
ほらラジオ体操おくれちゃうよっ
やだっ眠い…だるいよォ
こんなに眠くて行っても健康にいいはずないよ 体に悪い…
えっ
えっ
なにも泣くことないでしょ
泣きたいよ
うう
ラジオ体操のカード学校に提出するんでしょどうするの
おねえちゃんにまる子の分もおしてきてもらってよ
そんなズルゆるさないよ
ヒェ〜
おかあさんがぶった〜
ぶってないでしょ
ぶったような気がした〜〜〜〜わああんわああん

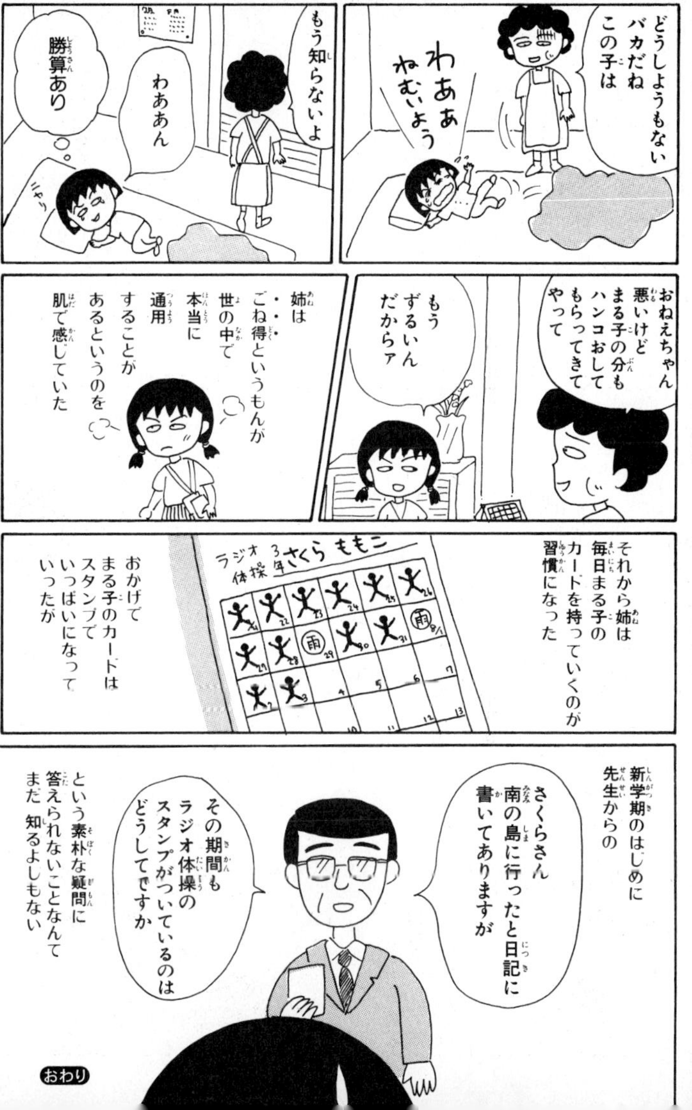
どうしようもない
バカだね
この子は
わああ
ねむいよう
もう知らないよ
わあああん
勝算あり
ニヤリ
おねえちゃん
悪いけど
まる子の分も
ハンコおして
もらってきて
やって
もう
ずるいいん
だからァ
姉は
・・・
ごね得というもんが
世の中で
本当に
通用
することが
あるというのを
肌で感じていた
それから姉は
毎日まる子の
カードを持っていくのが
習慣になった
ラジオ体操 3年 さくら ももこ
おかげで
まる子のカードは
スタンプで
いっぱいになって
いったが
新学期のはじめに
先生からの
さくらさん
南の島に行ったと日記に
書いてありますが
その期間も
ラジオ体操の
スタンプがついているのは
どうしてですか
という素朴な疑問に
答えられないことなんて
まだ 知るよしもない
おわり

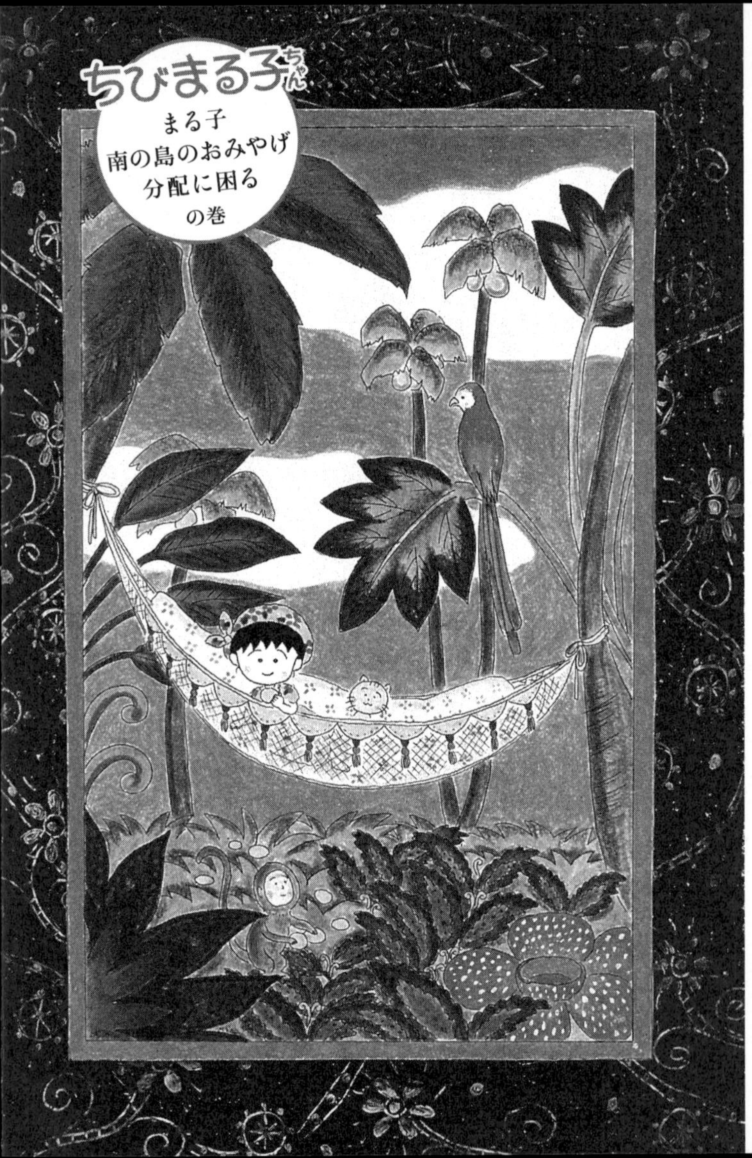
ちびまる子ちゃん
まる子
南の島のおみやげ
分配に困る
の巻

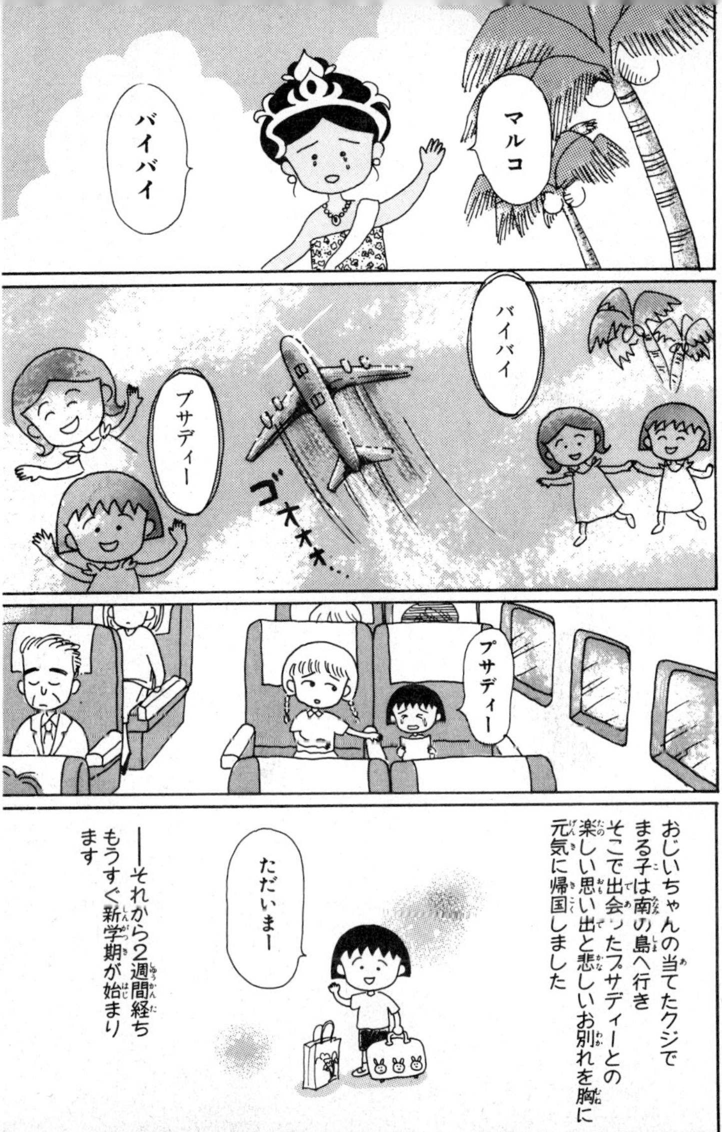
マルコ
バイバイ
バイバイ
プサディー
ゴォォォ…
プサディー
おじいちゃんの当てたクジでまる子は南の島へ行き
そこで出会ったプサディーとの
楽しい思い出と悲しいお別れを胸に
元気に帰国しました
ただいまー
――それから2週間経ち
もうすぐ新学期が始まります

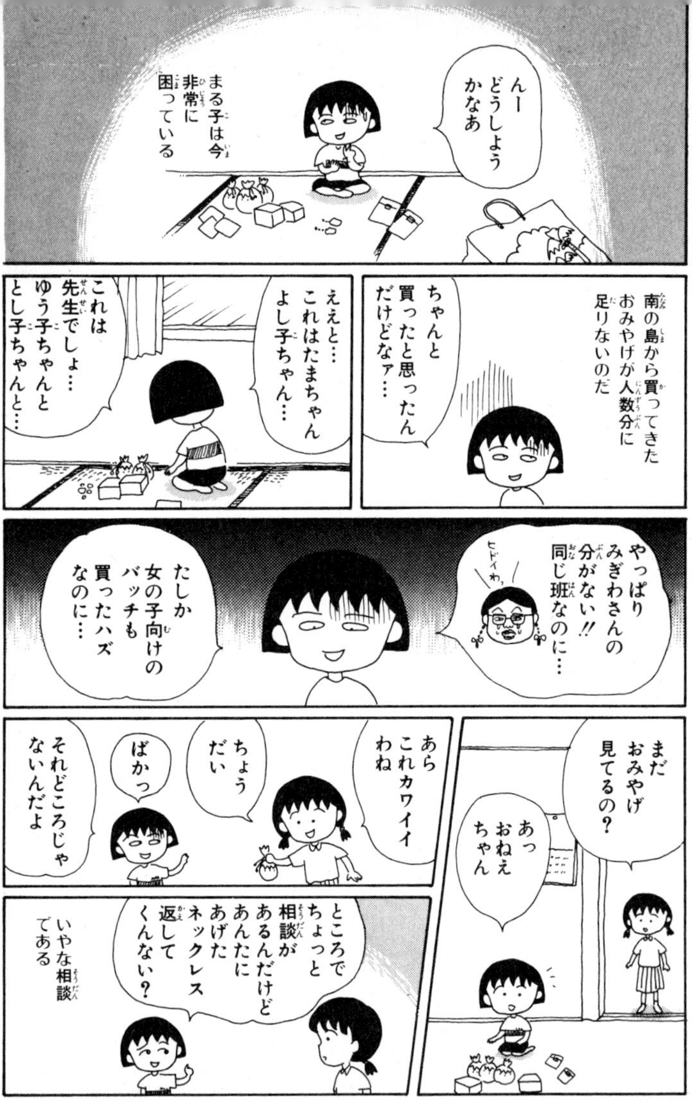

んー どうしよう かなあ
まる子は今 非常に 困っている
南の島から買ってきた おみやげが人数分に 足りないのだ
ちゃんと 買ったと思ったん だけどなァ…
ええと… これはたまちゃん よし子ちゃん…
これは 先生でしょ… ゆう子ちゃんと とし子ちゃんと…
やっぱり みぎわさんの 分がない!! 同じ班なのに…
ヒドイわっ
たしか 女の子向けの バッチも 買ったハズ なのに…
まだ おみやげ 見てるの?
あっ おねえ ちゃん
あら これカワイイ わね
ちょう だい
ばかっ
それどころじゃ ないんだよ
ところで ちょっと 相談が あるんだけど あんたに あげた ネックレス 返して くんない?
いやな相談 である

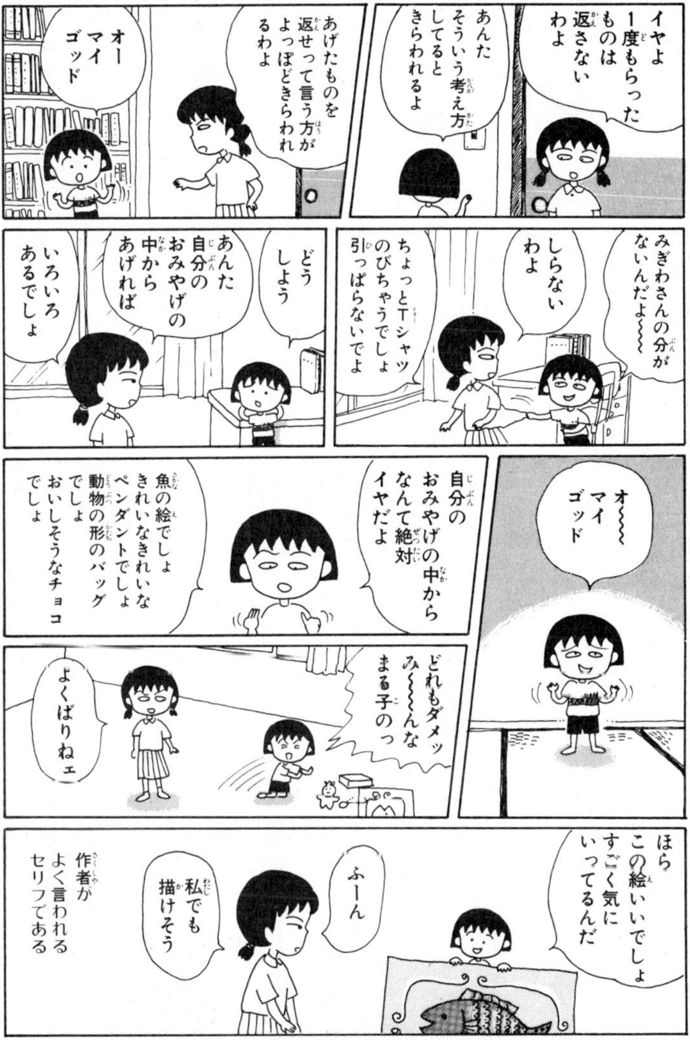

イヤよ 1度もらったものは返さないわよ
あんた そういう考え方してるときらわれるよ
あげたものを返せって言う方がよっぽどきらわれるわよ
オー マイ ゴッド
みぎわさんの分がないんだよ〜〜〜
しらないわよ
ちょっとTシャツのびちゃうでしょ 引っぱらないでよ
どうしよう
あんた 自分のおみやげの中からあげれば
いろいろあるでしょ
オ〜〜〜 マイ ゴッド
自分のおみやげの中からなんて絶対イヤだよ
魚の絵でしょ きれいなきれいなペンダントでしょ 動物の形のバッグでしょ おいしそうなチョコでしょ
どれもダメッ み〜〜んなまる子のっ
よくばりねェ
ほら この絵いいでしょ すごく気にいってるんだ
ふーん
私でも描けそう
作者がよく言われるセリフである

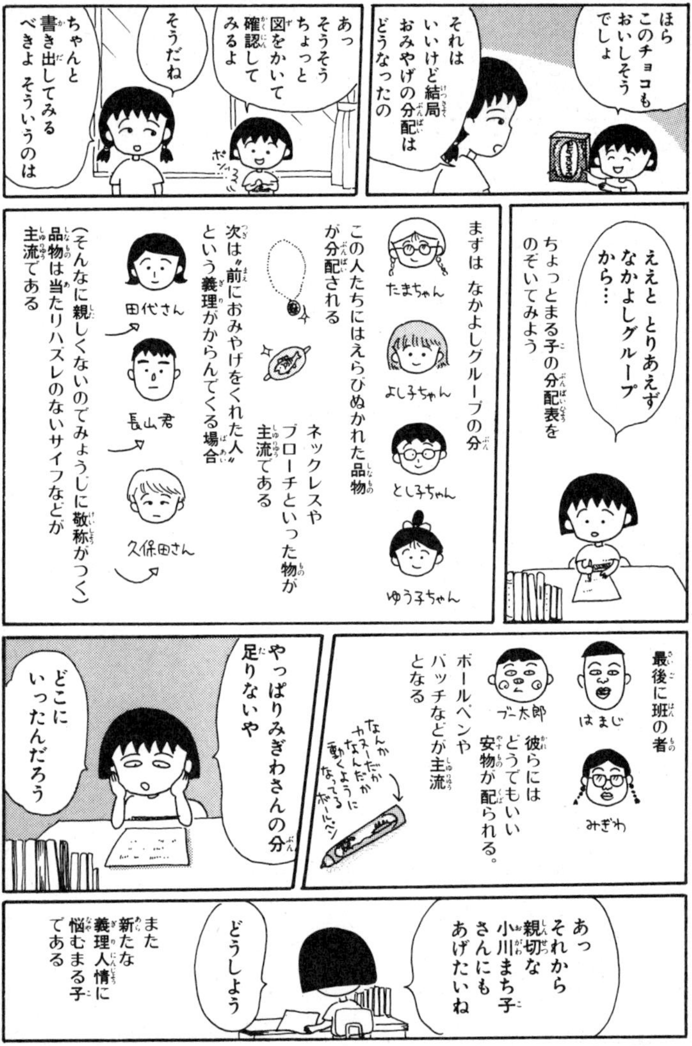
ほら このチョコも おいしそうでしょ
それは いいけど結局 おみやげの分配は どうなったの
あっ そうそう ちょっと図をかいて 確認してみるよ
そうだね
ちゃんと書き出してみるべきよ そういうのは
ええと とりあえず なかよしグループから…
ちょっとまる子の分配表をのぞいてみよう
まずは なかよしグループの分
たまちゃん
よし子ちゃん
とし子ちゃん
ゆう子ちゃん
この人たちにはえらびぬかれた品物が分配される
ネックレスやブローチといった物が主流である
次は〝前におみやげをくれた人〟という義理がからんでくる場合
田代さん
長山君
久保田さん
(そんなに親しくないのでみょうじに敬称がつく)
品物は当たりハズレのないサイフなどが主流である
最後に班の者
はまじ
ブー太郎
みぎわ
彼らにはどうでもいい安物が配られる。
ボールペンやバッチなどが主流となる
なんかカヌーだかなんだか動くようになってるボールペン
やっぱりみぎわさんの分足りないや
どこにいったんだろう
あっ それから親切な小川まち子さんにもあげたいね
どうしよう
また新たな義理人情に悩むまる子である

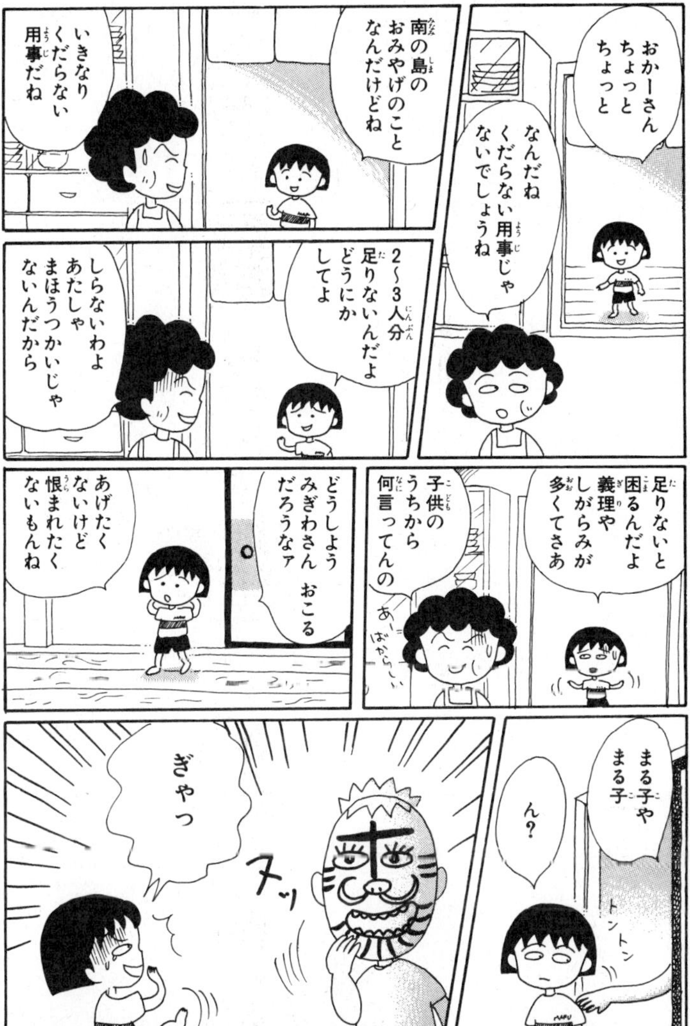

おかーさん ちょっと ちょっと
なんだね くだらない用事じゃ ないでしょうね
南の島の おみやげのこと なんだけどね
いきなり くだらない 用事だね
2~3人分 足りないんだよ どうにか してよ
しらないわよ あたしゃ まほうつかいじゃ ないんだから
足りないと 困るんだよ 義理や しがらみが 多くてさあ
子供の うちから 何言ってんの
あ〜 ばからしい
どうしよう みぎわさん おこる だろうなァ
あげたく ないけど 恨まれたく ないもんね
まる子や まる子
トントン
ん?
ヌッ
ぎゃっ

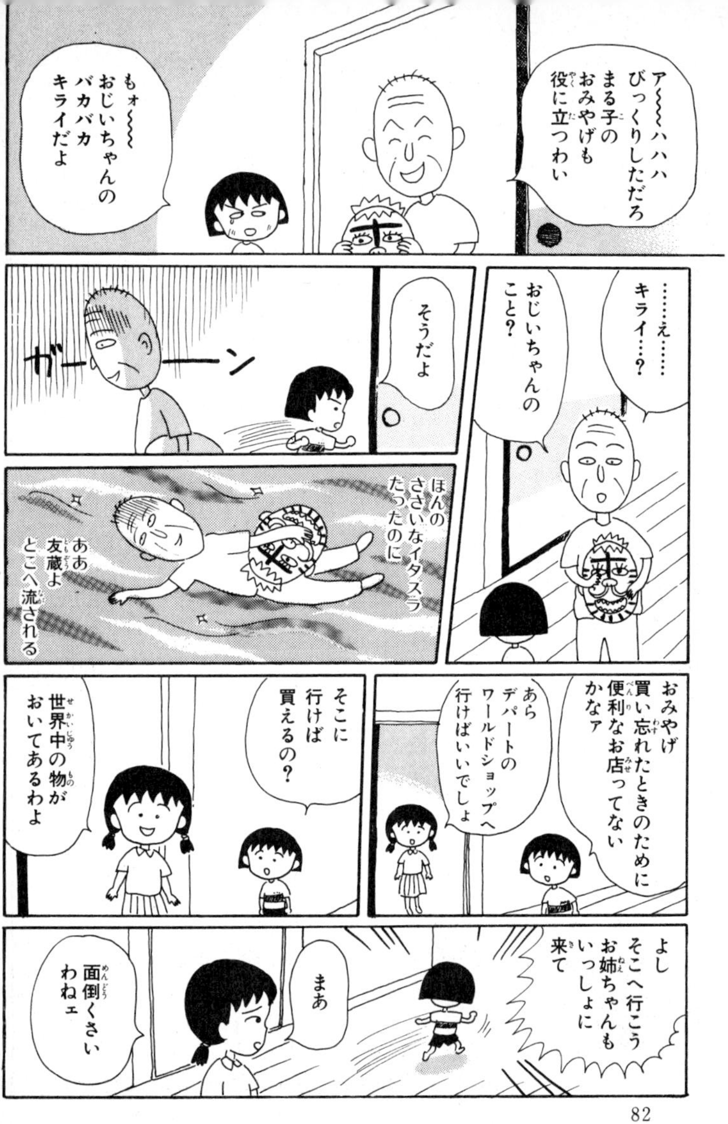
ア〜〜ハハハ びっくりしただろ まる子のおみやげも役に立つわい
もォ〜〜〜 おじいちゃんのバカバカキライだよ
……え…… キライ…？
おじいちゃんのこと？
そうだよ
ガーーーン
ほんのささいなイタズラだったのに
ああ友蔵よどこへ流される
おみやげ買い忘れたときのために便利なお店ってないかなァ
あらデパートのワールドショップへ行けばいいでしょ
そこに行けば買えるの？
世界中の物がおいてあるわよ
よし そこへ行こう お姉ちゃんもいっしょに来て
まあ
面倒くさいわねェ

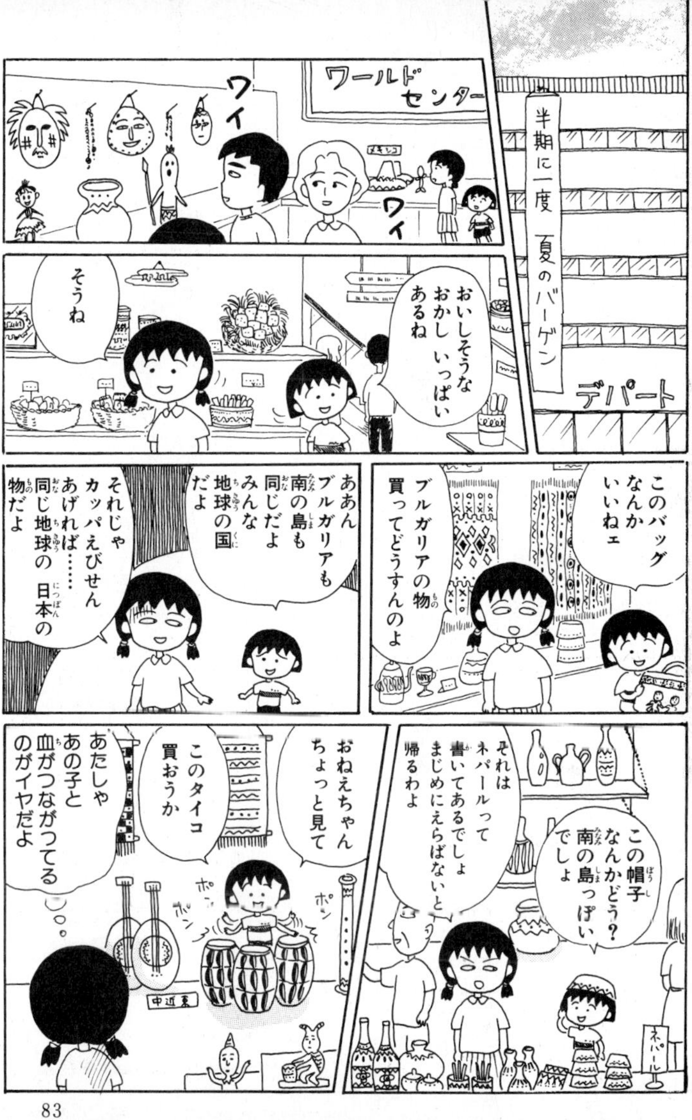

半期に一度 夏のバーゲン
デパート
ワールドセンター
ワイ
ワイ
メキシコ
おいしそうなおかし いっぱいあるね
そうね
このバッグなんかいいねェ
ブルガリアの物買ってどうすんのよ
ああんブルガリアも南の島も同じだよみんな地球の国だよ
それじゃカッパえびせんあげれば……同じ地球の日本の物だよ
この帽子なんかどう？南の島っぽいでしょ
それはネパールって書いてあるでしょまじめにえらばないと帰るわよ
ネパール
おねえちゃんちょっと見て
このタイコ買おうか
ポン
ポン
ポン
中近東
あたしゃあの子と血がつながってるのがイヤだよ

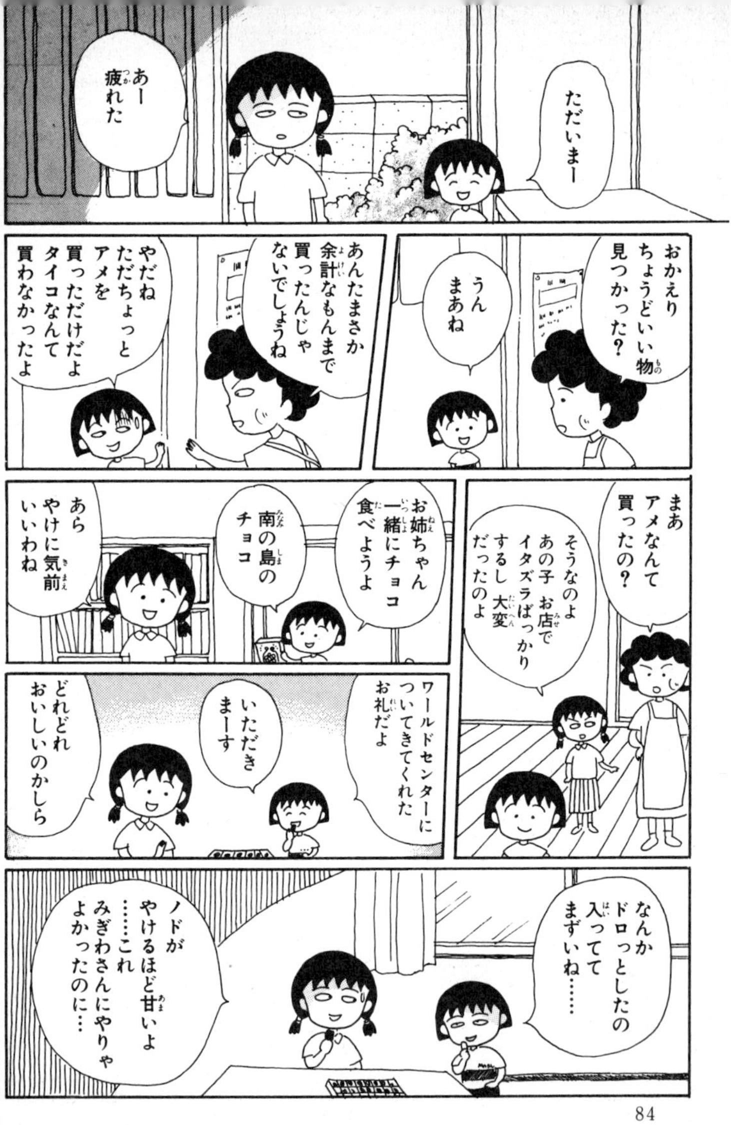
ただいまー
あー 疲れた
おかえり ちょうどいい物 見つかった？
うん まあね
あんたまさか 余計なもんまで 買ったんじゃ ないでしょうね
やだね ただちょっと アメを 買っただけだよ タイコなんて 買わなかったよ
まあ アメなんて 買ったの？
そうなのよ あの子 お店で イタズラばっかり するし 大変 だったのよ
お姉ちゃん 一緒にチョコ 食べようよ
南の島の チョコ
あら やけに気前 いいわね
ワールドセンターに ついてきてくれた お礼だよ
いただき まーす
どれどれ おいしいのかしら
なんか ドロっとしたの 入ってて まずいね……
ノドが やけるほど甘いよ ……これ みぎわさんにやりゃ よかったのに…

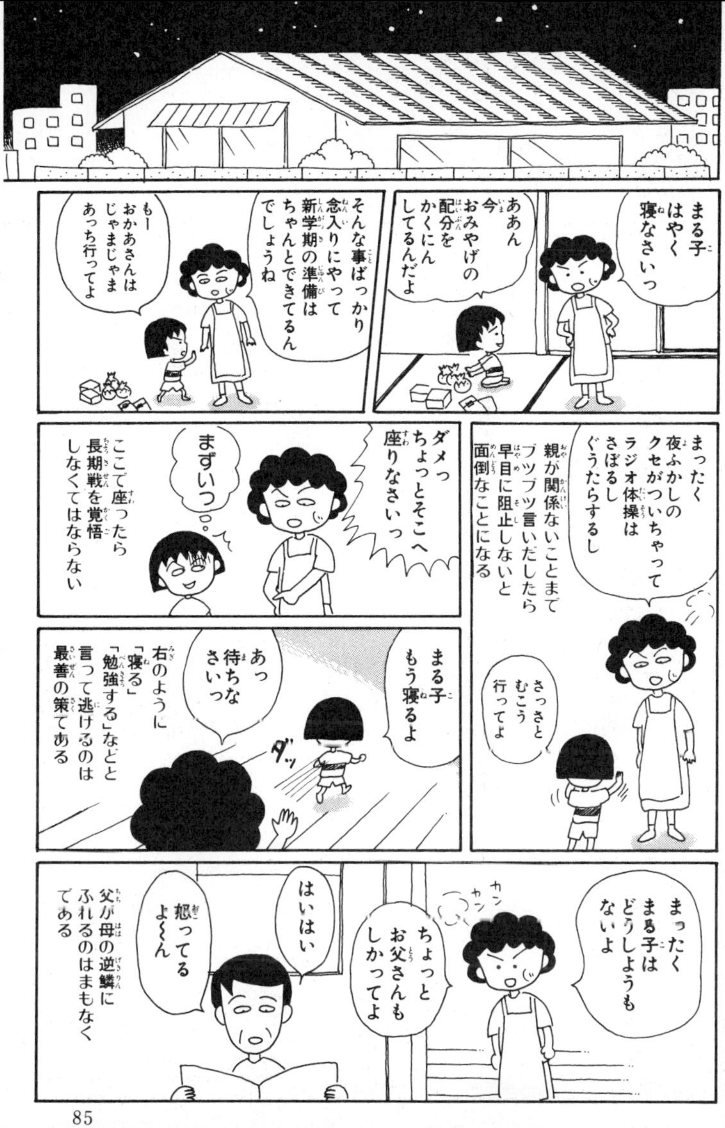
まる子
はやく
寝なさいっ
ああん
今
おみやげの
配分を
かくにん
してるんだよ
そんな事ばっかり
念入りにやって
新学期の準備は
ちゃんとできてるん
でしょうね
もー
おかあさんは
じゃまじゃま
あっち行ってよ
まったく
夜ふかしの
クセがついちゃって
ラジオ体操は
さぼるし
ぐうたらするし
さっさと
むこう
行ってよ
親が関係ないことまで
ブツブツ言いだしたら
早目に阻止しないと
面倒なことになる
ダメっ
ちょっとそこへ
座りなさいっ
まずいっ
ここで座ったら
長期戦を覚悟
しなくてはならない
まる子
もう寝るよ
ダッ
あっ
待ちな
さいっ
右のように
「寝る」
「勉強する」などと
言って逃げるのは
最善の策である
まったく
まる子は
どうしようも
ないよ
カン
カン
ちょっと
お父さんも
しかってよ
はいはい
怒ってる
よ〜ん
父が母の逆鱗に
ふれるのはまもなく
である

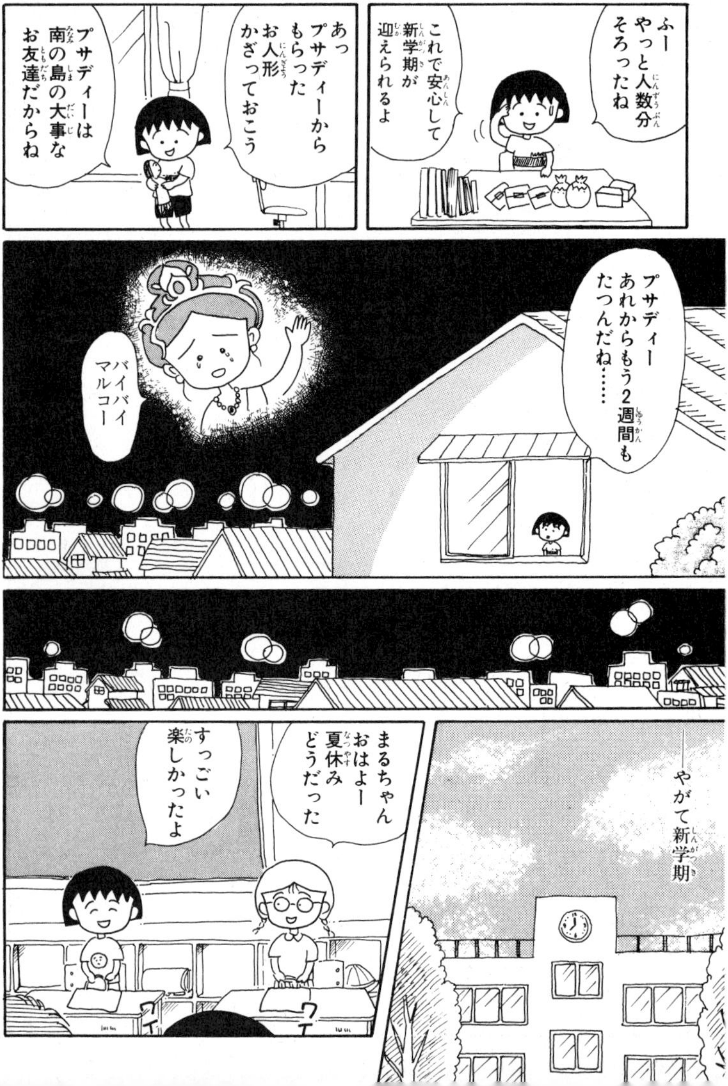
ふー
やっと人数分
そろったね
これで安心して
新学期が
迎えられるよ
あっ
プサディーから
もらった
お人形
かざっておこう
プサディーは
南の島の大事な
お友達だからね
プサディー
あれからもう2週間も
たつんだね……
バイバイ
マルコー
―やがて新学期
まるちゃん
おはよー
夏休み
どうだった
すっごい
楽しかったよ
ワイ
ワイ

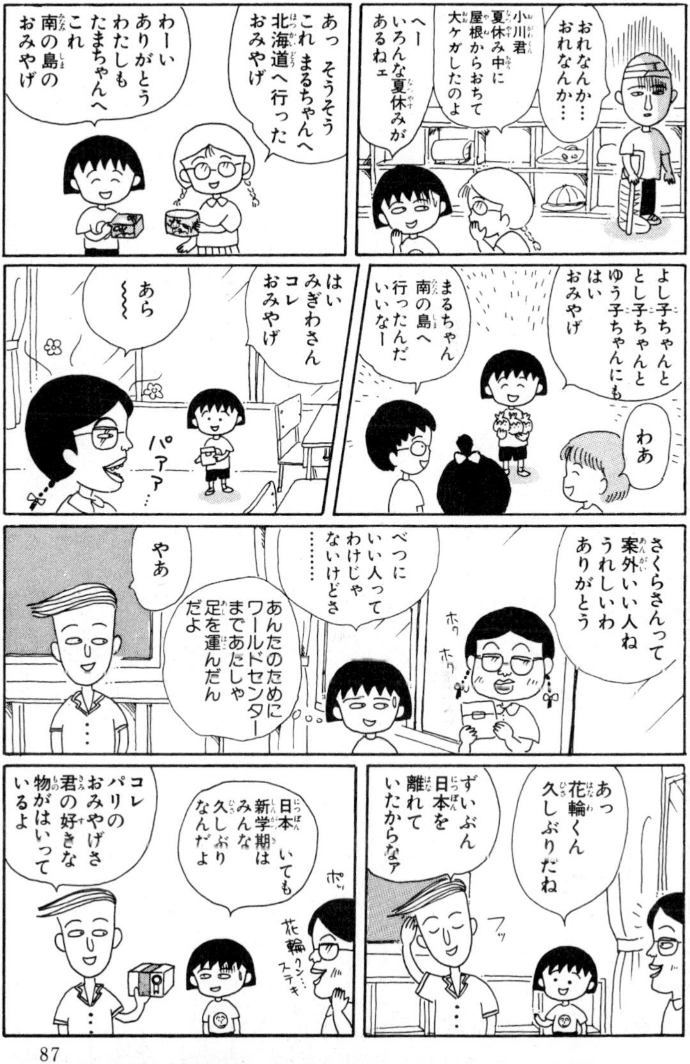
おれなんか…
おれなんか…
小川君
夏休み中に
屋根からおちて
大ケガしたのよ
へー
いろんな夏休みが
あるねェ
あっ そうそう
これ まるちゃんへ
北海道へ行った
おみやげ
わーい
ありがとう
わたしも
たまちゃんへ
これ
南の島の
おみやげ
よし子ちゃんと
とし子ちゃんと
ゆう子ちゃんにも
はい
おみやげ
わあ
まるちゃん
南の島へ
行ったんだ
いいなー
はい
みぎわさん
コレ
おみやげ
あら
〜〜〜
パアア…
さくらさんって
案外いい人ね
うれしいわ
ありがとう
ホワ
ホワ
べつに
いい人って
わけじゃ
ないけどさ
……
あんたのために
ワールドセンター
まであたしゃ
足を運んだん
だよ
やあ
あっ
花輪くん
久しぶりだね
ずいぶん
日本を
離れて
いたからなァ
フッ
日本 いても
新学期は
みんな
久しぶり
なんだよ
ポッ
花輪クン…
ステキ
コレ
パリの
おみやげさ
君の好きな
物がはいって
いるよ

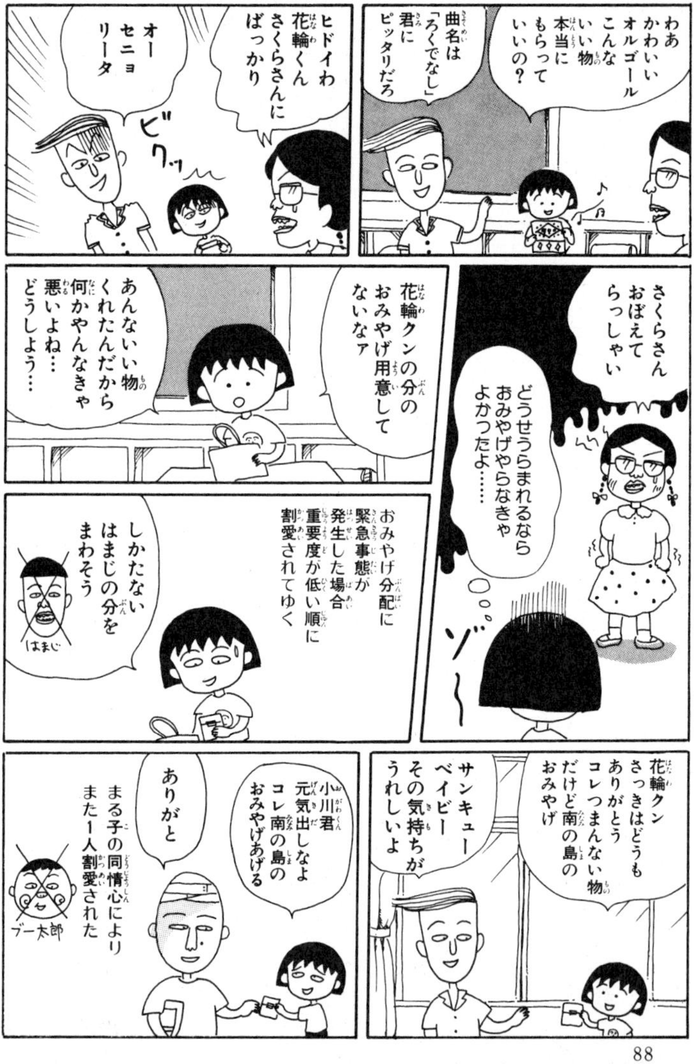

わあ かわいい オルゴール こんな いい物 本当に もらって いいの？
曲名は「ろくでなし」君に ピッタリだろ
ヒドイわ 花輪くん さくらさんに ばっかり
オー セニョ リータ
ビクッ
さくらさん おぼえて らっしゃい
どうせうらまれるなら おみやげやらなきゃ よかったよ……
ゾ〜
花輪クンの分の おみやげ用意して ないなァ
あんないい物 くれたんだから 何かやんなきゃ 悪いよね… どうしよう…
おみやげ分配に 緊急事態が 発生した場合 重要度が低い順に 割愛されてゆく
しかたない はまじの分を まわそう
はまじ
花輪クン さっきはどうも ありがとう コレつまんない物 だけど南の島の おみやげ
サンキュー ベイビー その気持ちが うれしいよ
小川君 元気出しなよ コレ南の島の おみやげあげる
ありがと
まる子の同情心により また1人割愛された
ブー太郎

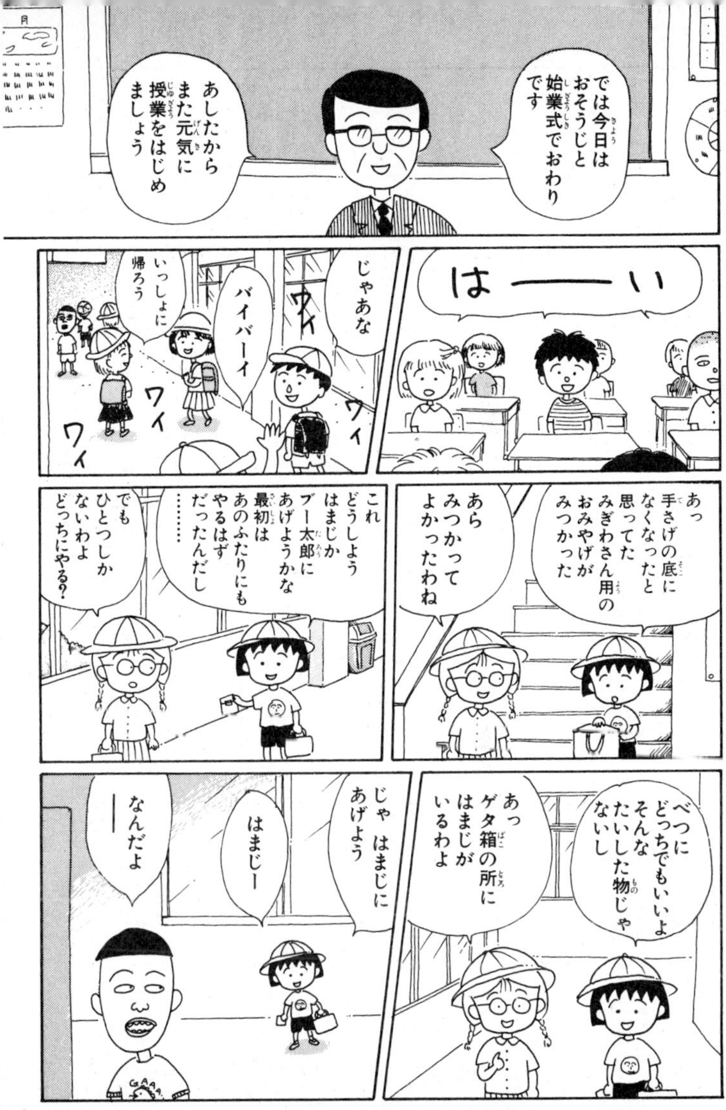

では今日はおそうじと始業式でおわりです
あしたからまた元気に授業をはじめましょう
はーーい
じゃあな
バイバーイ
ワイ
ワイ
ワイ
ワイ
いっしょに帰ろう
あっ手さげの底になくなったと思ってたみぎわさん用のおみやげがみつかった
あらみつかってよかったわね
これどうしようはまじかブー太郎にあげようかな最初はあのふたりにもやるはずだったんだし……
でもひとつしかないわよどっちにやる?
べつにどっちでもいいよそんなたいした物じゃないし
あっゲタ箱の所にはまじがいるわよ
じゃ はまじにあげよう
はまじー
なんだよー

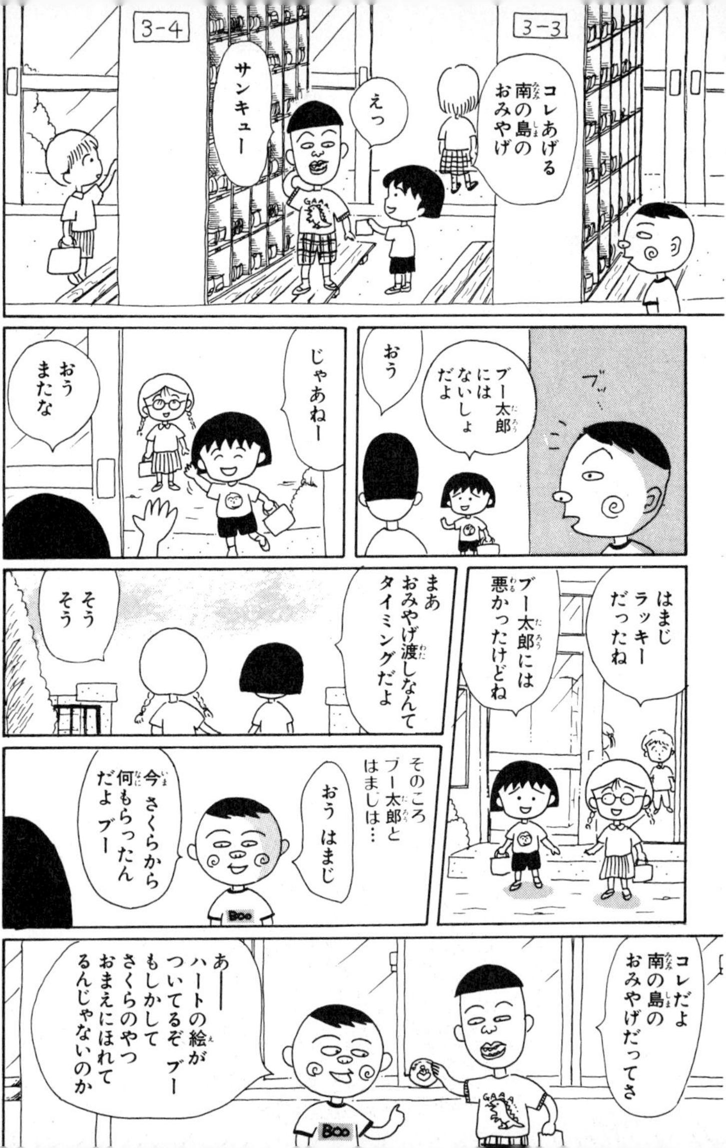
3-3
3-4
コレあげる 南の島のおみやげ
えっ
サンキュー
ブッ…
ブー太郎にはないしょだよ
おう
じゃあねー
おう またな
はまじラッキーだったね
ブー太郎には悪かったけどね
まあ おみやげ渡しなんてタイミングだよ
そうそう
そのころ ブー太郎とはまじは…
おう はまじ
今さくらから何もらったんだよ ブー
コレだよ 南の島のおみやげだってさ
あー ハートの絵がついてるぞ ブー もしかして さくらのやつ おまえにほれてるんじゃないのか

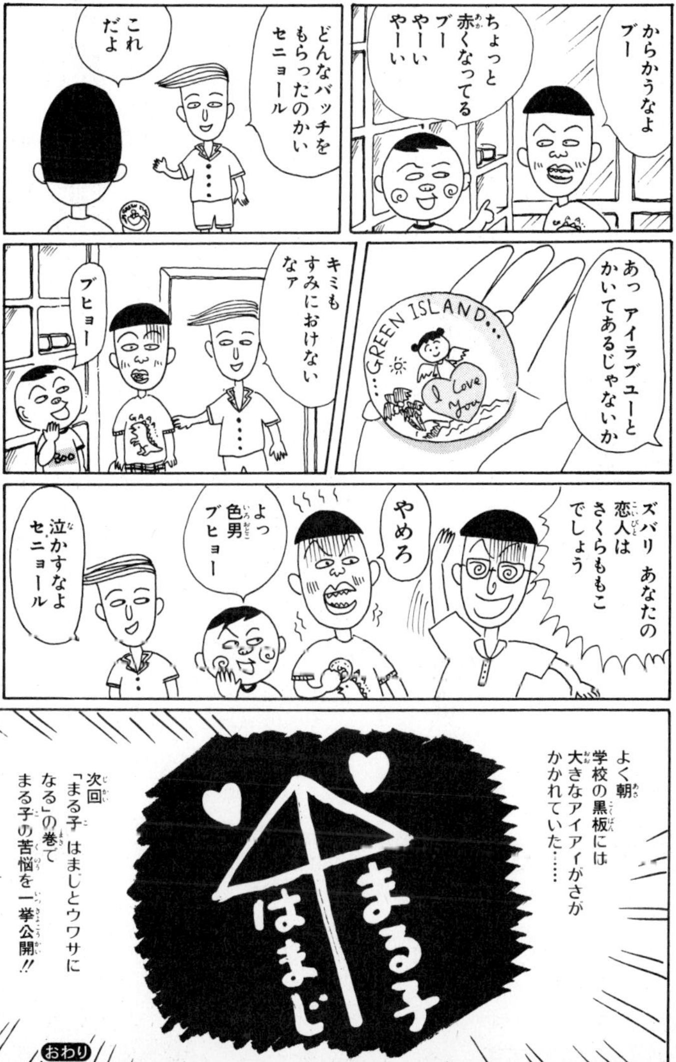

からかうなよ ブー
ちょっと赤くなってるブー やーい やーい
どんなバッチをもらったのかい セニョール
これだよ
あっ アイラブユーと かいてあるじゃないか
GREEN ISLAND...
I Love You
キミも すみにおけないなァ
ブヒョー
ズバリ あなたの恋人は さくらももこでしょう
やめろ
よっ 色男 ブヒョー
泣かすなよ セニョール
よく朝 学校の黒板には 大きなアイアイがさが かかれていた……
まる子
はまじ
次回「まる子 はまじとウワサになる」の巻で まる子の苦悩を一挙公開!!
おわり

ちびまる子

ちびまる子ちゃん

大野君と杉山君

大野君と杉山君は
将来いっしょの船に乗って
世界中をまわるのが
夢です…

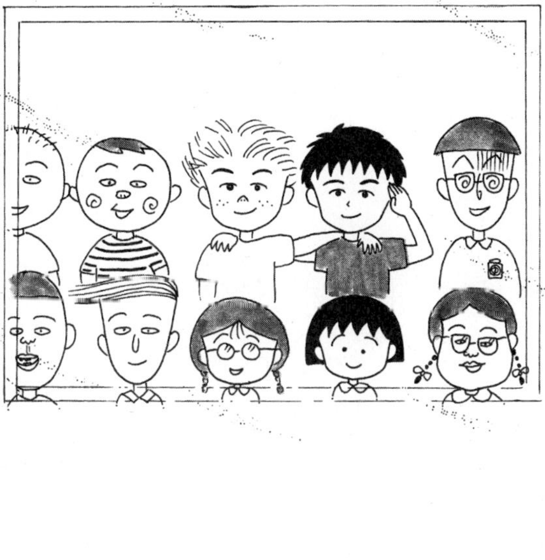

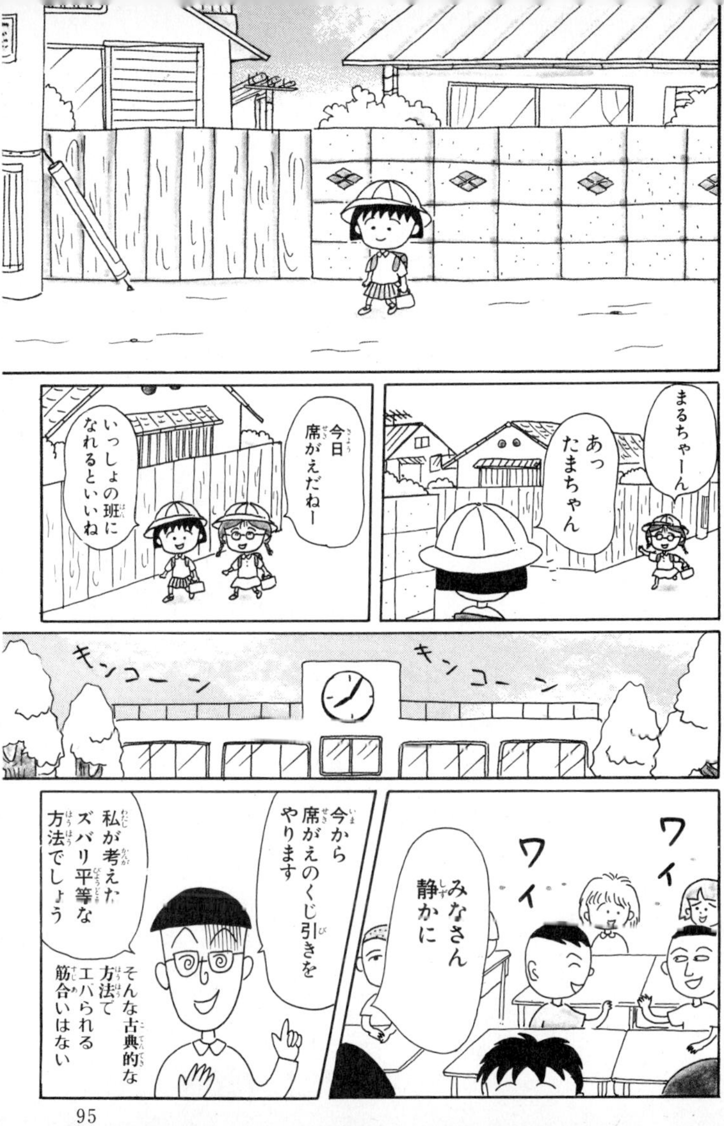
まるちゃーん
あっ たまちゃん
今日席がえだねー
いっしょの班になれるといいね
キンコーン
キンコーン
ワイ
ワイ
みなさん静かに
今から席がえのくじ引きをやります
私が考えたズバリ平等な方法でしょう
そんな古典的な方法でエバられる筋合いはない

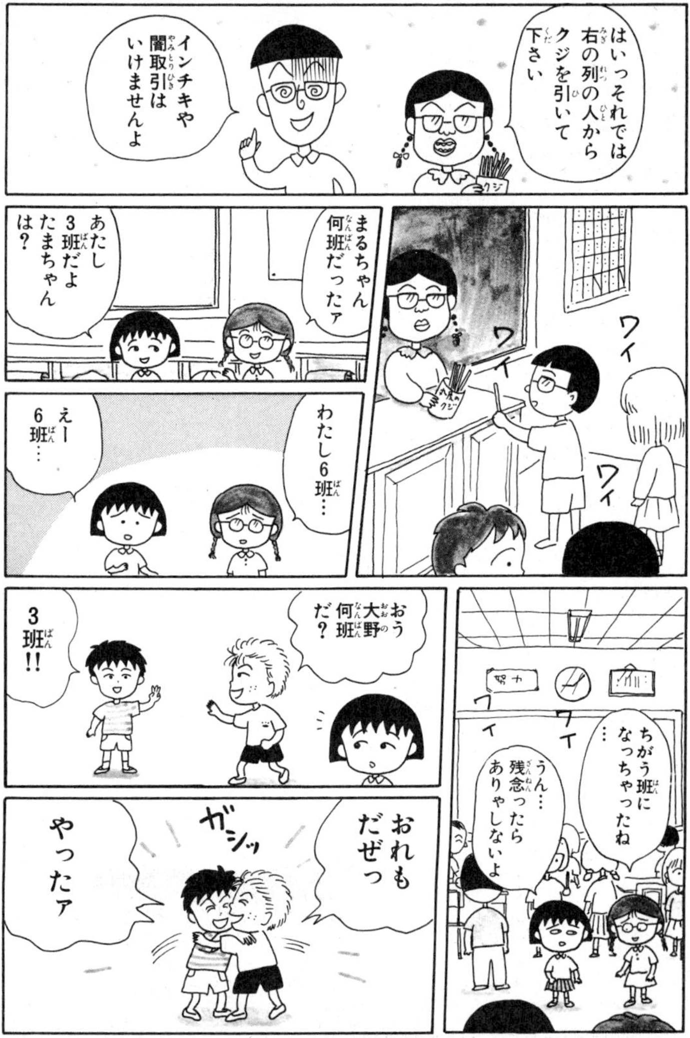
はいっそれでは右の列の人からクジを引いて下さい
クジ
インチキや闇取引はいけませんよ
ワイ
ワイ
ワイ
まるちゃん何班だったァ
あたし3班だよたまちゃんは?
わたし6班…
えー6班…
ちがう班になっちゃったね…
うん…残念ったらありゃしないよ
ワイ
ワイ
おう大野何班だ?
3班!!
おれもだぜっ
ガシッ
やったァ

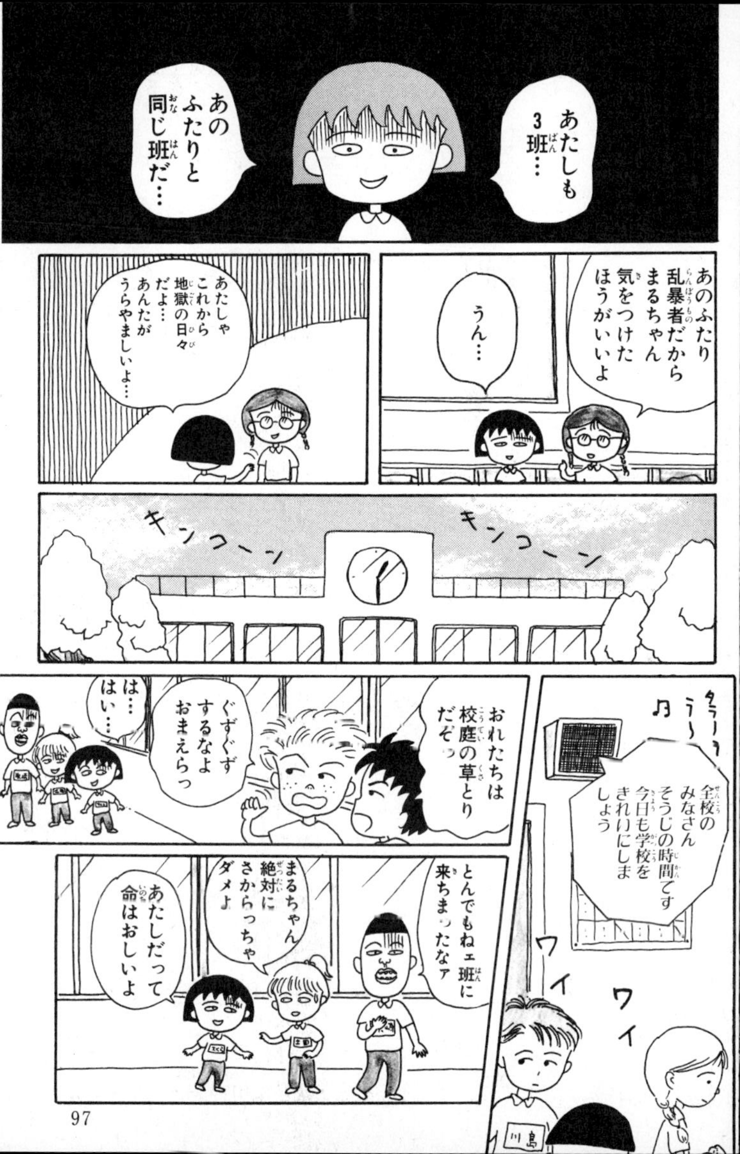

あたしも
3班…
あのふたりと同じ班だ…
あのふたり乱暴者だからまるちゃん気をつけたほうがいいよ
うん…
あたしゃこれから地獄の日々だよ…
あんたがうらやましいよ…
キンコ～ン
キンコ～ン
全校のみなさん そうじの時間です 今日も学校をきれいにしましょう
ワイ
ワイ
川島
おれたちは校庭の草とりだぞっ
ぐずぐずするなよおまえらっ
は…はい…
とんでもねェ班に来ちまったなァ
まるちゃん絶対にさからっちゃダメよ
あたしだって命はおしいよ

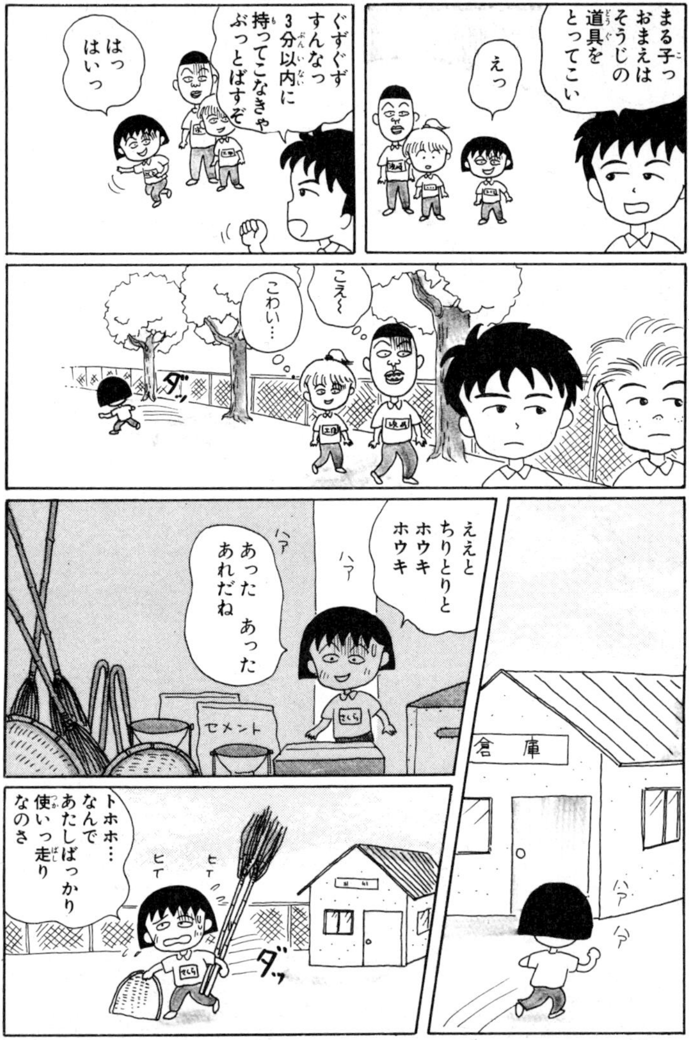
まる子っ
おまえは
そうじの
道具を
とってこい
えっ
ぐずぐず
すんなっ
3分以内に
持ってこなきゃ
ぶっとばすぞ
はっ
はいっ
こえ〜
こわい…
ダッ
ええと
ちりとりと
ホウキ
ホウキ
ハア
ハア
倉庫
ハア
ハア
あった あった
あれだね
セメント
トホホ…
なんで
あたしばっかり
使いっ走り
なのさ
ヒイ
ヒイ
ダッ

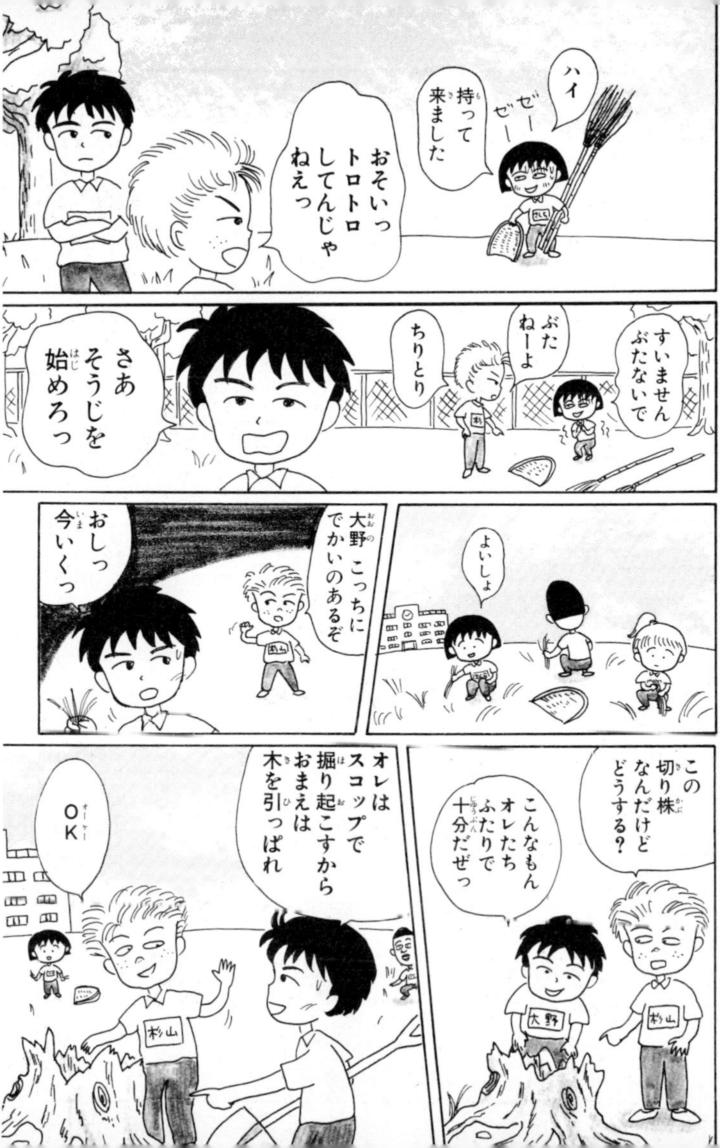
ハイ
ゼーゼー
持って来ました
おそいっ トロトロしてんじゃねえっ
すいません ぶたないで
ぶたねーよ
ちりとり
さあ そうじを始めろっ
よいしょ
大野 こっちにでかいのあるぞ
おしっ 今いくっ
この切り株なんだけどどうする?
こんなもん オレたちふたりで十分だぜっ
オレはスコップで掘り起こすから おまえは木を引っぱれ
OK

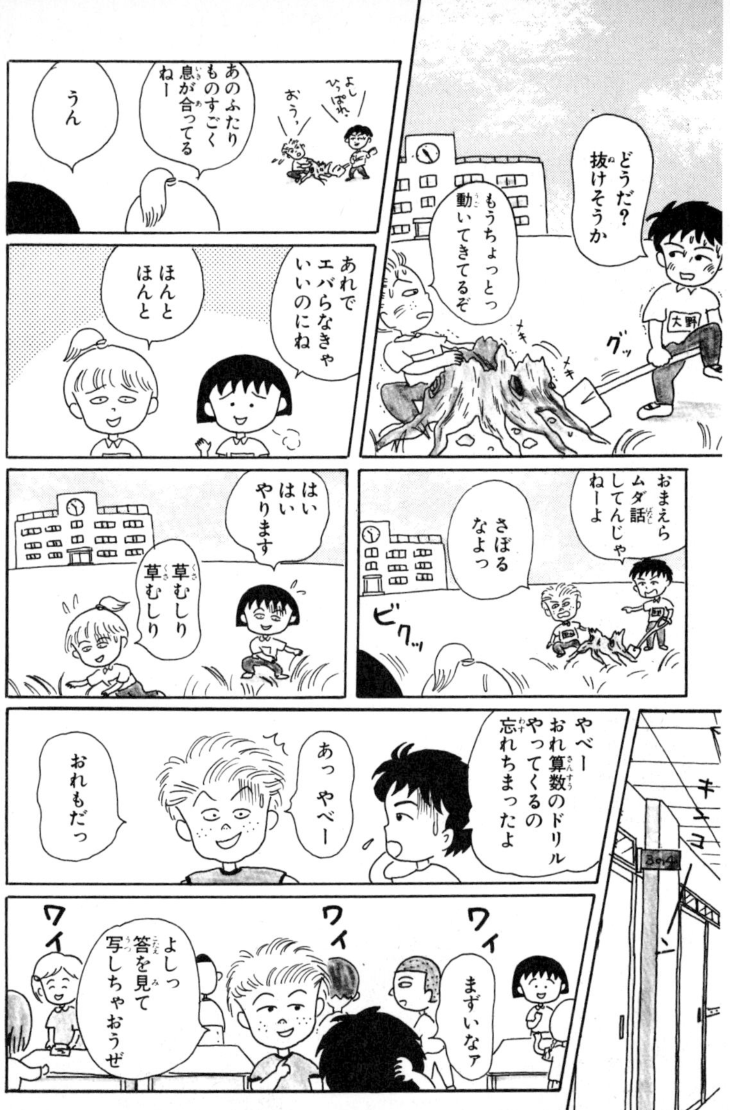
どうだ？ 抜けそうか
もうちょっとっ 動いてきてるぞ
グッ
メキ
メキ
よし ひっぱれ
おうっ
あのふたり ものすごく 息が合ってるねー
うん
あれで エバらなきゃ いいのにね
ほんと ほんと
おまえら ムダ話 してんじゃねーよ
さぼるなよっ
ビクッ
はい はい やります
草むしり 草むしり
キンコ
3の4
やべー おれ算数のドリル やってくるの 忘れちまったよ
あっ やべー
おれもだっ
ワイ
ワイ
ワイ
まずいなァ
よしっ 答を見て 写しちゃおうぜ

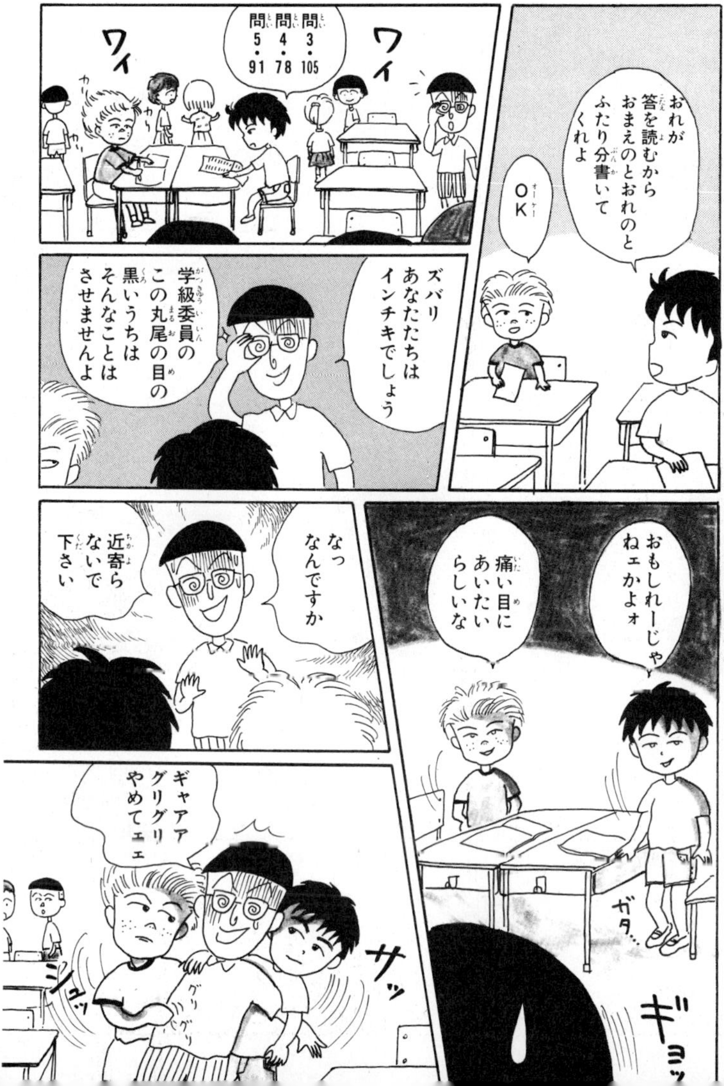

おれが答を読むからおまえのとおれのとふたり分書いてくれよ
OK
ワイ
ワイ
問3・105
問4・78
問5・91
ズバリあなたたちはインチキでしょう
学級委員のこの丸尾の目の黒いうちはそんなことはさせませんよ
おもしれーじゃねェかよォ
痛い目にあいたいらしいな
ガタ…
ギョッ
なっなんですか
近寄らないで下さい
ギャアアグリグリやめてェェ
サッ
シュッ
グリグリ

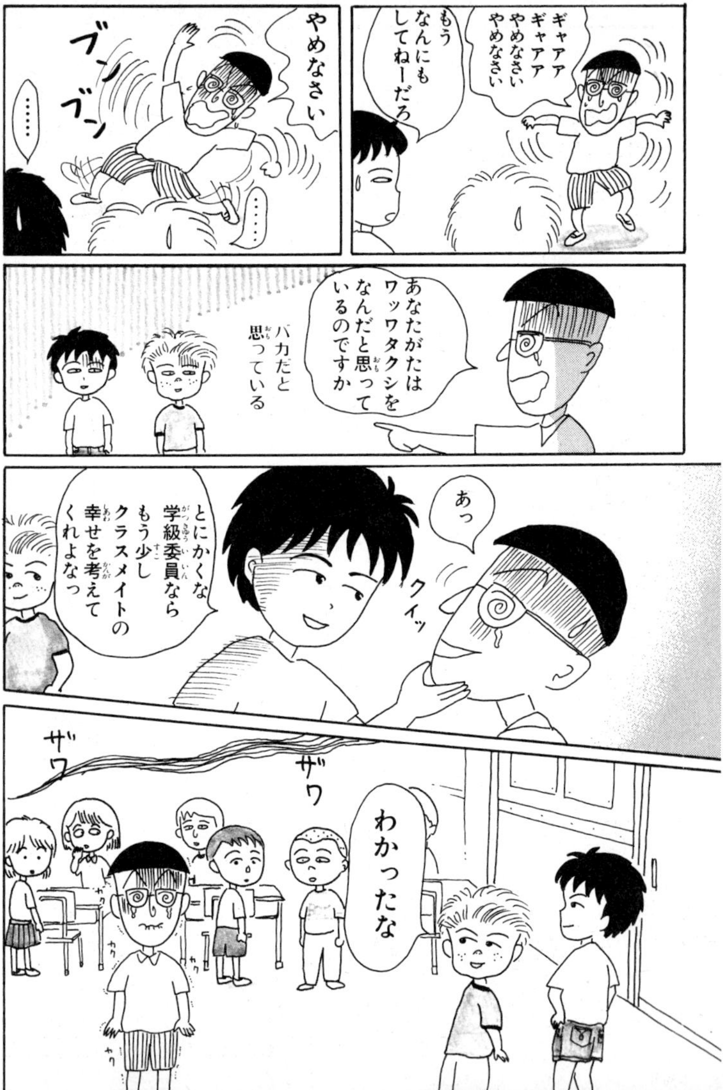
ギャアア
ギャアア
やめなさい
やめなさい
もう
なんにも
してねーだろ
やめなさい
ブンブン
……
……
あなたがたは
ワッワタクシを
なんだと思って
いるのですか
バカだと
思っている
あっ
クイッ
とにかくな
学級委員なら
もう少し
クラスメイトの
幸せを考えて
くれよなっ
ザワ
ザワ
わかったな

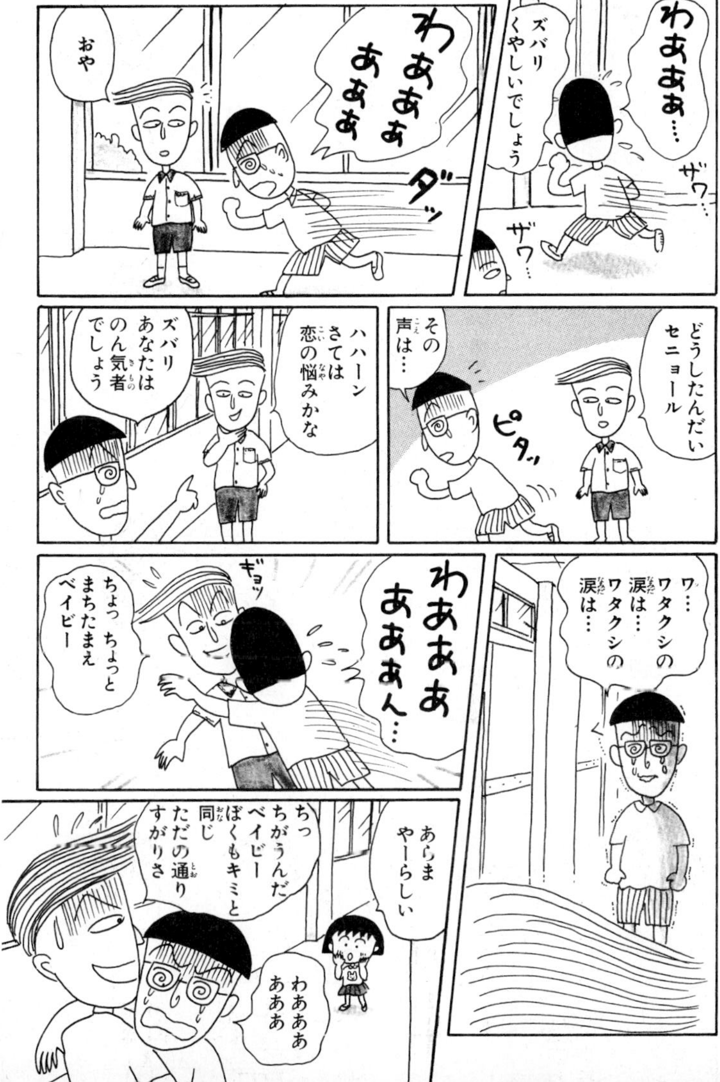
わあぁぁ…
ズバリ くやしいでしょう
ザワ…
ザワ…
わああああああ
ダッ
おや
どうしたんだい セニョール
その声は…
ピタッ
ハハーン さては恋の悩みかな
ズバリ あなたはのん気者でしょう
ワ…ワタクシの涙は…ワタクシの涙は…
わああああああん…
ギョッ
ちょっ ちょっとまちたまえ ベイビー
あらま やーらしい
ちっ ちがうんだ ベイビー ぼくもキミと同じ ただの通りすがりさ
わああああ

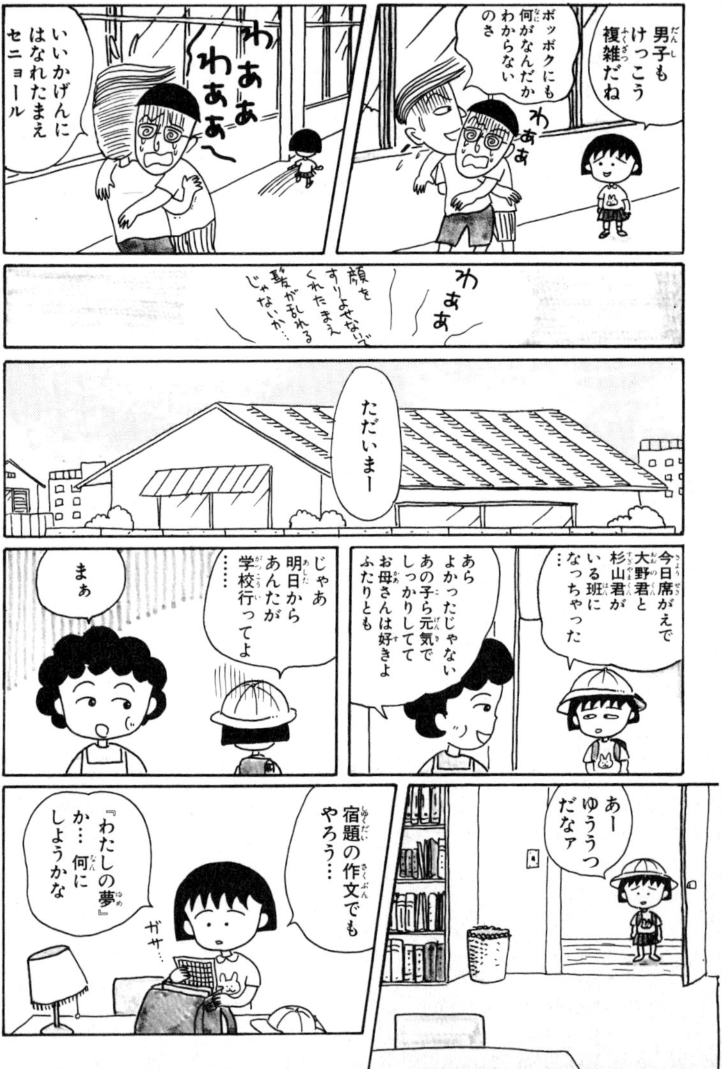
男子も
けっこう
複雑だね
ボッボクにも
何がなんだか
わからないのさ
わぁあ
わああ
わあぁ〜
いいかげんに
はなれたまえ
セニョール
わぁあ
顔をすりよせないでくれたまえ
髪が乱れるじゃないか…
ただいまー
今日席がえで
大野君と
杉山君が
いる班に
なっちゃった
…
あら
よかったじゃない
あの子ら元気で
しっかりしてて
お母さんは好きよ
ふたりとも
じゃあ
明日から
あんたが
学校行ってよ
……
まぁ
あー
ゆううつ
だなァ
宿題の作文でも
やろう…
『わたしの夢』
か… 何に
しようかな
ガサ…

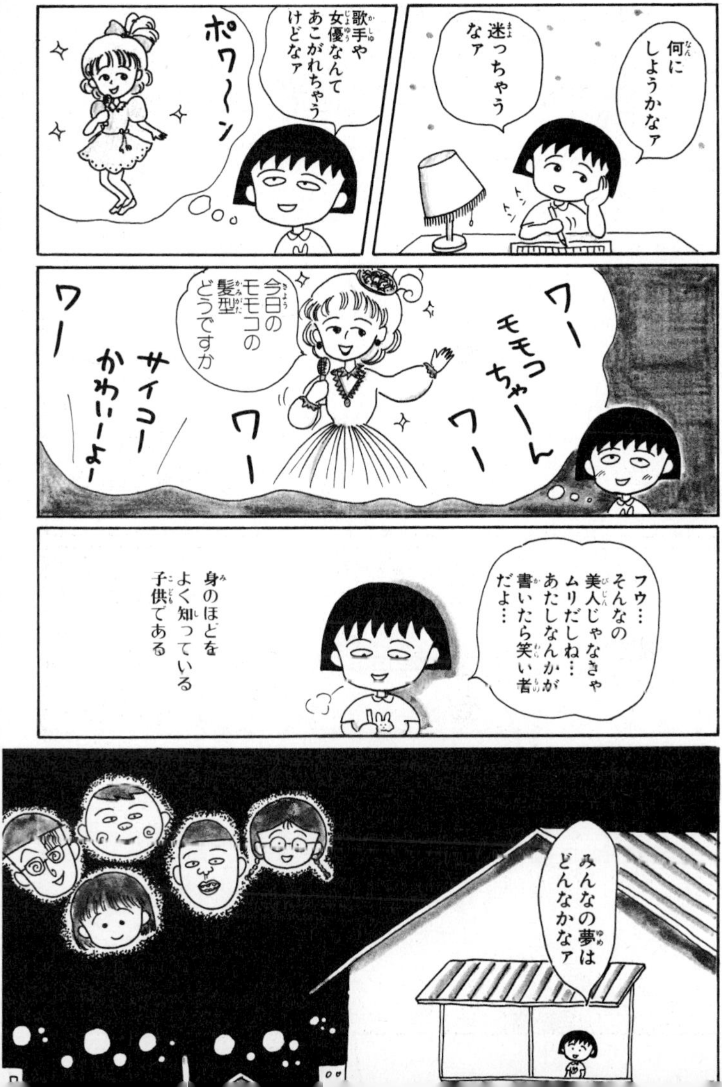
何にしようかなァ
迷っちゃうなァ
歌手や女優なんてあこがれちゃうけどなァ
ポワ〜ン
ワー
モモコちゃーん
ワー
今日のモモコの髪型どうですか
ワー
サイコー
かわいーよー
ワー
フウ…そんなの美人じゃなきゃムリだしね…あたしなんかが書いたら笑い者だよ…
身のほどをよく知っている子供である
みんなの夢はどんなかなァ

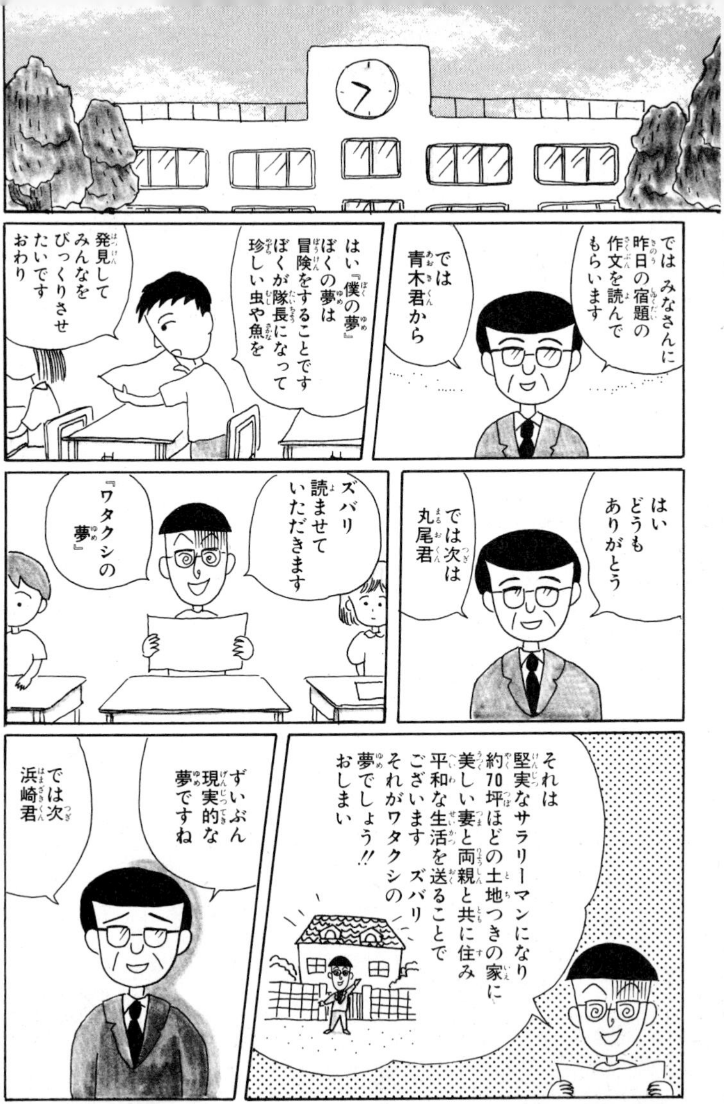

では みなさんに
昨日の宿題の
作文を読んで
もらいます
では
青木君から
はい『僕の夢』
ぼくの夢は
冒険をすることです
ぼくが隊長になって
珍しい虫や魚を
発見して
みんなを
びっくりさせ
たいです
おわり
はい
どうも
ありがとう
では次は
丸尾君
ズバリ
読ませて
いただきます
『ワタクシの
夢』
それは
堅実なサラリーマンになり
約70坪ほどの土地つきの家に
美しい妻と両親と共に住み
平和な生活を送ることで
ございます ズバリ
それがワタクシの
夢でしょう!!
おしまい
ずいぶん
現実的な
夢ですね
では次
浜崎君

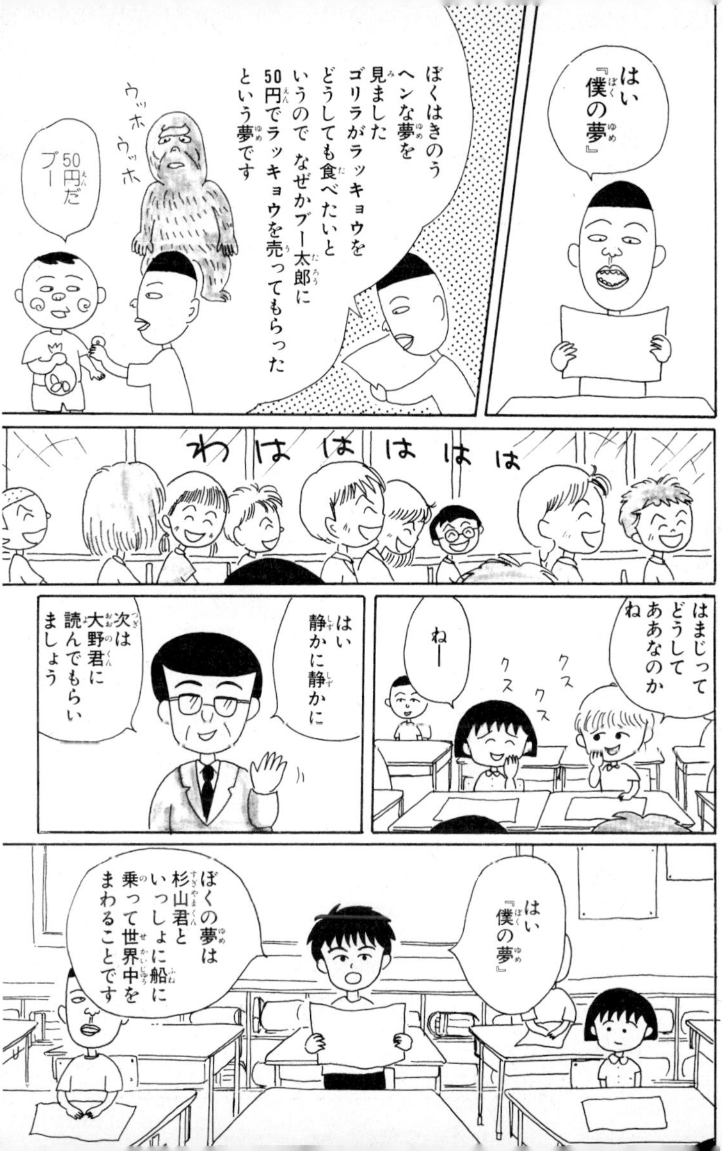
はい
『僕の夢』
ぼくはきのう ヘンな夢を 見ました ゴリラがラッキョウを どうしても食べたいと いうので なぜかブー太郎に 50円でラッキョウを売ってもらった という夢です
ウッホ ウッホ
50円だ ブー
わははははは
はまじって どうして ああなのか ね
ねー
クス クス クス
はい 静かに静かに
次は 大野君に 読んでもらい ましょう
はい 『僕の夢』
ぼくの夢は 杉山君と いっしょに船に 乗って世界中を まわることです

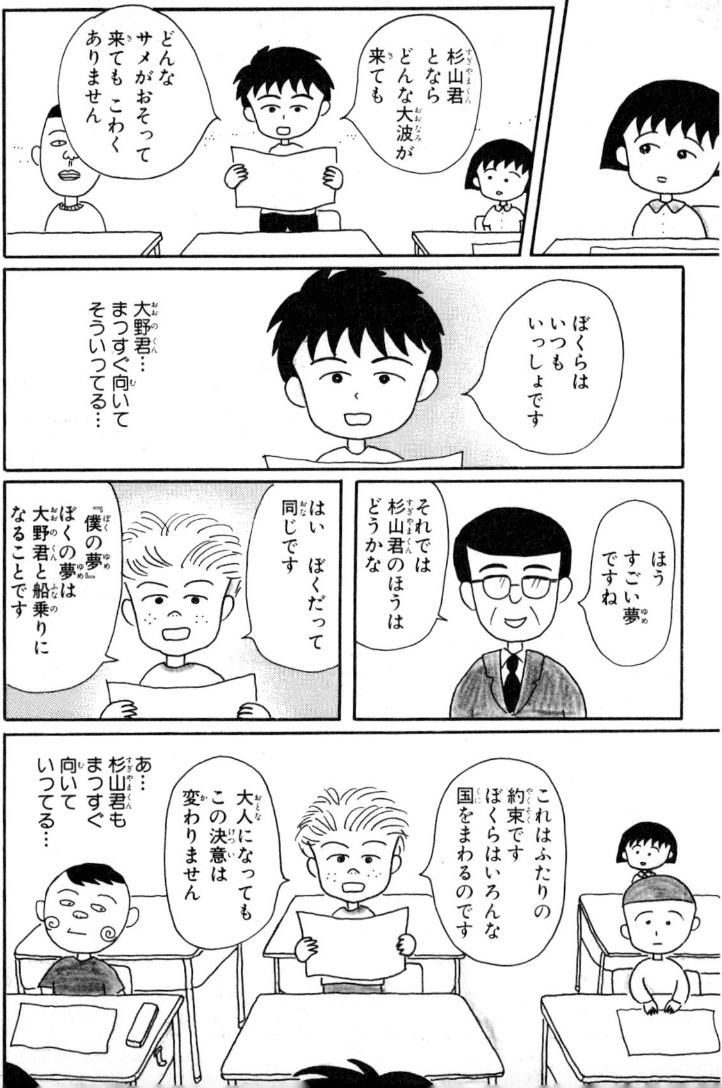
杉山君となら どんな大波が来ても
どんなサメがおそって来ても こわくありません
ぼくらはいつもいっしょです
大野君…まっすぐ向いてそういってる…
ほう すごい夢ですね
それでは杉山君のほうはどうかな
はい ぼくだって同じです
『僕の夢』ぼくの夢は大野君と船乗りになることです
これはふたりの約束です ぼくらはいろんな国をまわるのです
大人になってもこの決意は変わりません
あ…杉山君もまっすぐ向いていってる…

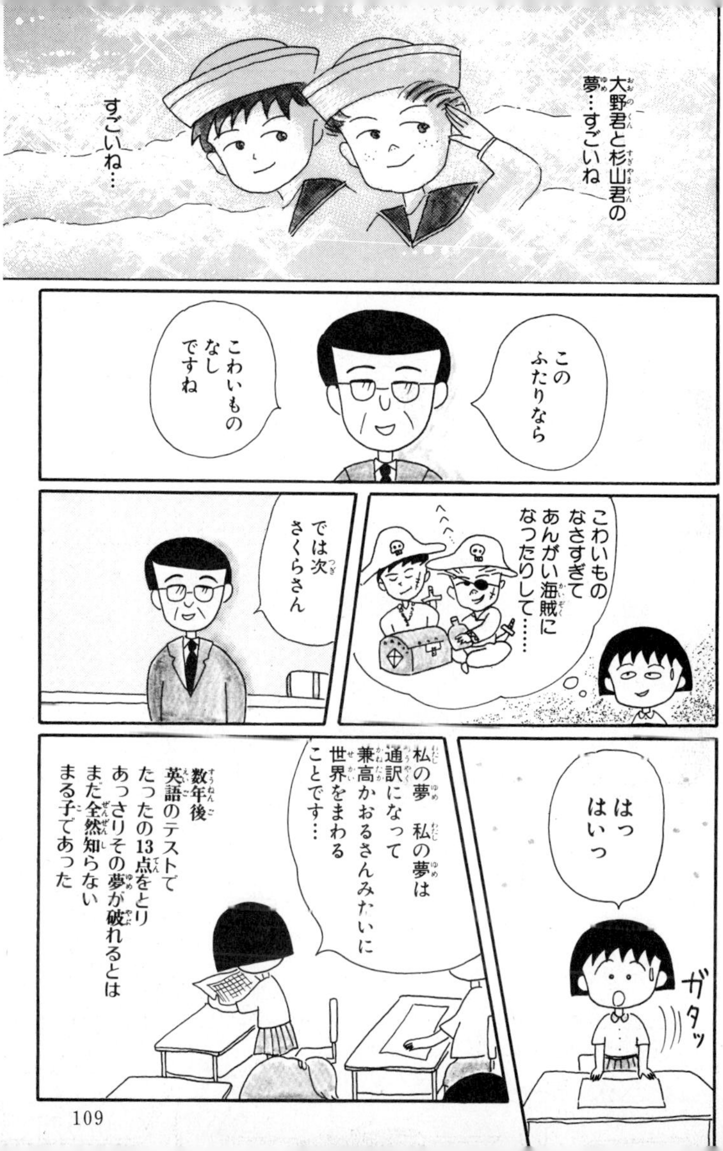

大野君と杉山君の夢…すごいね
すごいね…
このふたりなら
こわいものなしですね
こわいものなさすぎてあんがい海賊になったりして……
へへへ…
では次さくらさん
はっはいっ
ガタッ
私の夢 私の夢は通訳になって兼高かおるさんみたいに世界をまわることです…
数年後英語のテストでたったの13点をとりあっさりその夢が破れるとはまだ全然知らないまる子であった

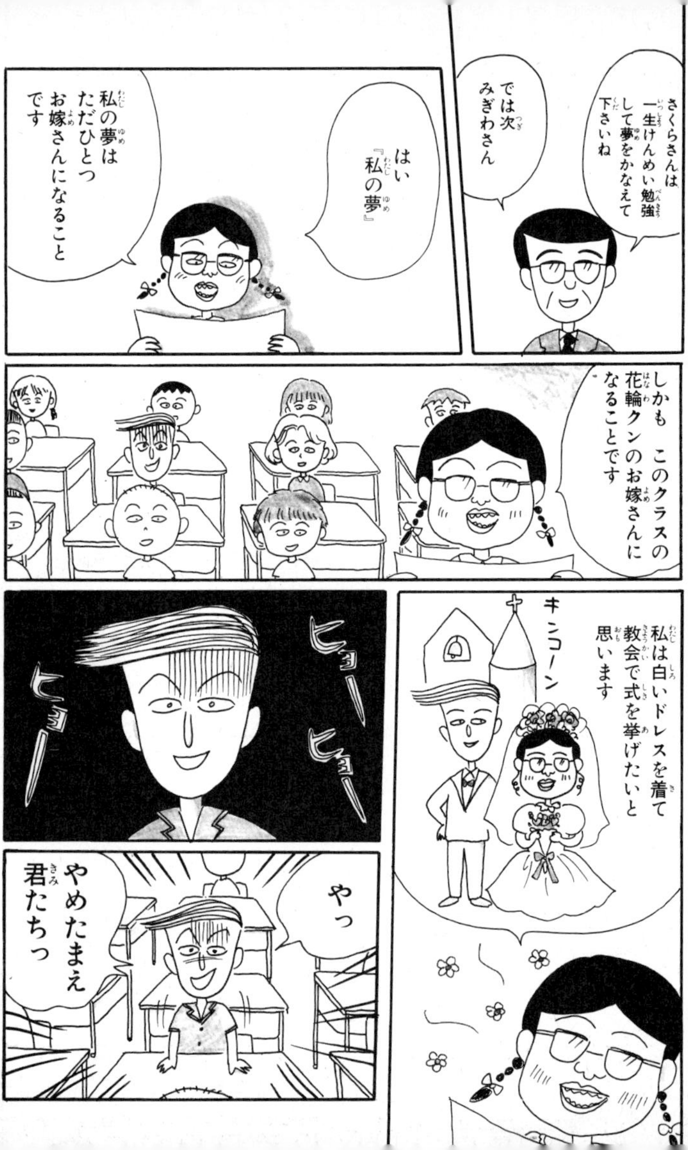
さくらさんは
一生けんめい勉強して夢をかなえて下さいね
では次
みぎわさん
はい
『私の夢』
私の夢はただひとつお嫁さんになることです
しかも このクラスの花輪クンのお嫁さんになることです
私は白いドレスを着て教会で式を挙げたいと思います
キンコーン
ヒョー
ヒョー
ヒョ
やっ
やめたまえ君たちっ

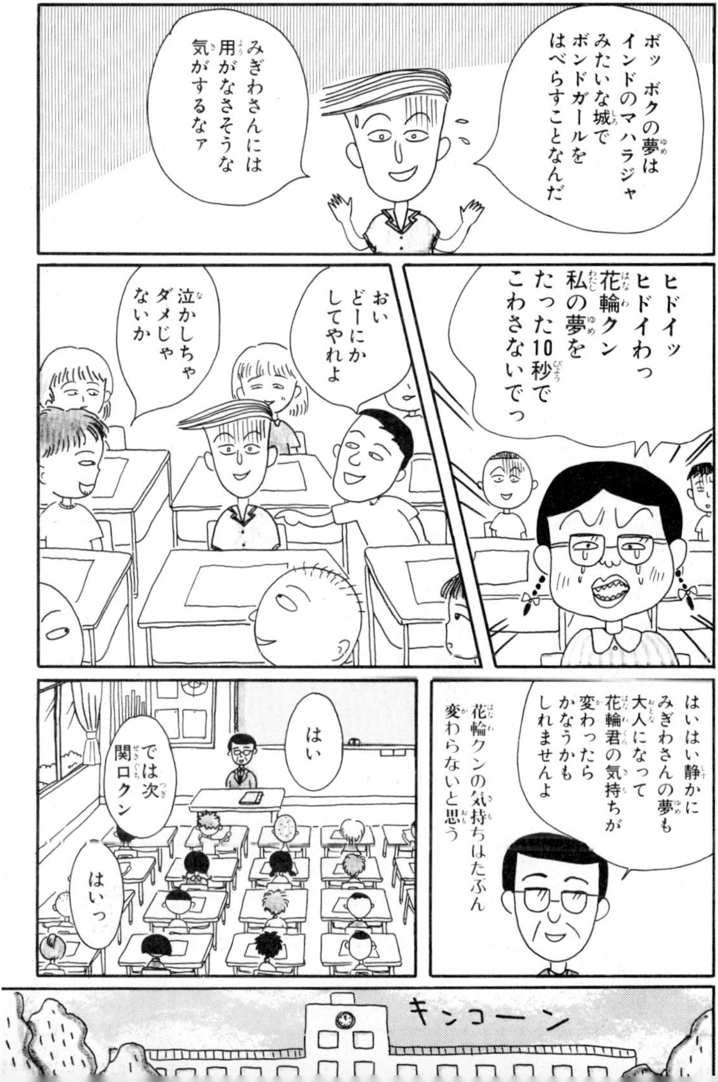
ボッ ボクの夢は インドのマハラジャ みたいな城で ボンドガールを はべらすことなんだ
みぎわさんには 用がなさそうな 気がするなァ
ヒドイッ ヒドイわっ 花輪クン 私の夢を たった10秒で こわさないでっ
おい どーにか してやれよ
泣かしちゃ ダメじゃ ないか
はいはい静かに みぎわさんの夢も 大人になって 花輪君の気持ちが 変わったら かなうかも しれませんよ
花輪クンの気持ちはたぶん 変わらないと思う
はい
では次 関口クン
はいっ
キンコーン

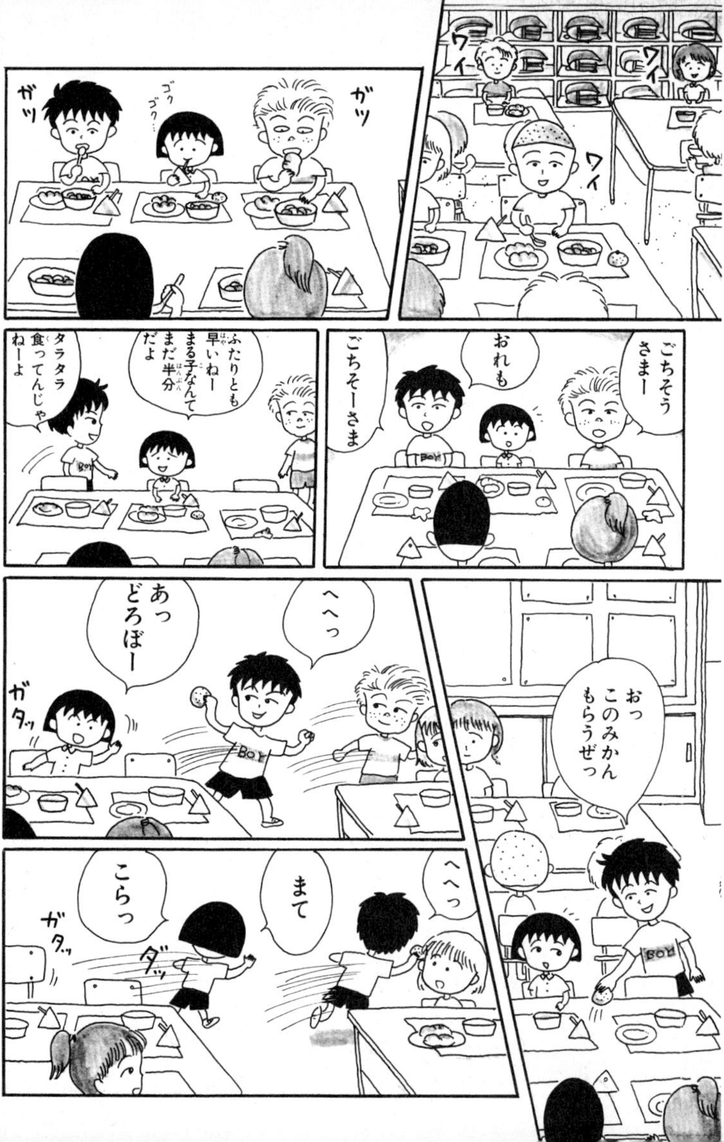
ワイ
ワイ
ワイ
ガツ
ゴクゴク…
ガツ
ごちそうさまー
おれも
ごちそーさま
ふたりとも早いねー まる子なんてまだ半分だよ
タラタラ食ってんじゃねーよ
おっ このみかんもらうぜっ
へへっ
あっ どろぼー
ガタッ
へへっ
まて
こらっ
ダッ
ガタッ

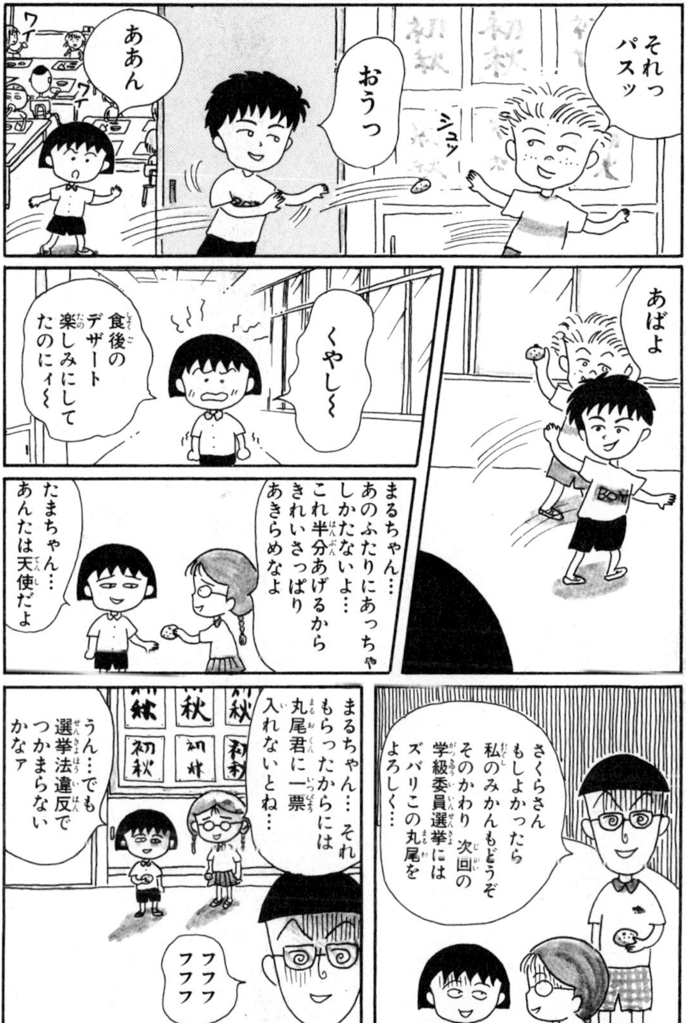

それっ パスッ
シュッ
おうっ
ああん
ワイ ワイ
あばよ
くやし〜
食後のデザート楽しみにしてたのにィ〜
まるちゃん…あのふたりにあっちゃしかたないよ…これ半分あげるからきれいさっぱりあきらめなよ
たまちゃん…あんたは天使だよ
さくらさんもしよかったら私のみかんもどうぞ そのかわり次回の学級委員選挙にはズバリこの丸尾をよろしく…
まるちゃん… それもらったからには丸尾君に一票入れないとね…
うん…でも選挙法違反でつかまらないかなァ
フフフフフフ

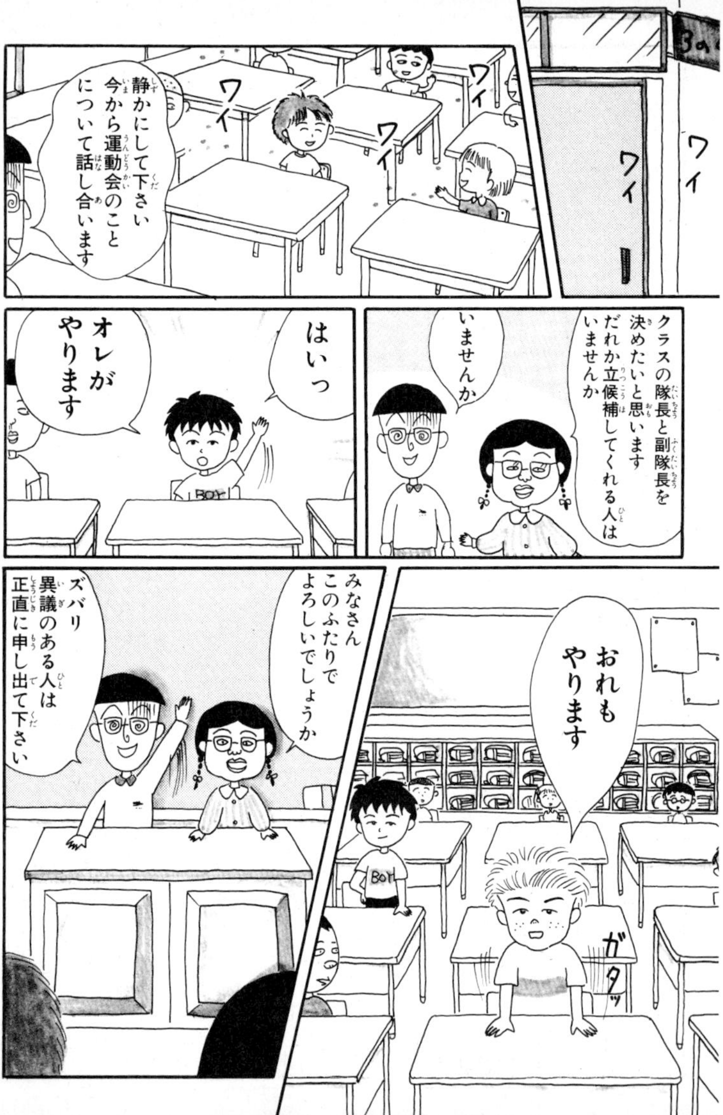
ワイ
ワイ
ワイ
ワイ
ワイ
ワイ
静かにして下さい
今から運動会のこと
について話し合います
クラスの隊長と副隊長を
決めたいと思います
だれか立候補してくれる人は
いませんか
いませんか
はいっ
オレが
やります
おれも
やります
ガタッ
みなさん
このふたりで
よろしいでしょうか
ズバリ
異議のある人は
正直に申し出て下さい

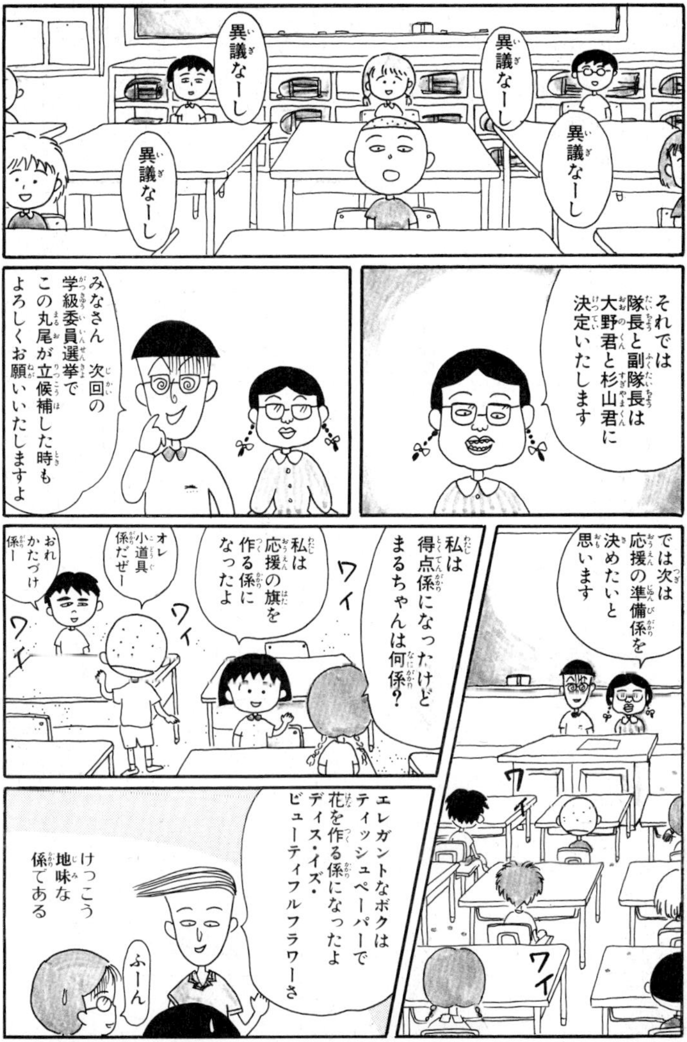
異議なーし
異議なーし
異議なーし
異議なーし
それでは隊長と副隊長は大野君と杉山君に決定いたします
みなさん 次回の学級委員選挙でこの丸尾が立候補した時もよろしくお願いいいたしますよ
では次は応援の準備係を決めたいと思います
ワイ
ワイ
私は得点係になったけどまるちゃんは何係？
ワイ
私は応援の旗を作る係になったよ
ワイ
オレ小道具係だぜー
おれかたづけ係ー
ワイ
エレガントなボクはティッシュペーパーで花を作る係になったよ ディス・イズ・ビューティフルフラワーさ
ふーん
けっこう地味な係である

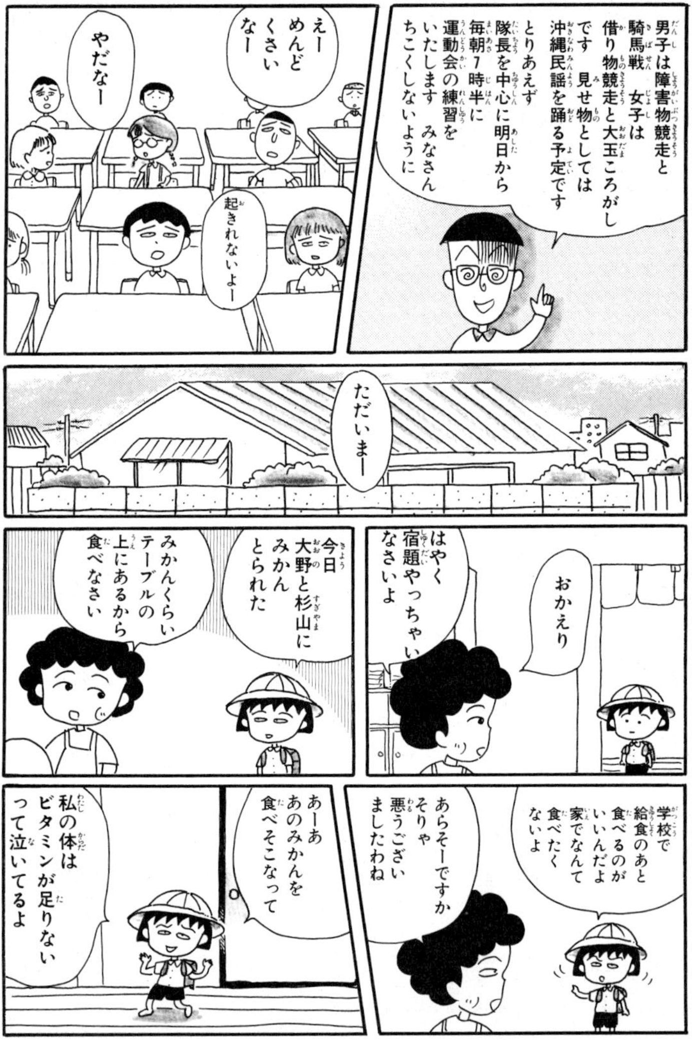
男子は障害物競走と騎馬戦 女子は借り物競走と大玉ころがしです 見せ物としては沖縄民謡を踊る予定です
とりあえず隊長を中心に明日から毎朝7時半に運動会の練習をいたします みなさんちこくしないように
えーめんどくさいなー
やだなー
起きれないよー
ただいまー
おかえり
はやく宿題やっちゃいなさいよ
今日大野と杉山にみかんとられた
みかんくらいテーブルの上にあるから食べなさい
学校で給食のあと食べるのがいいんだよ家でなんて食べたくないよ
あらそーですかそりゃ悪うございましたわね
あーああのみかんを食べそこなって
私の体はビタミンが足りないって泣いてるよ

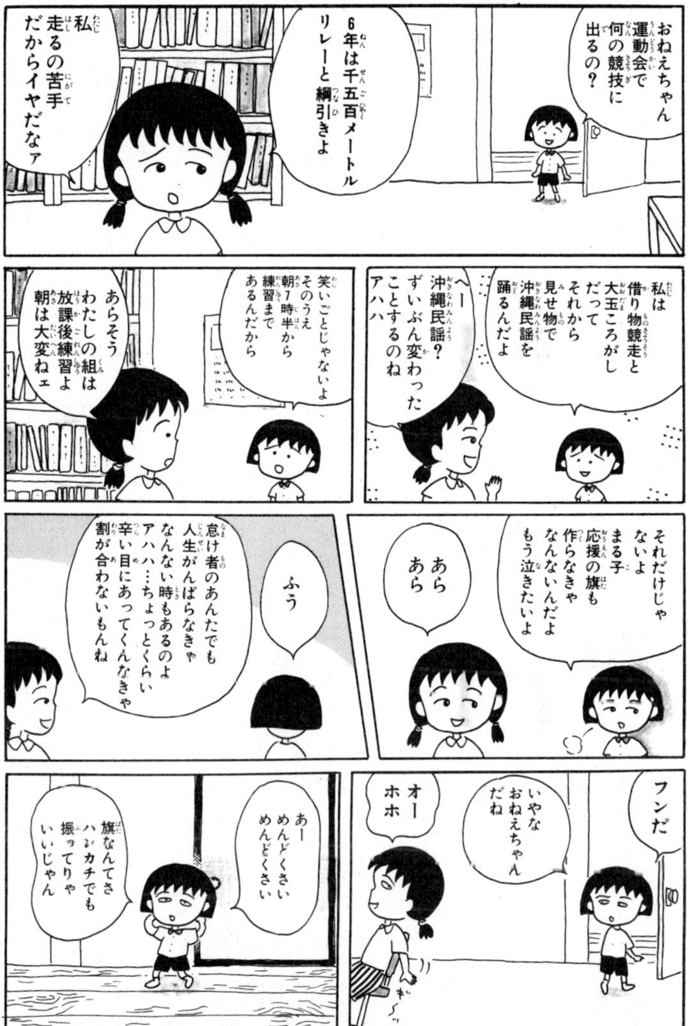

おねえちゃん運動会で何の競技に出るの？
6年は千五百メートルリレーと綱引きよ
私走るの苦手だからイヤだなァ
私は借り物競走と大玉ころがしだってそれから見せ物で沖縄民謡を踊るんだよ
へー沖縄民謡？ずいぶん変わったことするのねアハハ
笑いごとじゃないよそのうえ朝7時半から練習まであるんだから
あらそうわたしの組は放課後練習よ朝は大変ねェ
それだけじゃないよまる子応援の旗も作らなきゃなんないんだよもう泣きたいよ
あらあら
ふう
怠け者のあんたでも人生がんばらなきゃなんない時もあるのよアハハ…ちょっとくらい辛い目にあってくんなきゃ割が合わないもんね
フンだ
いやなおねえちゃんだね
オーホホ
ぎ〜っ
あーめんどくさいめんどくさい
旗なんてさハンカチでも振ってりゃいいじゃん

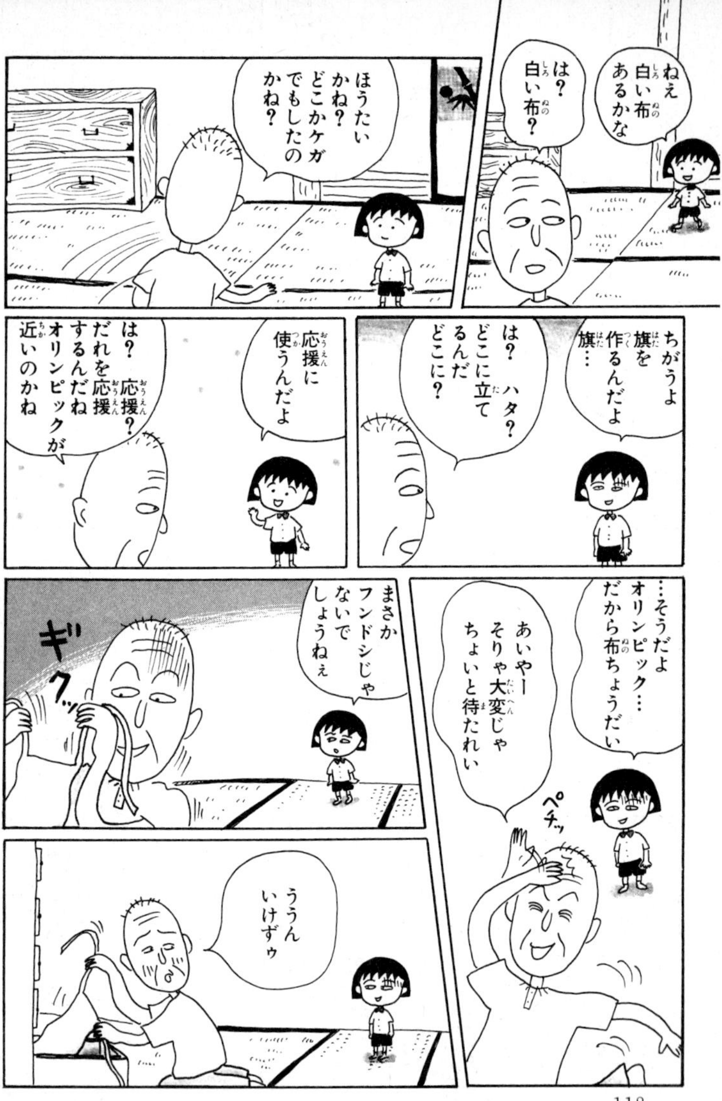
ねえ 白い布 あるかな
は？ 白い布？
ほうたい かね？ どこかケガ でもしたの かね？
ちがうよ 旗を 作るんだよ 旗…
は？ ハタ？ どこに立て るんだ どこに？
応援に 使うんだよ
は？ 応援？ だれを応援 するんだね オリンピックが 近いのかね
…そうだよ オリンピック… だから布ちょうだい
あいやー そりゃ大変じゃ ちょいと待たれい
ペチッ
まさか フンドシじゃ ないで しょうねぇ
ギクッ
ううん いけずゥ

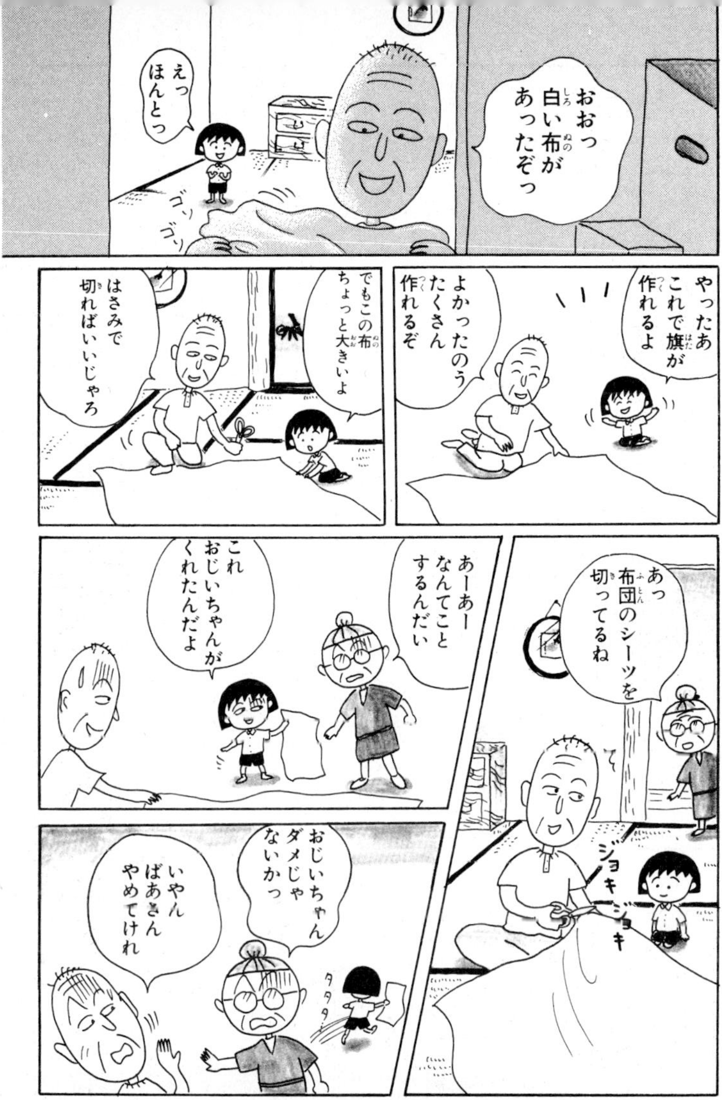
おおっ
白い布が
あったぞっ
えっ
ほんとっ
ゴリ
ゴリ
やったあ
これで旗が
作れるよ
よかったのう
たくさん
作れるぞ
でもこの布
ちょっと大きいよ
はさみで
切ればいいじゃろ
あっ
布団のシーツを
切ってるね
ジョキ
ジョキ
あーあー
なんてこと
するんだい
これ
おじいちゃんが
くれたんだよ
おじいちゃん
ダメじゃ
ないかっ
いやん
ばあさん
やめてけれ
タタタ

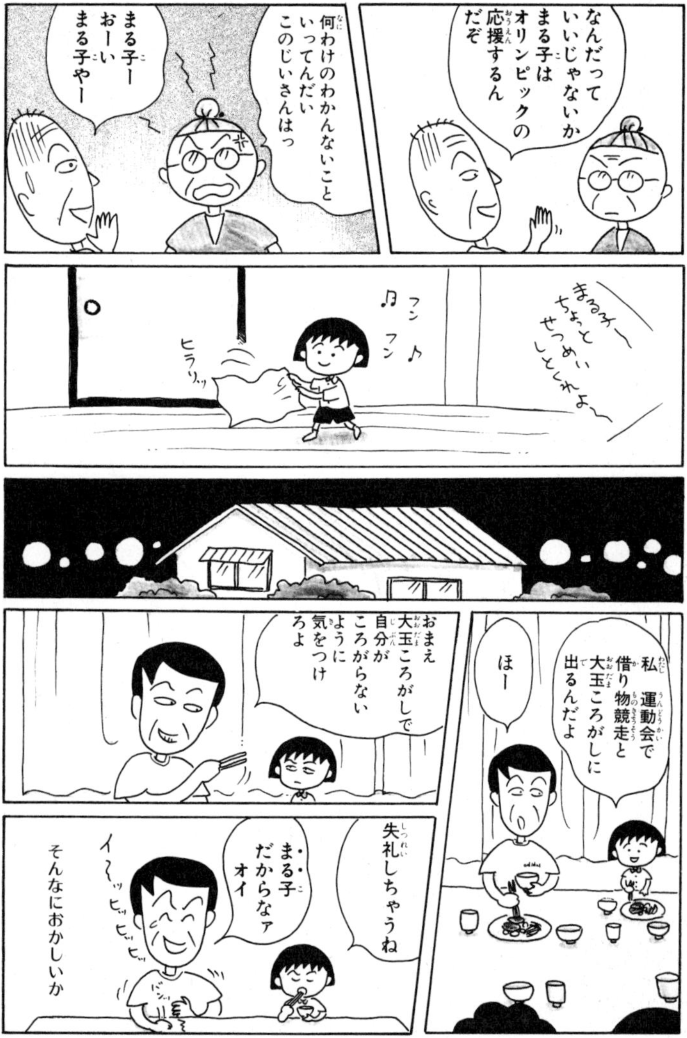

なんだって
いいじゃないか
まる子は
オリンピックの
応援するん
だぞ
何わけのわかんないこと
いってんだい
このじいさんはっ
まる子ー
おーい
まる子やー
まる子〜
ちょっと
せつめい
しとくれよ〜
フン
フン
ヒラリッ
私 運動会で
借り物競走と
大玉ころがしに
出るんだよ
ほー
おまえ
大玉ころがしで
自分が
ころがらない
ように
気をつけ
ろよ
失礼しちゃうね
・・・
まる子
だからなァ
オイ
イ〜ッ
ヒッ
ヒッ
ヒッ
そんなにおかしいか

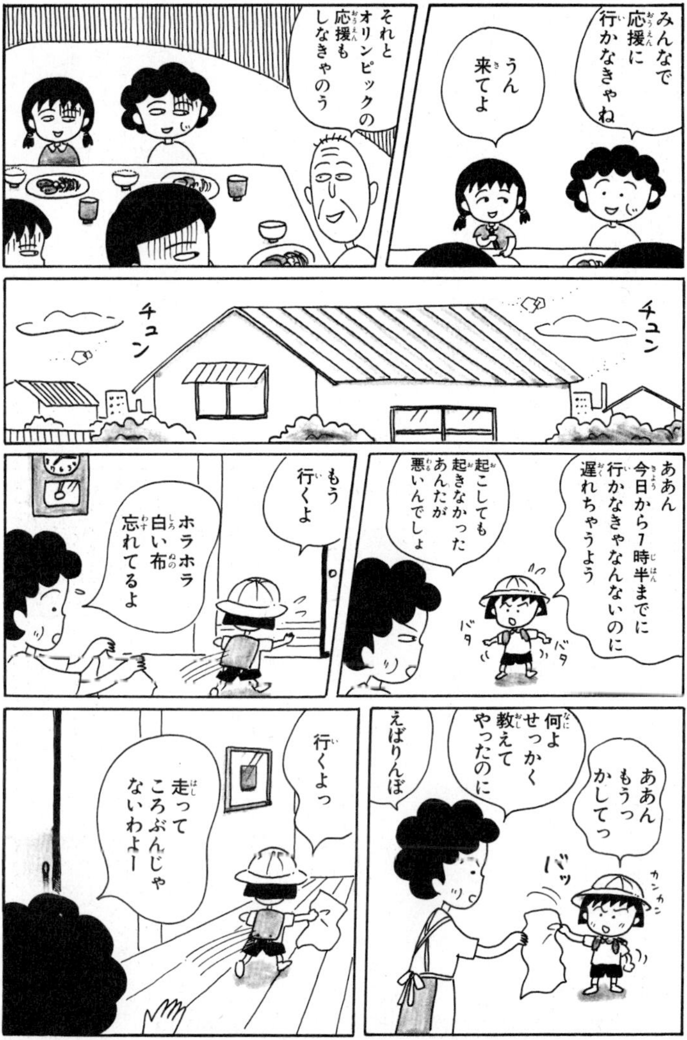
みんなで応援に行かなきゃね
うん来てよ
それとオリンピックの応援もしなきゃのう
チュン
チュン
ああん今日から7時半までに行かなきゃなんないのに遅れちゃうよう
起こしても起きなかったあんたが悪いんでしょ
バタ
バタ
もう行くよ
ホラホラ白い布忘れてるよ
ああんもうっかしてっ
何よせっかく教えてやったのに
えばりんぼ
バッ
カンカン
行くよっ
走ってころぶんじゃないわよー

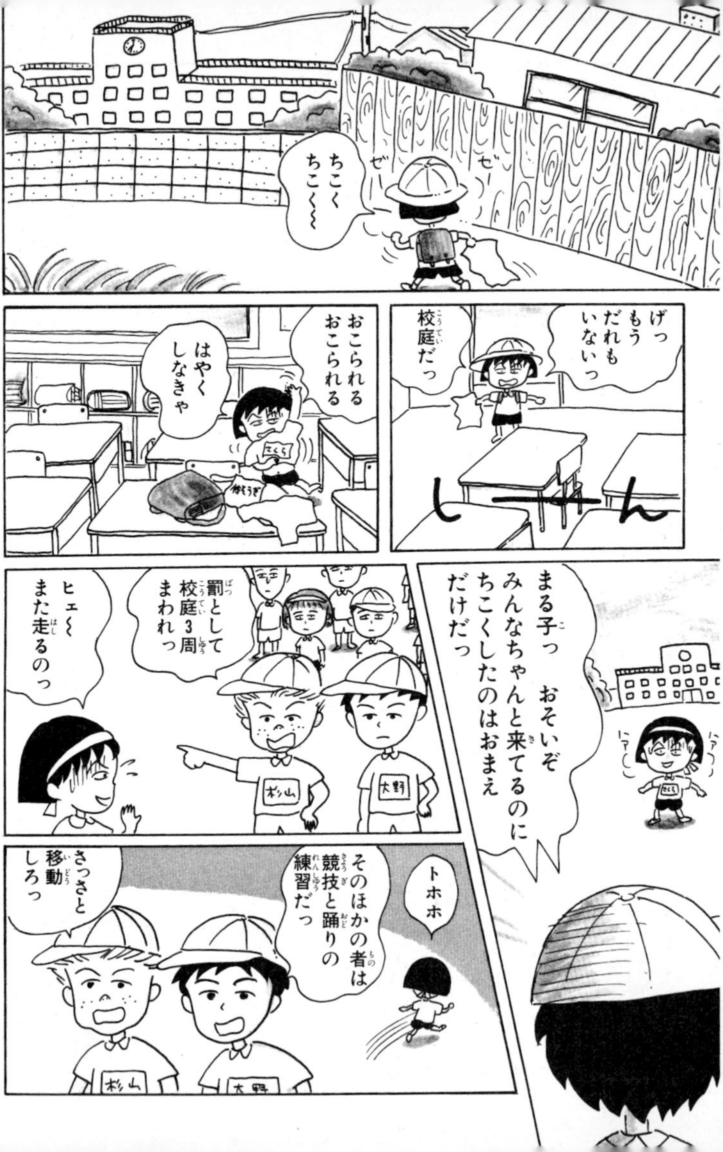
ぜー
ぜー
ちこく ちこく～～
げっ もう だれも いないっ
校庭だっ
しーーん
おこられる おこられる
はやく しなきゃ
まる子っ おそいぞ みんなちゃんと来てるのに ちこくしたのはおまえだけだっ
ハァ
ハァ
罰として 校庭3周 まわれっ
ヒェ～ また走るのっ
そのほかの者は 競技と踊りの 練習だっ
トホホ
さっさと 移動 しろっ

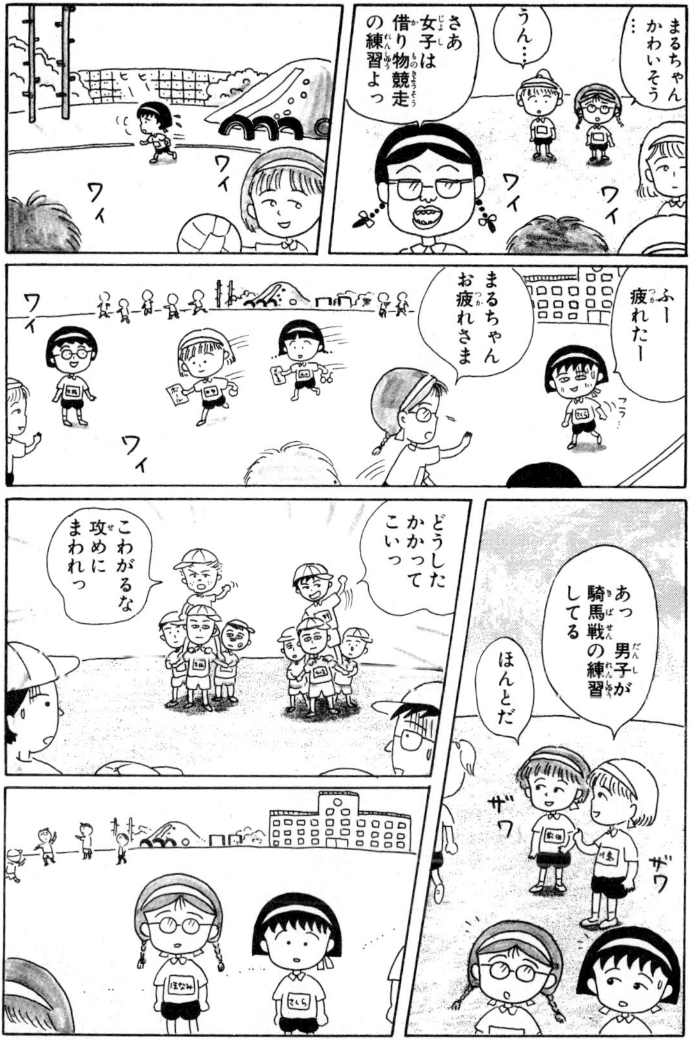
まるちゃんかわいそう…
うん…
さあ女子は借り物競走の練習よっ
ワイ
ワイ
ワイ
ワイ
ふー疲れたー
フラ…
まるちゃんお疲れさま
ワイ
ワイ
あっ男子が騎馬戦の練習してる
ほんとだ
ザワ
ザワ
どうしたかかってこいっ
こわがるな攻めにまわれっ

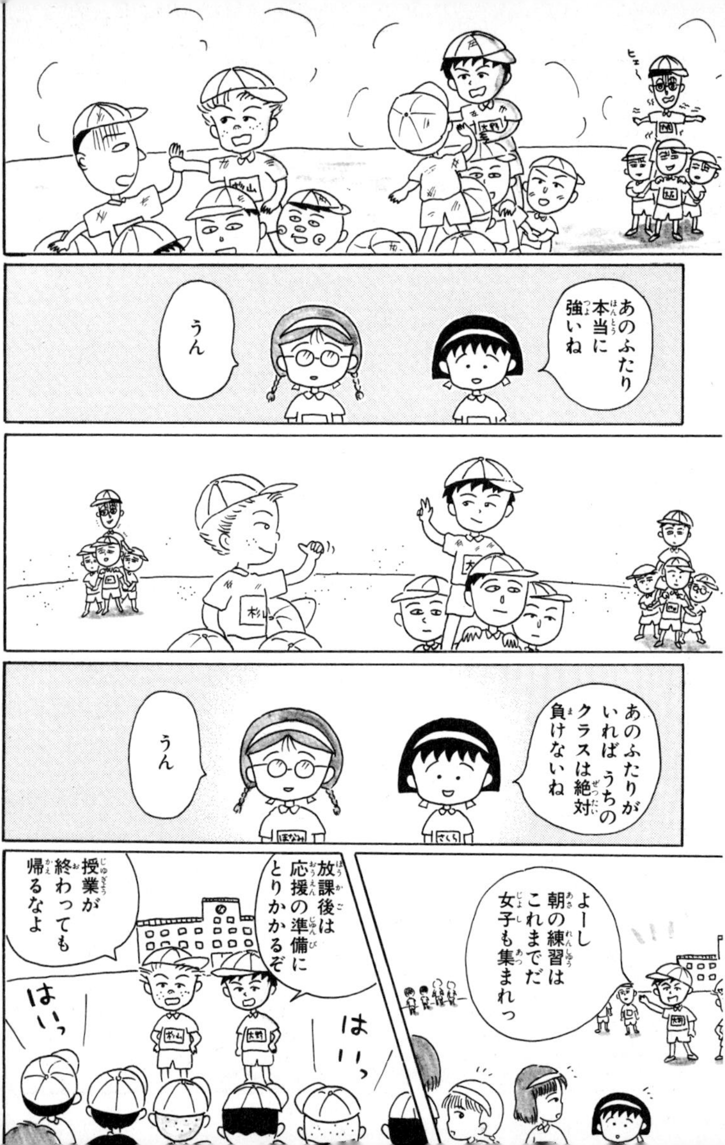
ヒェ〜
あのふたり本当に強いね
うん
あのふたりがいればうちのクラスは絶対負けないね
うん
よーし朝の練習はこれまでだ女子も集まれっ
放課後は応援の準備にとりかかるぞ
授業が終わっても帰るなよ
はいっ
はいっ

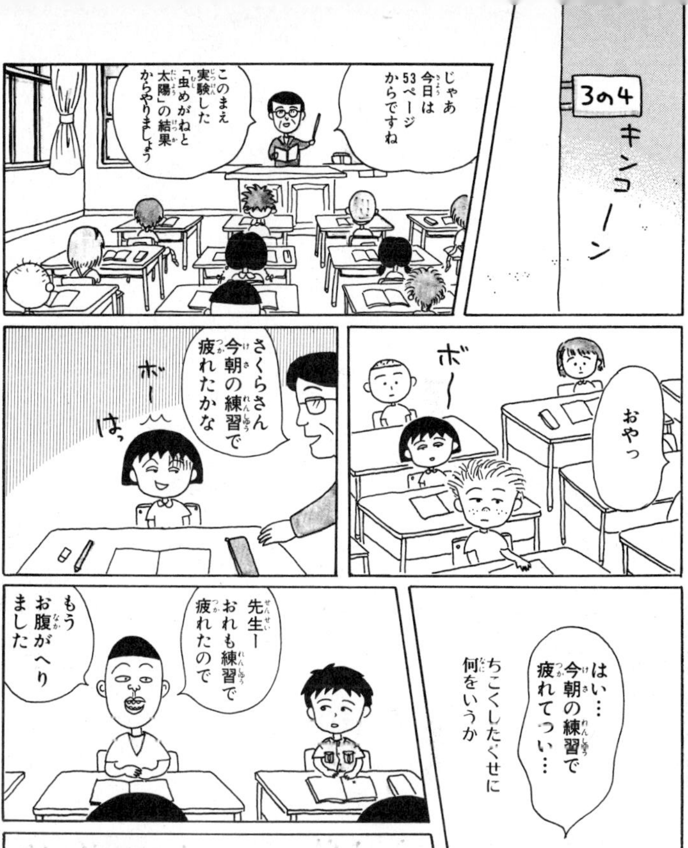
3の4
キンコーン
じゃあ今日は53ページからですね
このまえ実験した「虫めがねと太陽」の結果からやりましょう
ボ～
おやっ
さくらさん今朝の練習で疲れたかな
ボー
はっ
はい…今朝の練習で疲れてつい…
ちこくしたくせに何をいうか
先生ー おれも練習で疲れたので
もうお腹がへりました
わはははははは…
エヘ
エヘ

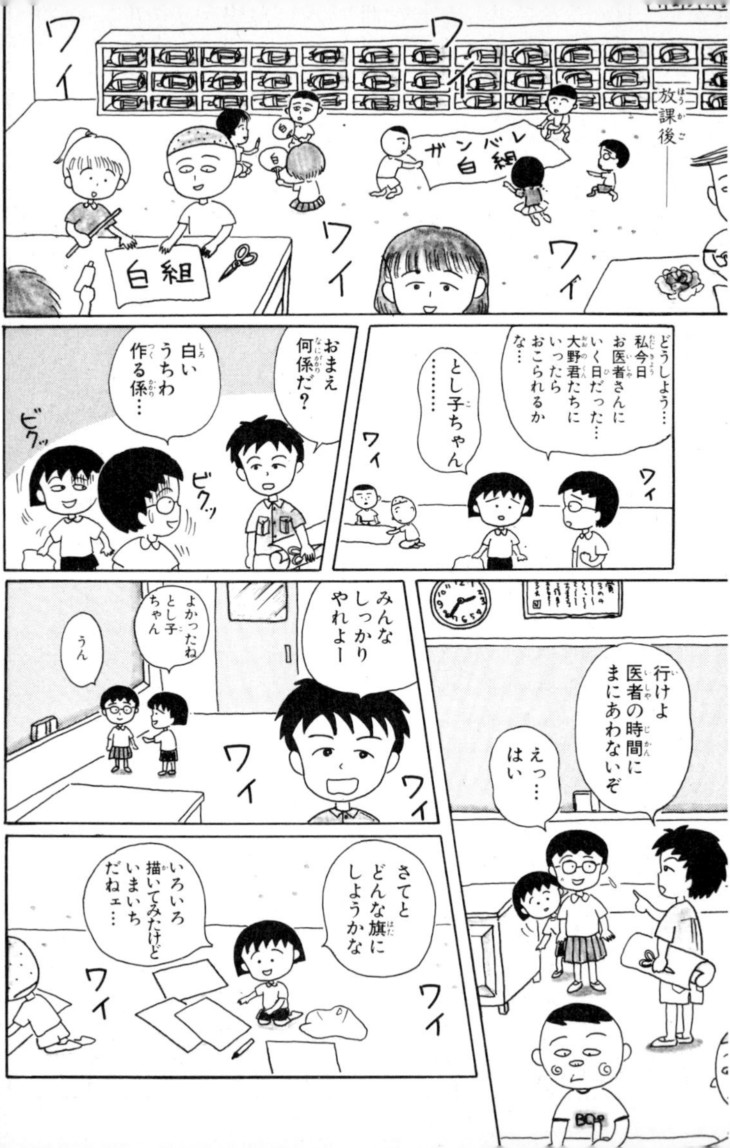

ワイ
ワイ
放課後——
ガンバレ白組
白
白
白組
ワイ
ワイ
どうしよう…私今日お医者さんにいく日だった…大野君たちにいったらおこられるかな…
とし子ちゃん………
ワイ
ワイ
おまえ何係だ?
白いうちわ作る係…
ビクッ
ビクッ
行けよ 医者の時間にまにあわないぞ
えっ…はい
みんなしっかりやれよー
よかったね とし子ちゃん
うん
ワイ
ワイ
さてとどんな旗にしようかな
いろいろ描いてみたけどいまいちだねェ…
ワイ
ワイ

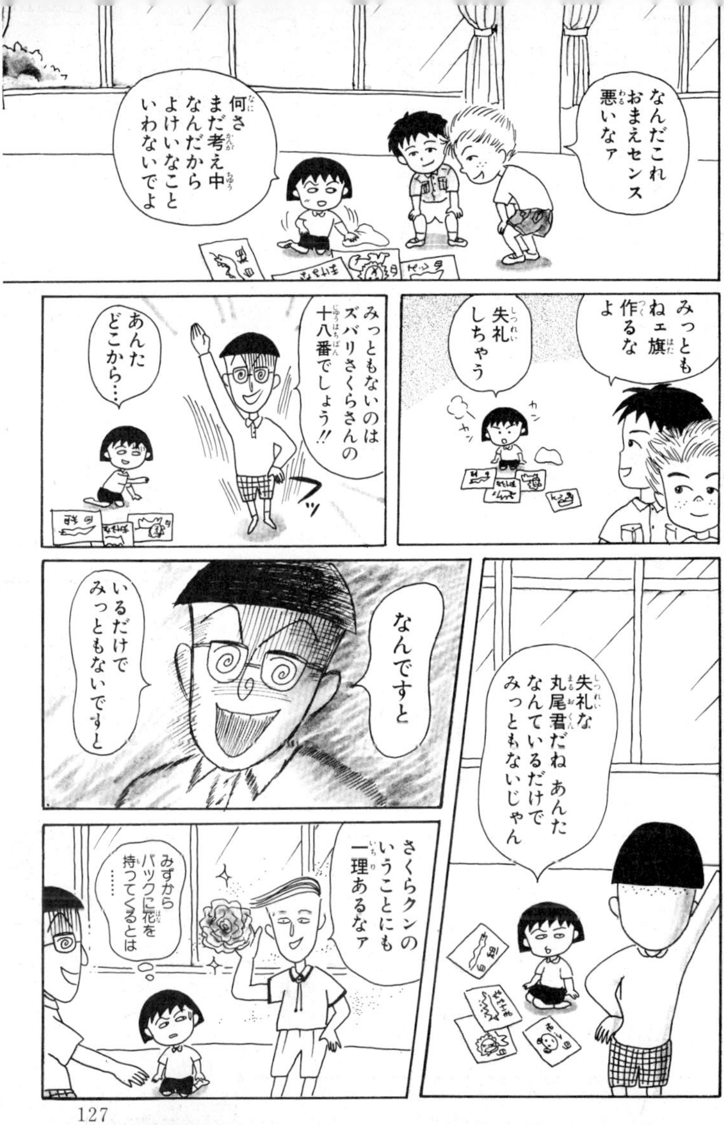
なんだこれ
おまえセンス
悪いなァ
何さ
まだ考え中
なんだから
よけいなこと
いわないでよ
みっともねェ旗
作るなよ
失礼しちゃう
カン
カン
みっともないのは
ズバリさくらさんの
十八番でしょう!!
ファッ
あんた
どこから…
失礼な
丸尾君だね あんた
なんているだけで
みっともないじゃん
なんですと
いるだけで
みっともないですと
さくらクンの
いうことにも
一理あるなァ
みずから
バックに花を
持ってくるとは
……

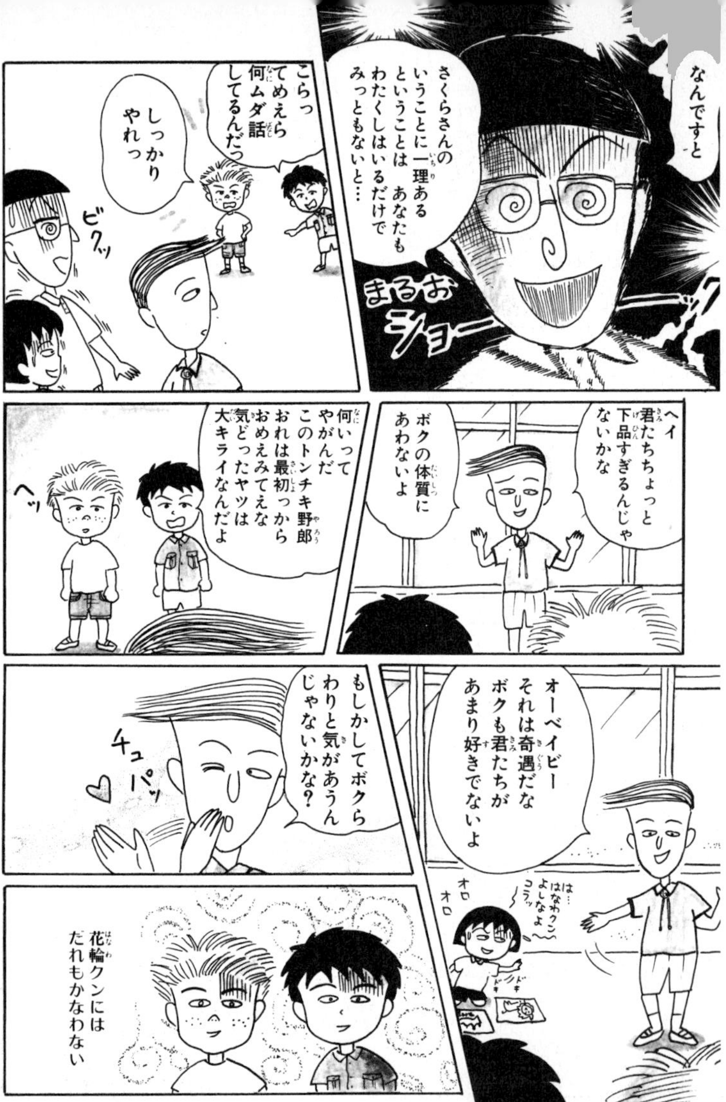
なんですと
さくらさんのいうことに一理あるということはあなたもわたくしはいるだけでみっともないと…
まるおショー
こらってめえら何ムダ話してるんだっ
しっかりやれっ
ビクッ
ヘイ君たちちょっと下品すぎるんじゃないかな
ボクの体質にあわないよ
何いってやがんだこのトンチキ野郎おれは最初っからおめえみてえな気どったヤツは大キライなんだよ
ヘッ
オーベイビーそれは奇遇だなボクも君たちがあまり好きでないよ
は…はなわクンよしなよ〜
コラッ
オロオロ
ドキドキ
もしかしてボクらわりと気があうんじゃないかな?
チュパッ
花輪クンにはだれもかなわない

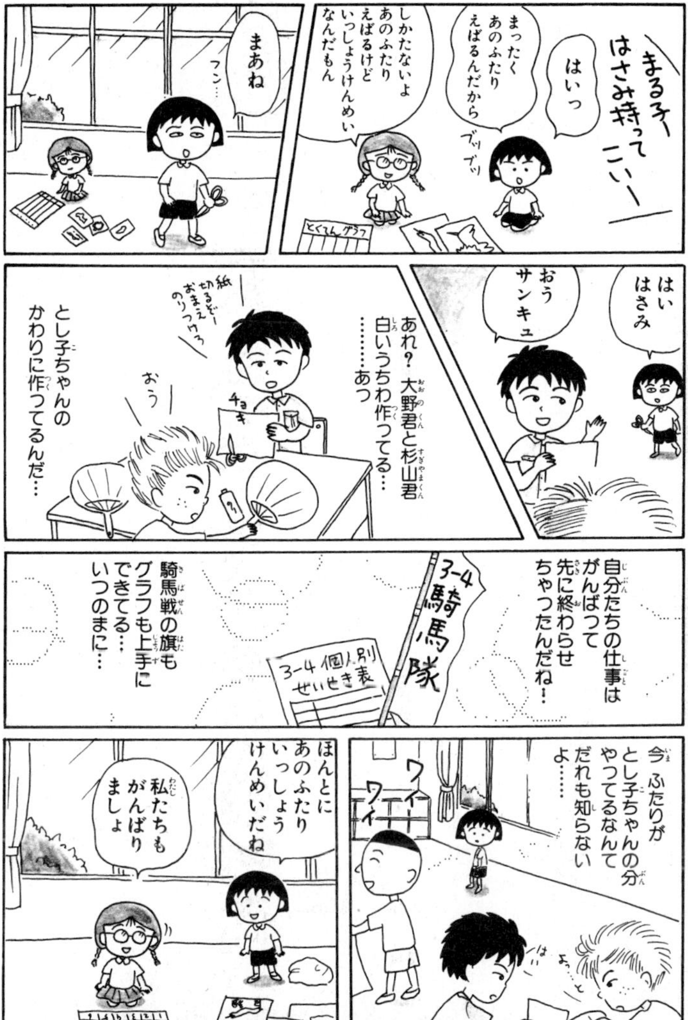
まる子ー はさみ持ってこいー
はいっ
まったく あのふたり えばるんだから
ブツブツ
しかたないよ あのふたり えばるけど いっしょうけんめい なんだもん
とくてんグラフ
まあね
フン…
はい はさみ
おう サンキュ
あれ？ 大野君と杉山君 白いうちわ作ってる……あっ
紙切るぞー おまえのりつけろ
おう
チョキ
とし子ちゃんのかわりに作ってるんだ…
自分たちの仕事はがんばって先に終わらせちゃったんだね…
3-4 騎馬隊
3-4 個人別せいせき表
騎馬戦の旗もグラフも上手にできてる… いつのまに…
今 ふたりがとし子ちゃんの分やってるなんてだれも知らないよ……
ワイワイ
は
よっ…と
ほんとにあのふたりいっしょうけんめいだね
私たちもがんばりましょ

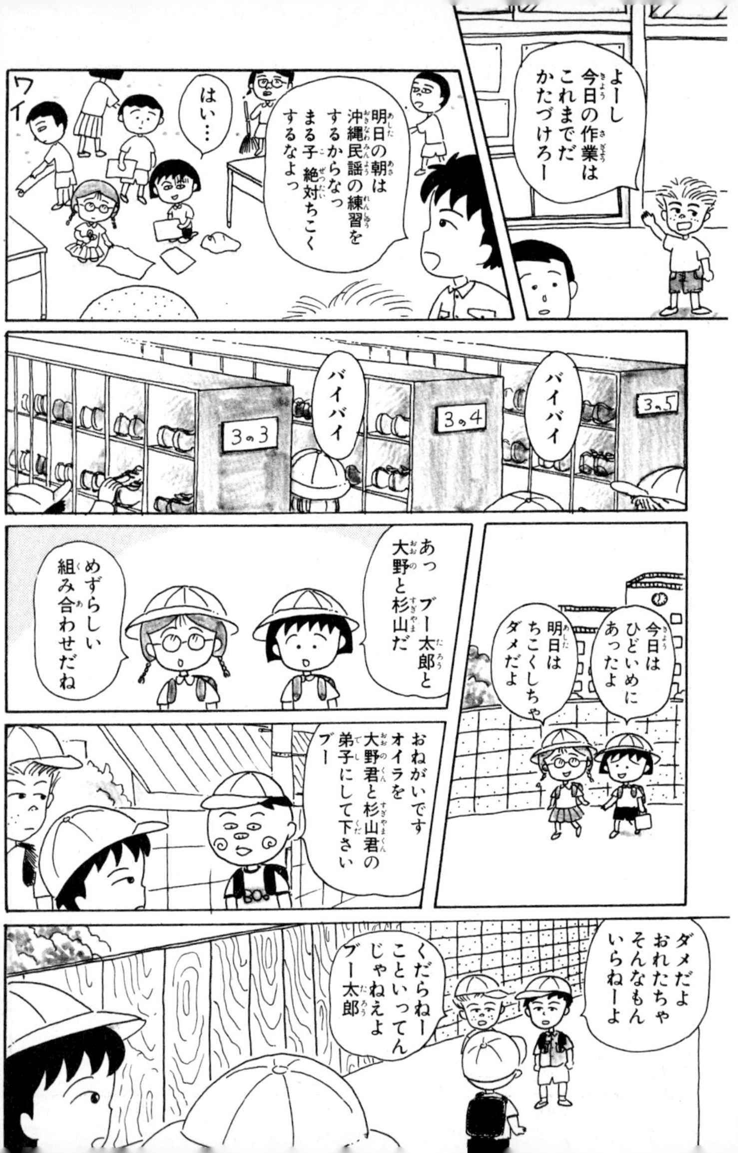
よーし
今日の作業は
これまでだ
かたづけろー
明日の朝は
沖縄民謡の練習を
するからなっ
まる子 絶対ちこく
するなよっ
はい…
ワイ
バイバイ
バイバイ
3の5
3の4
3の3
今日は
ひどいめに
あったよ
明日は
ちこくしちゃ
ダメだよ
あっ ブー太郎と
大野と杉山だ
めずらしい
組み合わせだね
おねがいです
オイラを
大野君と杉山君の
弟子にして下さい
ブー
ダメだよ
おれたちゃ
そんなもん
いらねーよ
くだらねー
こといってん
じゃねえよ
ブー太郎

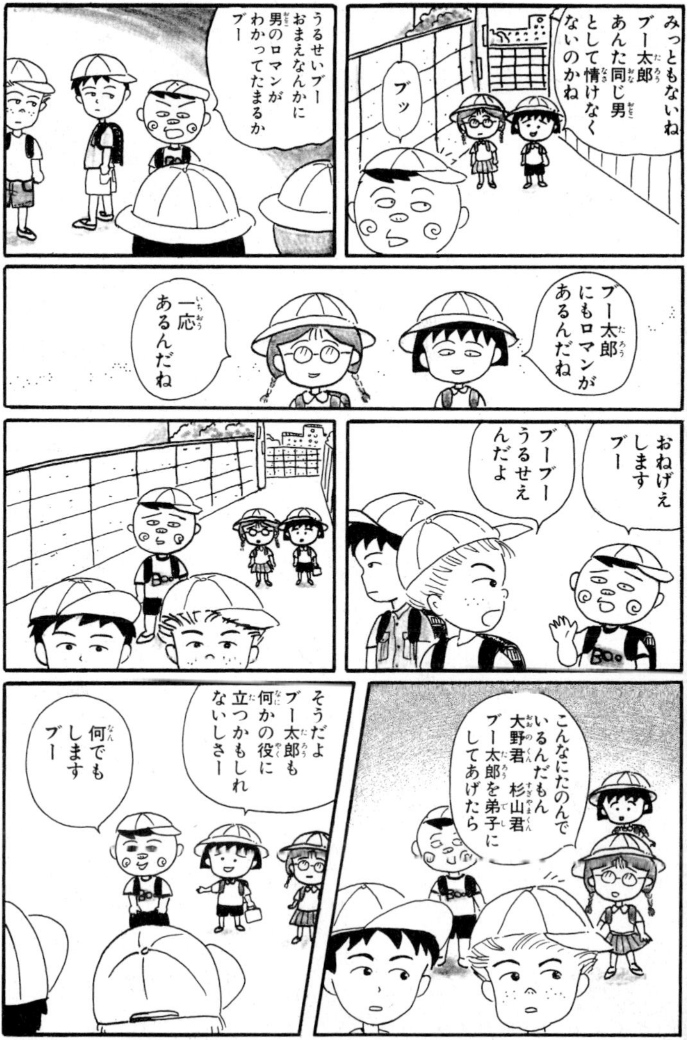
みっともないね ブー太郎 あんた同じ男として情けなくないのかね
ブッ
うるせいブー おまえなんかに男のロマンがわかってたまるかブー
ブー太郎にもロマンがあるんだね
一応あるんだね
おねげえしますブー
ブーブーうるせえんだよ
こんなにたのんでいるんだもん 大野君 杉山君 ブー太郎を弟子にしてあげたら
そうだよ ブー太郎も何かの役に立つかもしれないしさー
何でもしますブー

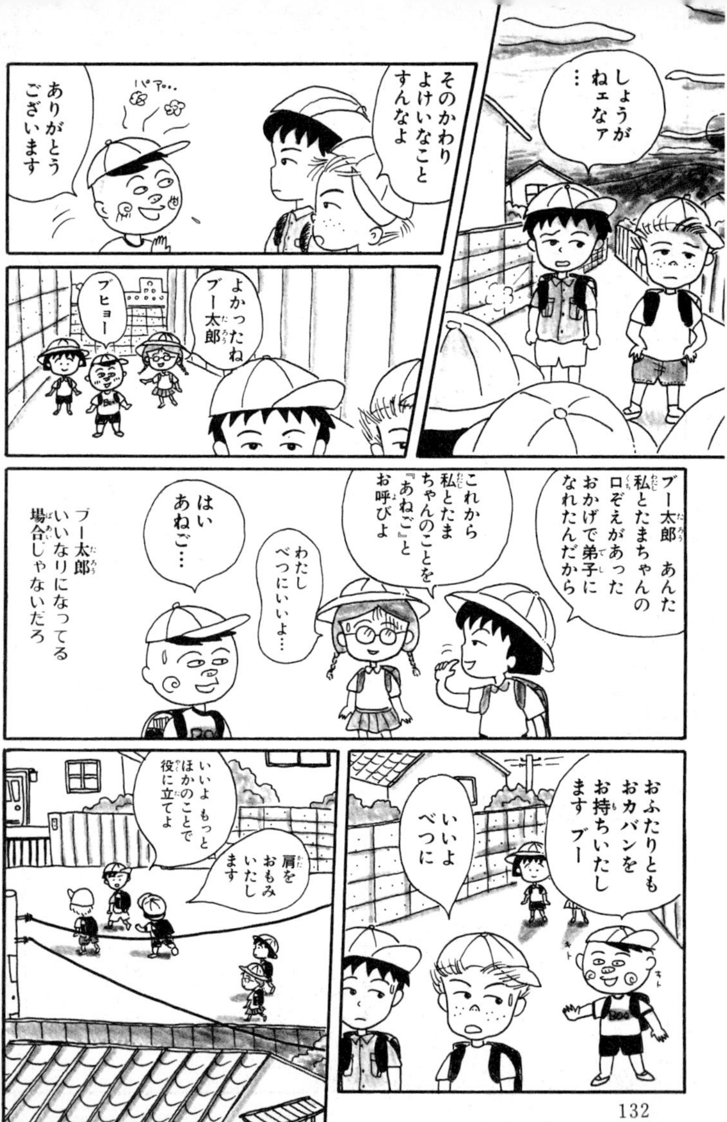

しょうがねェなァ…
そのかわりよけいなことすんなよ
パァ…
ありがとうございます
よかったねブー太郎
ブヒョー
ブー太郎 あんた私とたまちゃんの口ぞえがあったおかげで弟子になれたんだから
これから私とたまちゃんのことを『あねご』とお呼びよ
わたしべつにいいよ…
はいあねご…
ブー太郎いいなりになってる場合じゃないだろ
おふたりともおカバンをお持ちいたしますブー
いいよべつに
肩をおもみいたします
いいよもっとほかのことで役に立てよ

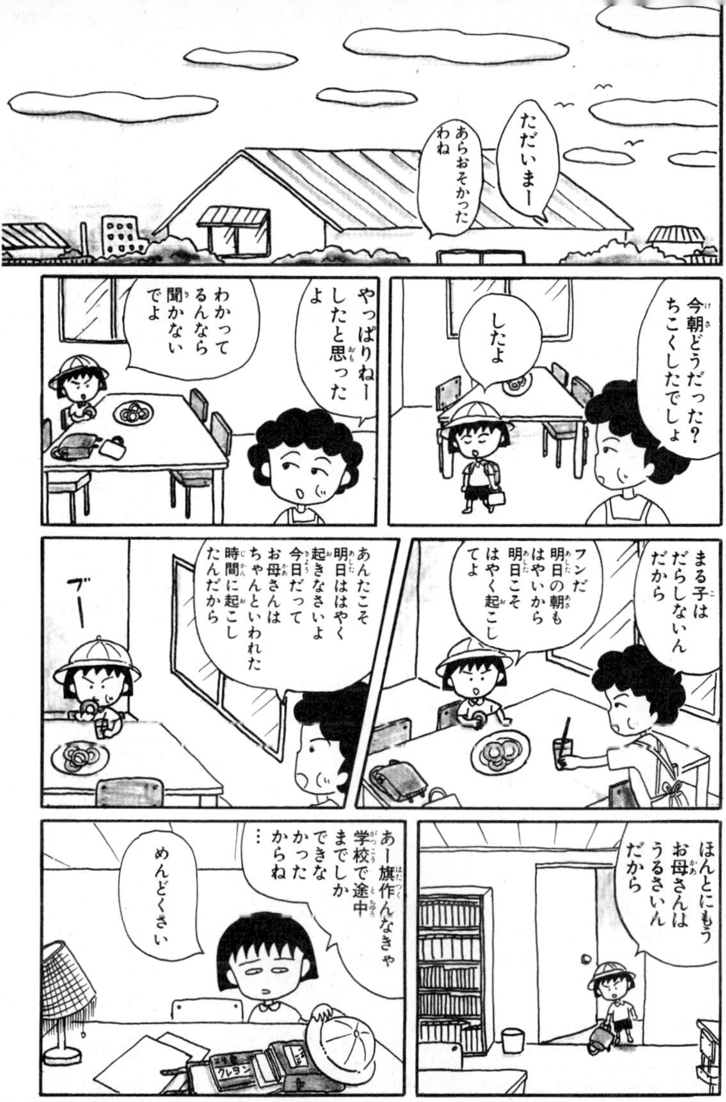
ただいまー
あらおそかったわね
今朝どうだった？ちこくしたでしょ
したよ
やっぱりねーしたと思ったよ
わかってるんなら聞かないでよ
まる子はだらしないんだから
フンだ明日の朝もはやいから明日こそはやく起こしてよ
あんたこそ明日ははやく起きなさいよ今日だってお母さんはちゃんといわれた時間に起こしたんだから
ブー
ほんとにもうお母さんはうるさいんだから
あー旗作んなきゃ学校で途中までしかできなかったからね…
めんどくさい

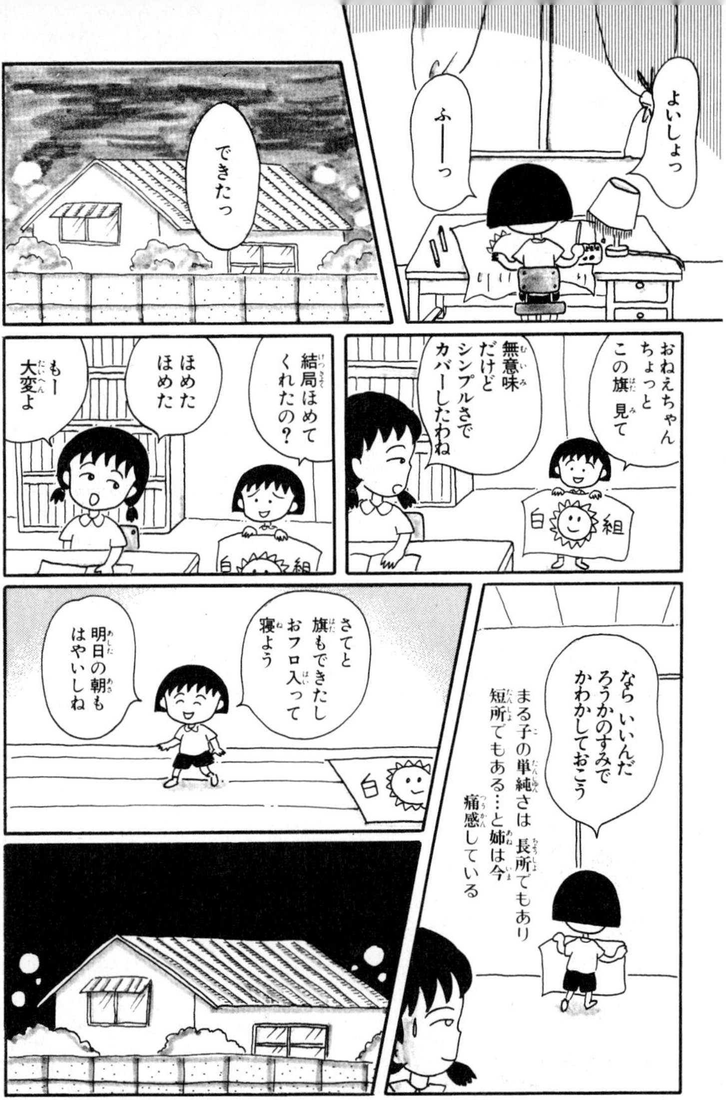

よいしょっ
ふーーっ
できたっ
おねえちゃん ちょっと この旗 見て
無意味 だけど シンプルさで カバーしたわね
白 組
結局ほめて くれたの？
ほめた ほめた
もー 大変よ
なら いいんだ ろうかのすみで かわかしておこう
まる子の単純さは 長所でもあり 短所でもある…と姉は今 痛感している
さてと 旗もできたし おフロ入って 寝よう
明日の朝も はやいしね
白

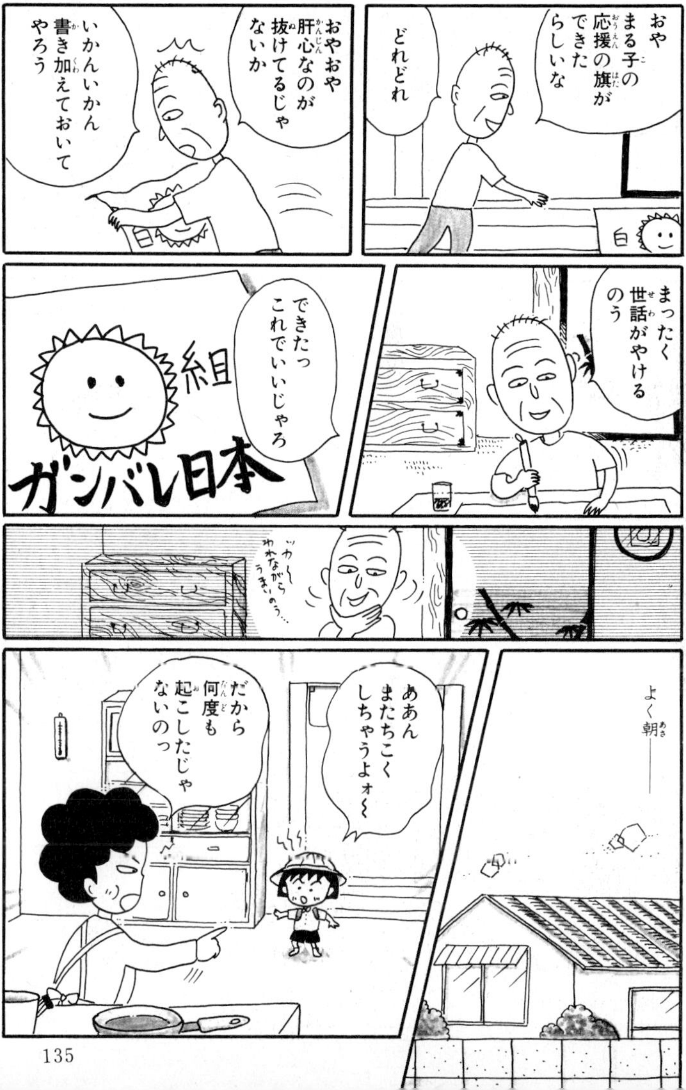
おや
まる子の
応援の旗が
できた
らしいな
どれどれ
おやおや
肝心なのが
抜けてるじゃ
ないか
いかんいかん
書き加えておいて
やろう
まったく
世話がやける
のう
できたっ
これでいいじゃろ
組
ガンバレ日本
わ～
われながら
うまいのう…
よく朝――
ああん
またちこく
しちゃうよォ～
だから
何度も
起こしたじゃ
ないのっ

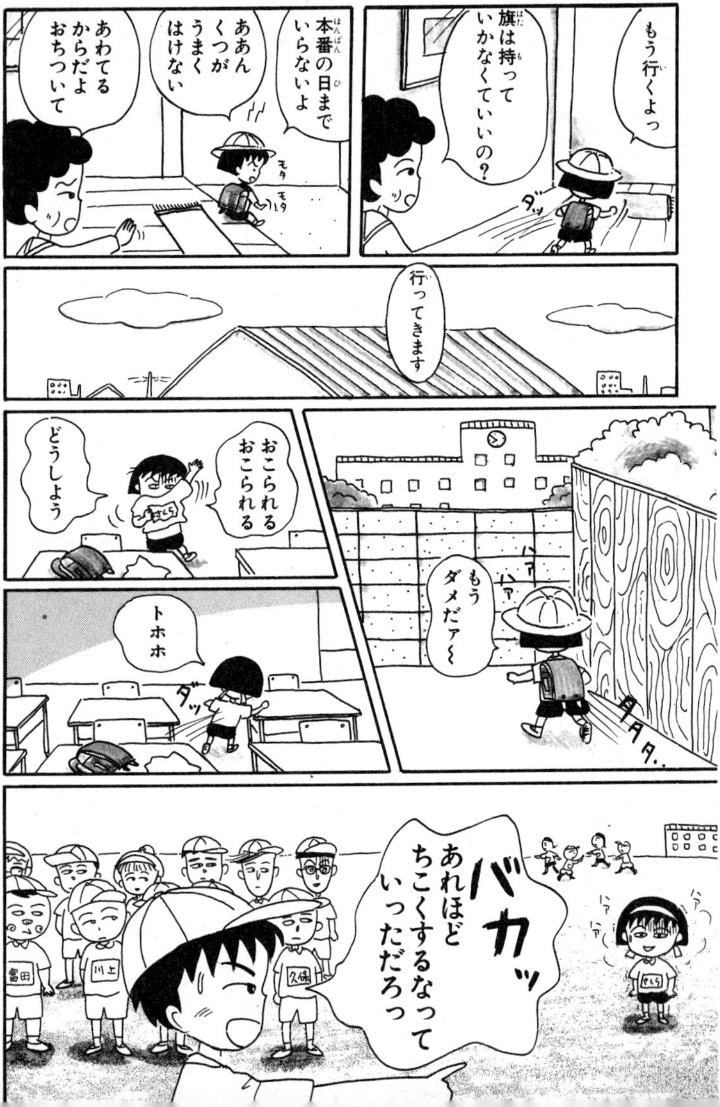
もう行くよっ
旗は持っていかなくていいの?
ダッ
本番の日までいらないよ
ああんくつがうまくはけない
モタモタ
あわてるからだよおちついて
行ってきます
ハァハァ
もうダメだァ〜
タタタ…
おこられるおこられる
どうしよう
トホホ
ダッ
ハァハァ
バカッ
あれほどちこくするなっていっただろっ
富田
川上
久保
さくら

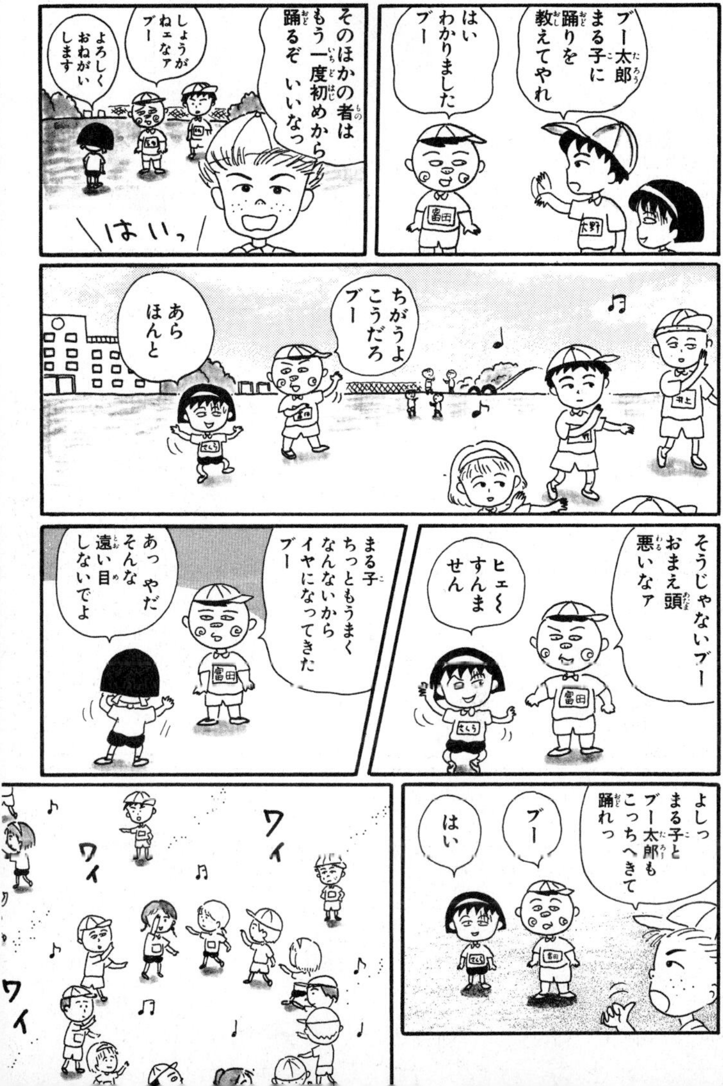

ブー太郎まる子に踊りを教えてやれ
はい わかりましたブー
そのほかの者はもう一度初めから踊るぞ いいなっ
しょうがねエなァブー
よろしくおねがいします
はいっ
ちがうよこうだろブー
あら ほんと
そうじゃないブー おまえ頭悪いなァ
ヒェ〜すんません
まる子ちっともうまくなんないからイヤになってきたブー
あっやだそんな遠い目しないでよ
よしっまる子とブー太郎もこっちへきて踊れっ
ブー
はい
ワイ
ワイ
ワイ

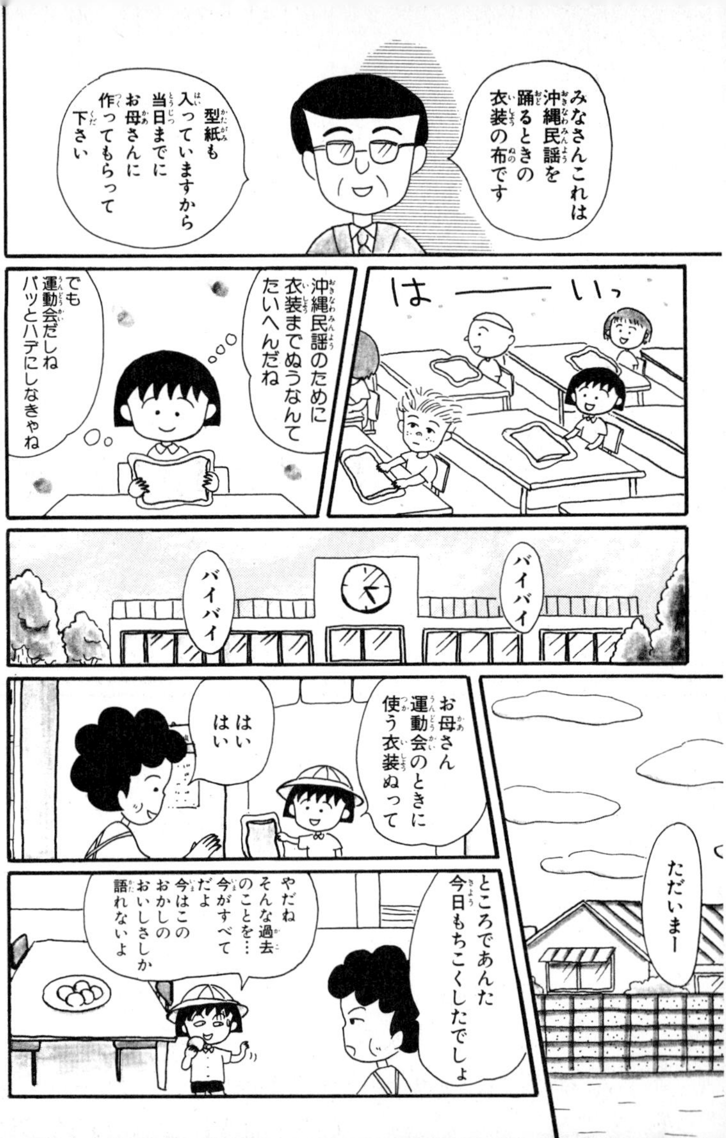
みなさんこれは沖縄民謡を踊るときの衣装の布です
型紙も入っていますから当日までにお母さんに作ってもらって下さい
は――いっ
沖縄民謡のために衣装までぬうなんてたいへんだね
でも運動会だしねパッとハデにしなきゃね
バイバイ
バイバイ
ただいまー
お母さん運動会のときに使う衣装ぬって
はいはい
ところであんた今日もちこくしたでしょ
やだねそんな過去のことを…今がすべてだよ今はこのおかしのおいしさしか語れないよ

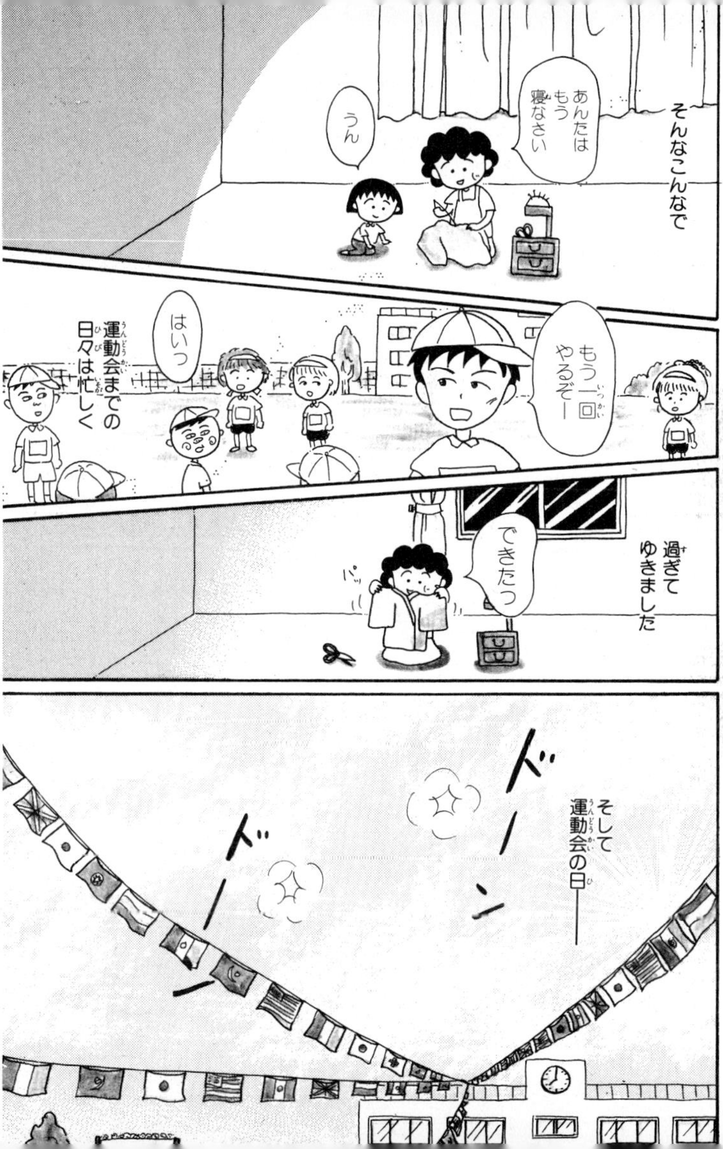
そんなこんなで
あんたはもう寝なさい
うん
もう一回やるぞー
はいっ
運動会までの日々は忙しく
過ぎてゆきました
できたっ
パッ
そして運動会の日——
ドーン
ドーン

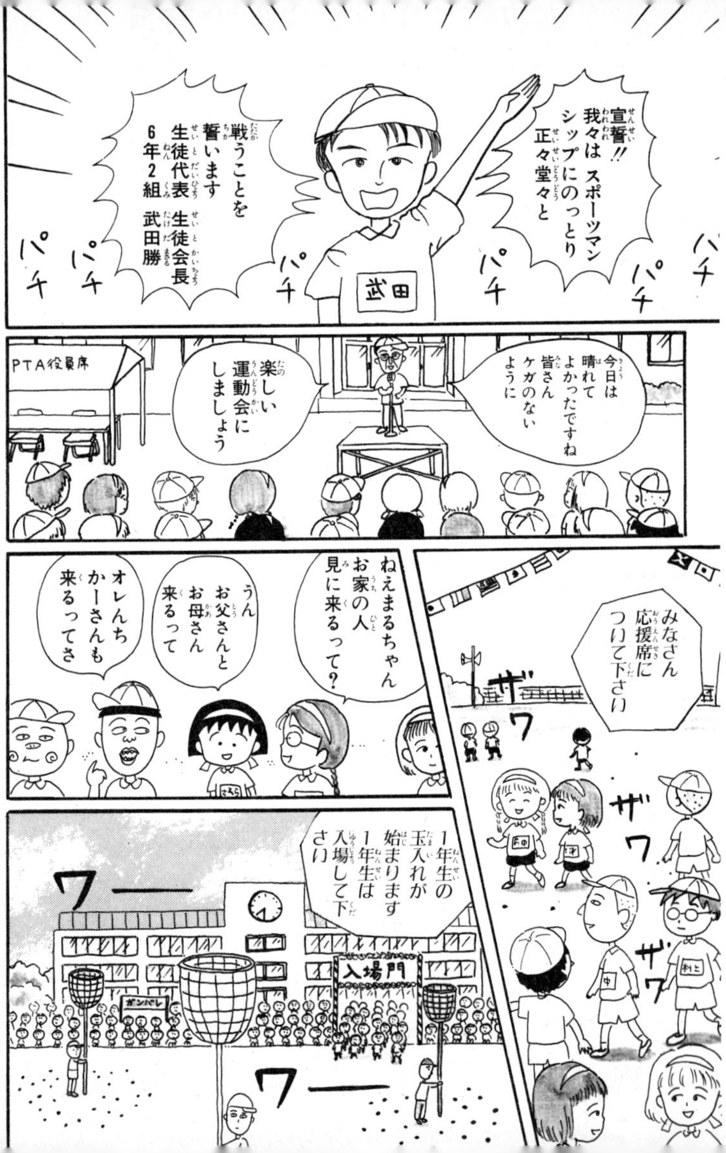

宣誓!! 我々は スポーツマンシップにのっとり 正々堂々と
戦うことを 誓います 生徒代表 生徒会長 6年2組 武田勝
パチ パチ
パチ パチ
パチ パチ
武田
今日は 晴れて よかったですね 皆さん ケガのない ように
楽しい 運動会に しましょう
PTA役員席
みなさん 応援席に ついて下さい
ザワ ザワ
ザワ ザワ
ねえまるちゃん お家の人 見に来るって?
うん お父さんと お母さん 来るって
オレんち かーさんも 来るってさ
1年生の 玉入れが 始まります 1年生は 入場して下さい
ワー
ワー
入場門
ガンバレ

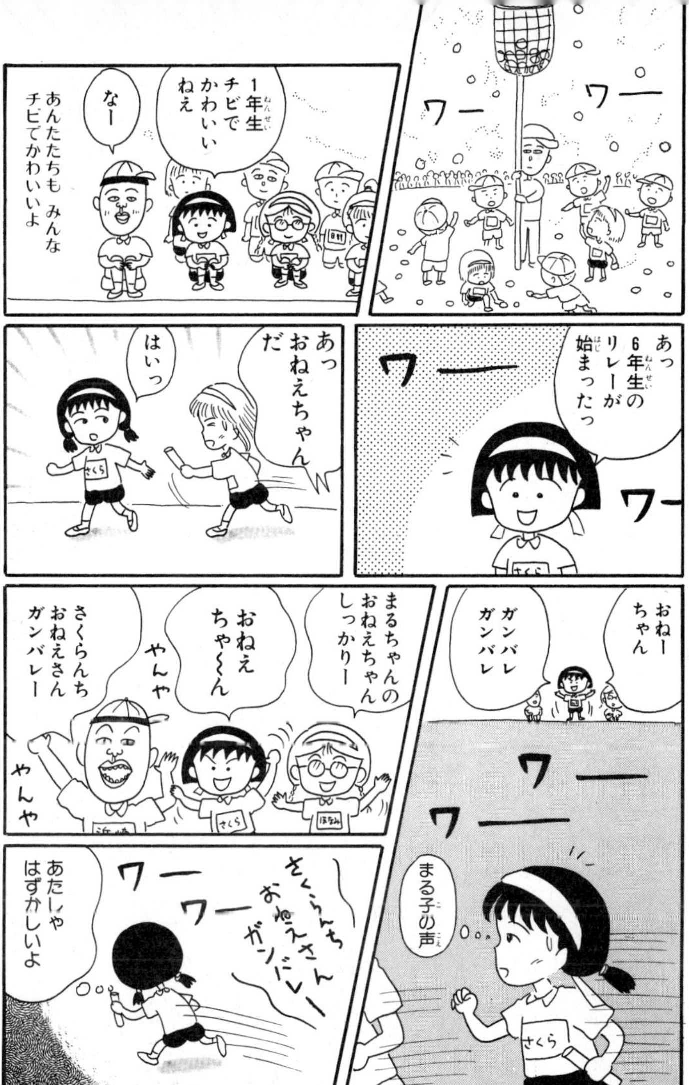
ワー
ワー
1年生チビでかわいいねえ
なー
あんたたちも みんなチビでかわいいよ
あっ6年生のリレーが始まったっ
ワー
ワー
あっおねえちゃんだ
はいっ
おねーちゃん
ガンバレガンバレ
ワー
ワー
まるちゃんのおねえちゃんしっかりー
おねえちゃ〜ん
やんや
さくらんちおねえさんガンバレー
やんや
まる子の声
ワー
ワー
さくらんちおねえさんガンバレー
あたしゃはずかしいよ

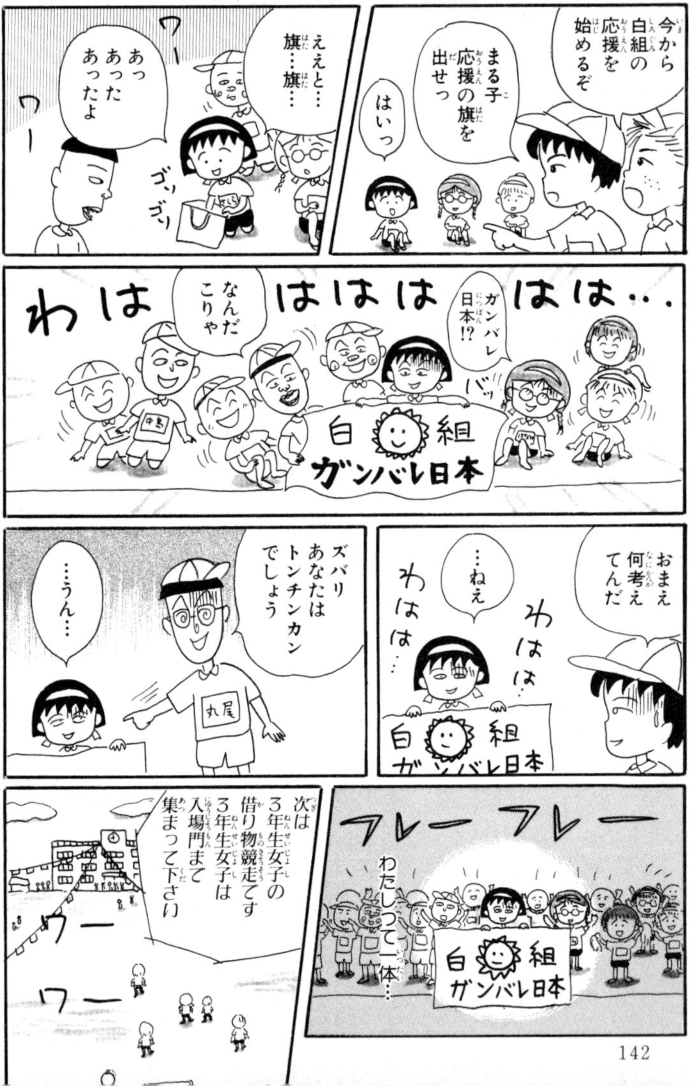
今から白組の応援を始めるぞ
まる子応援の旗を出せっ
はいっ
ええと…旗…旗…
ワー
ワー
あっあったあったよ
ゴソゴソ
わは
なんだこりゃ
ははは
ガンバレ日本!?
バッ
はは…
白組
ガンバレ日本
おまえ何考えてんだ
…ねえ
わはは…
わはは…
ズバリあなたはトンチンカンでしょう
…うん…
丸尾
次は3年生女子の借り物競走です3年生女子は入場門まで集まって下さい
ワー
ワー
フレーフレー
わたしって一体…

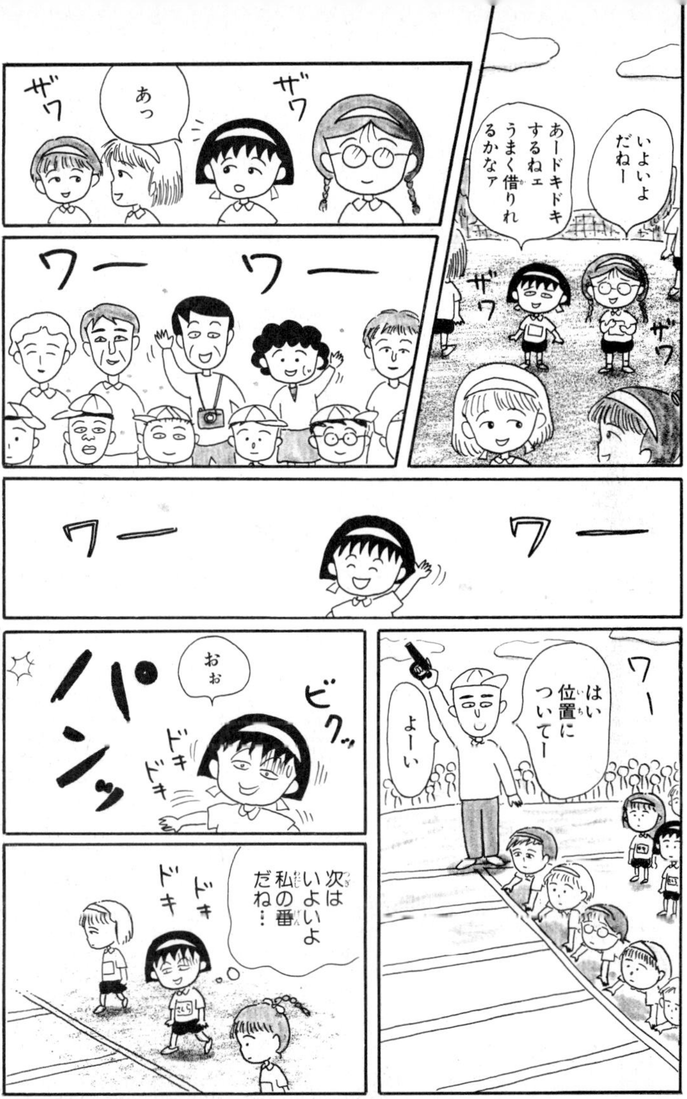
いよいよだねー
あードキドキするねェ うまく借りれるかなア
ザワ
ザワ
ザワ
あっ
ザワ
ワー
ワー
ワー
ワー
ワー
はい位置についてー
よーい
パンッ
ビクッ
おお
ドキ
ドキ
次はいよいよ私の番だね…
ドキ
ドキ

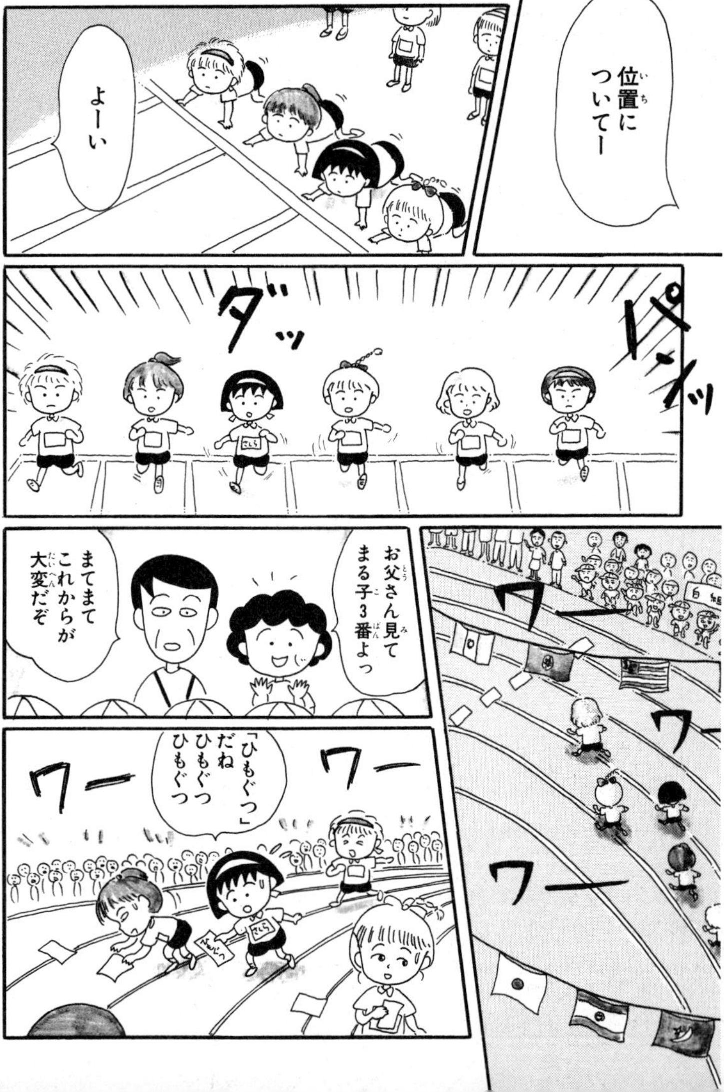

位置についてー
よーい
パンッ
ダッ
ワー
ワー
ワー
お父さん見て まる子3番よっ
まてまて これからが大変だぞ
ワー
「ひもぐつ」だね ひもぐつ ひもぐつ
ワー

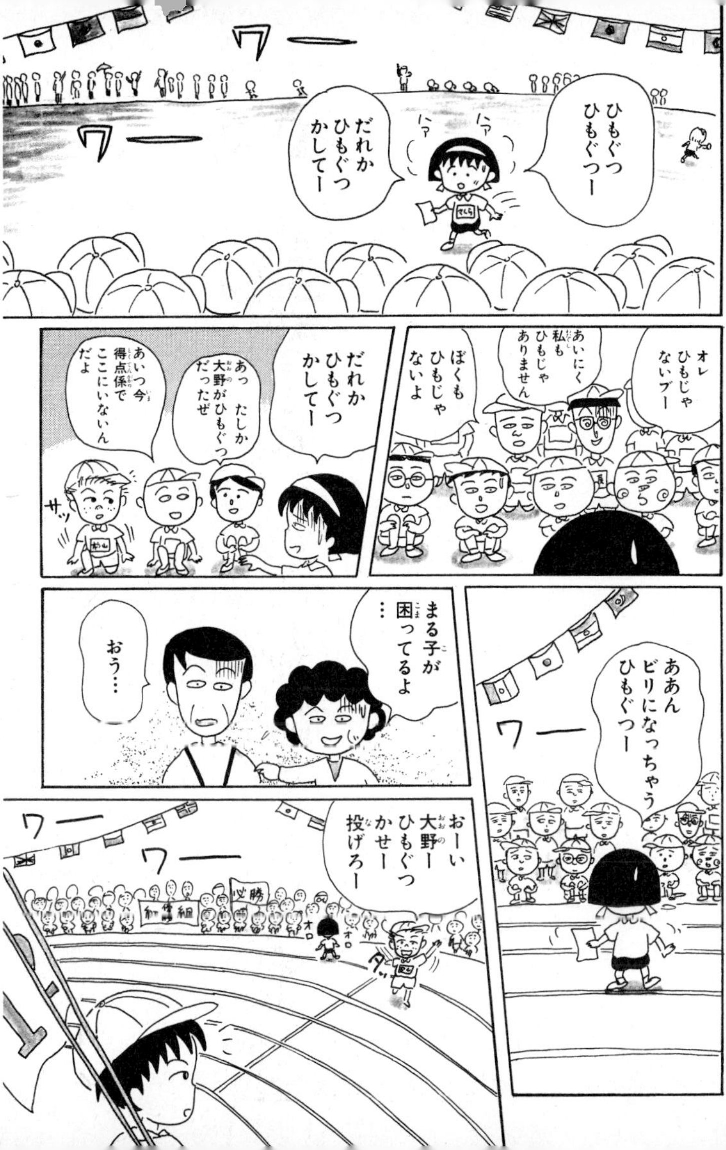
ワー
ワー
ハァ
ハァ
ひもぐつ ひもぐつー
だれか ひもぐつ かしてー
オレ ひもじゃ ないブー
あいにく 私も ひもじゃ ありません
ぼくも ひもじゃ ないよ
だれか ひもぐつ かしてー
あっ たしか 大野がひもぐつ だったぜ
あいつ今 得点係で ここにいないんだよ
サッ
ああん ビリになっちゃう ひもぐつー
ワー
まる子が 困ってるよ…
おう…
おーい 大野ー ひもぐつ かせー 投げろー
ワー
ワー
必勝
オロ
オロ
ダッ

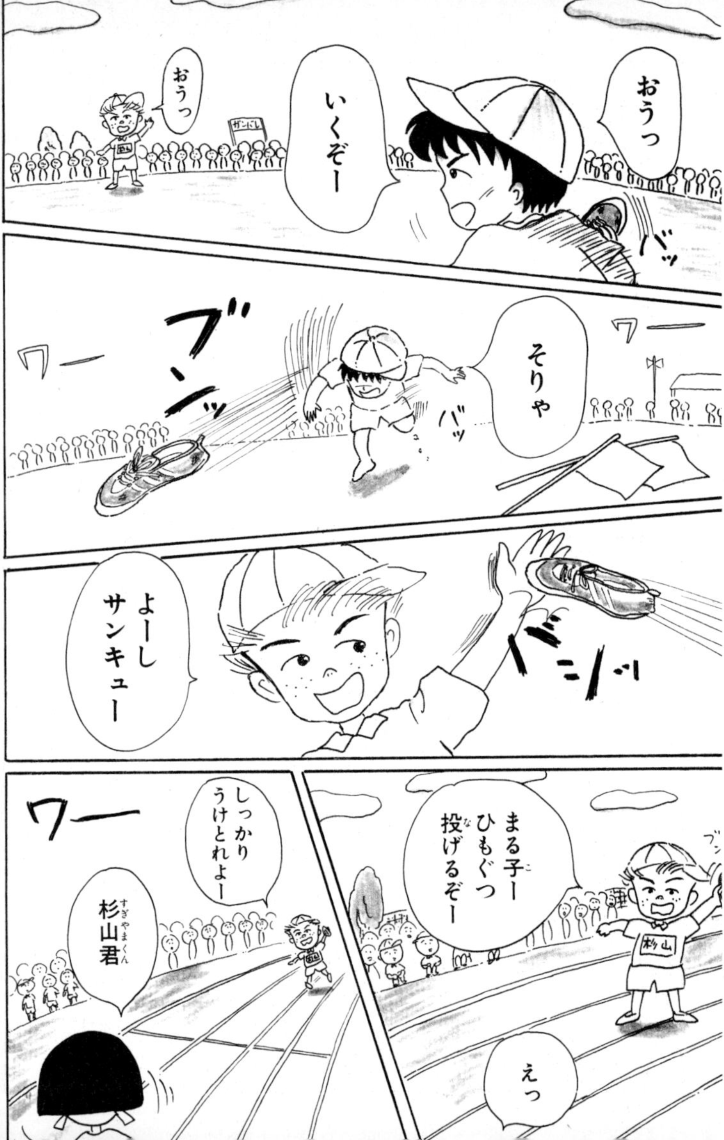
おうっ
いくぞー
おうっ
バッ
ワー
そりゃ
バッ
ブンッ
ワー
バシッ
よーし
サンキュー
ブン
まる子ー
ひもぐつ
投げるぞー
杉山
えっ
しっかり
うけとれよー
杉山君
ワー

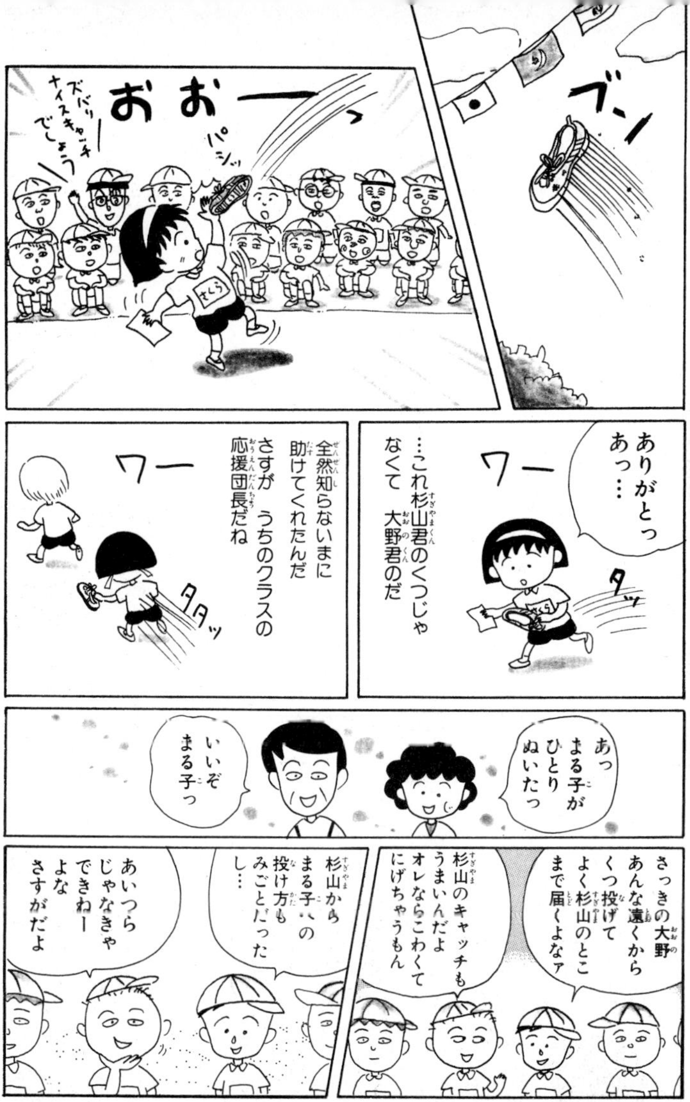
ブンッ
パシッ
おおーーっ
ズバリ ナイスキャッチ でしょう
ありがとっ あっ…
ワー
…これ杉山君のくつじゃなくて 大野君のだ
タッ
ワー
全然知らないまに助けてくれたんだ
さすが うちのクラスの応援団長だね
タタッ
あっ まる子が ひとり ぬいたっ
いいぞ まる子っ
さっきの大野 あんな遠くから くつ投げて よく杉山のとこまで届くよなァ
杉山のキャッチもうまいんだよ オレならこわくてにげちゃうもん
杉山からまる子への投げ方もみごとだったし…
あいつらじゃなきゃできねーよな さすがだよ

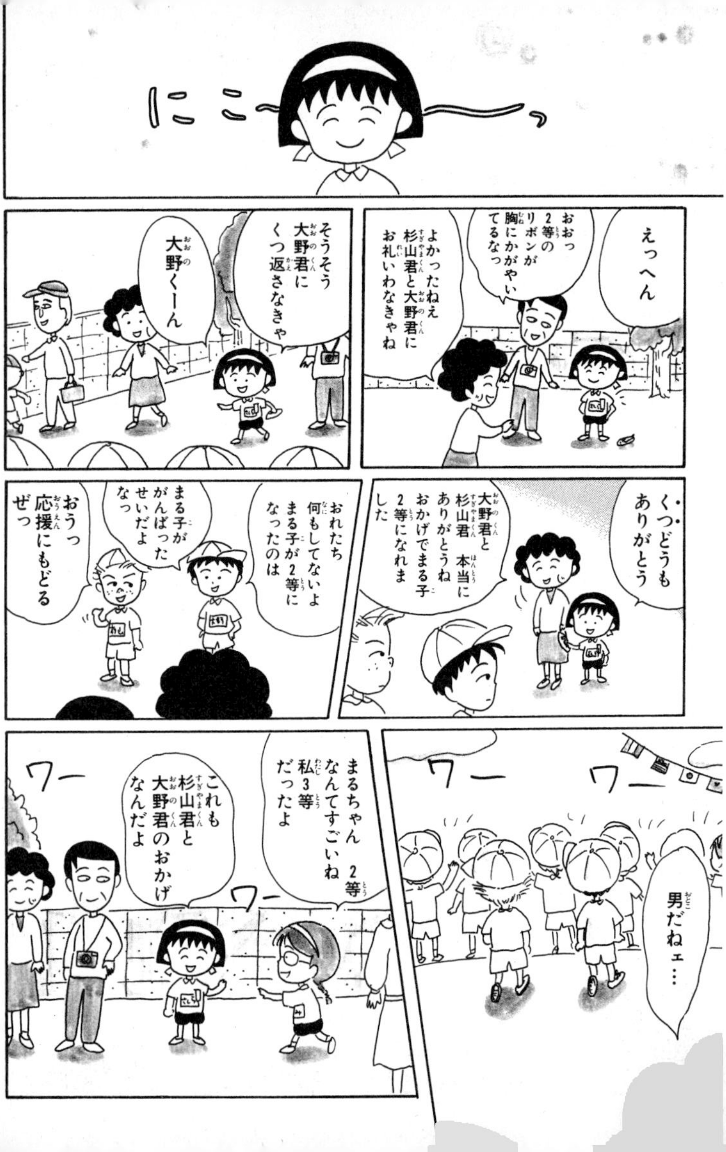
にこ〜〜っ
えっへん
おおっ 2等のリボンが胸にかがやいてるなっ
よかったねえ 杉山君と大野君にお礼いわなきゃね
そうそう 大野君にくつ返さなきゃ
大野く〜ん
くつどうもありがとう
大野君と杉山君 本当にありがとうね おかげでまる子2等になれました
おれたち何もしてないよ まる子が2等になったのは
まる子ががんばったせいだよなっ
おうっ 応援にもどるぜっ
ワー ワー
男だねェ…
まるちゃん 2等 なんてすごいね 私3等だったよ
これも杉山君と大野君のおかげなんだよ
ワー
ワー

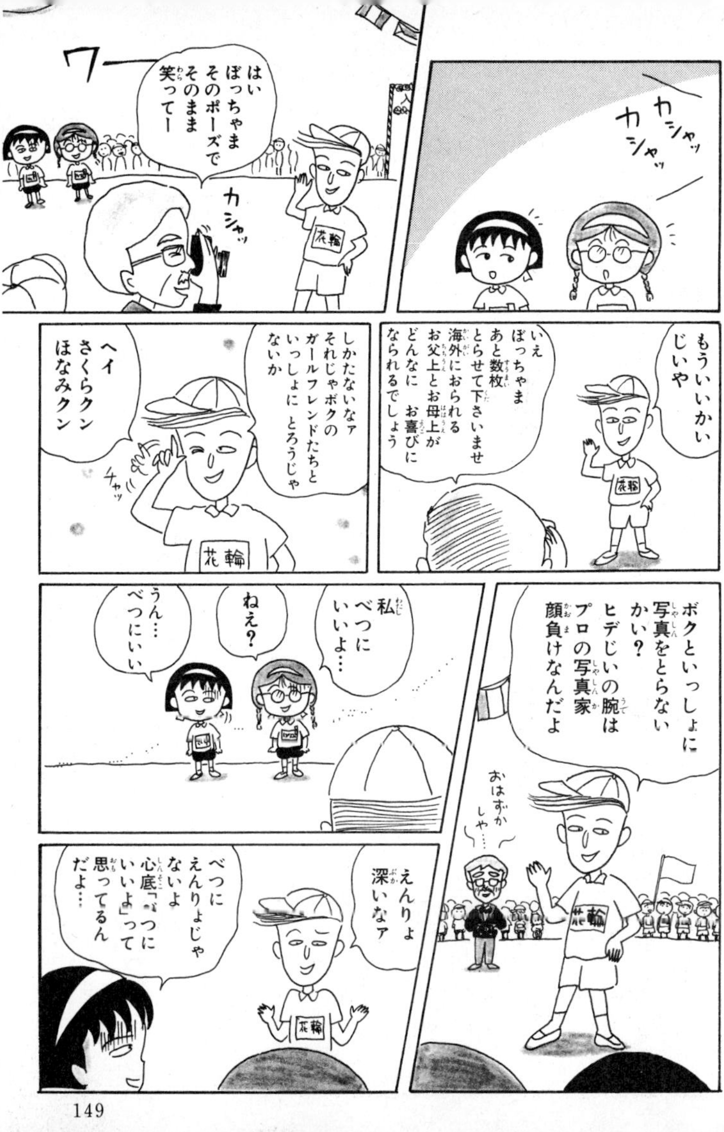
カシャッ
カシャッ
ワー
はい
ぼっちゃま
そのポーズで
そのまま
笑ってー
カシャッ
もういいかい
じいや
いえ
ぼっちゃま
あと数枚
とらせて下さいませ
海外におられる
お父上とお母上が
どんなに　お喜びに
なられるでしょう
しかたないなァ
それじゃボクの
ガールフレンドたちと
いっしょに　とろうじゃ
ないか
チャッ
ヘイ
さくらクン
ほなみクン
ボクといっしょに
写真をとらない
かい？
ヒデじいの腕は
プロの写真家
顔負けなんだよ
おはずかしや…
私
べつに
いいよ…
ねえ？
うん…
べつにいい
えんりょ
深いなァ
べつに
えんりょじゃ
ないよ
心底「べつに
いいよ」って
思ってるん
だよ…

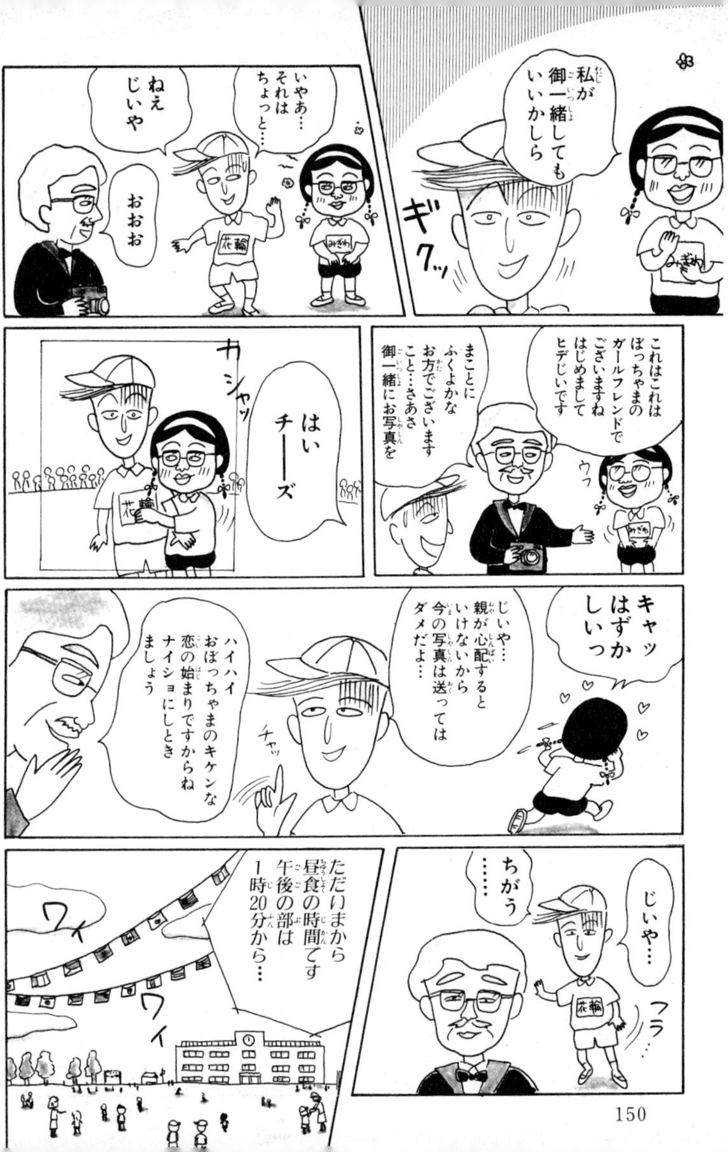
私が御一緒してもいいかしら
ギクッ
いやあ…それはちょっと…
ねえじいや
おおお
これはこれはぼっちゃまのガールフレンドでございますねはじめましてヒデじいです
まことにふくよかなお方でございますこと…さあさ御一緒にお写真を
ウフ
はいチーーズ
カシャッ
キャッはずかしいっ
じいや…親が心配するといけないから今の写真は送ってはダメだよ…
チャッ
ハイハイおぼっちゃまのキケンな恋の始まりですからねナイショにしときましょう
じいや……
ちがう……
フラ…
ただいまから昼食の時間です午後の部は1時20分から…
ワイ
ワイ

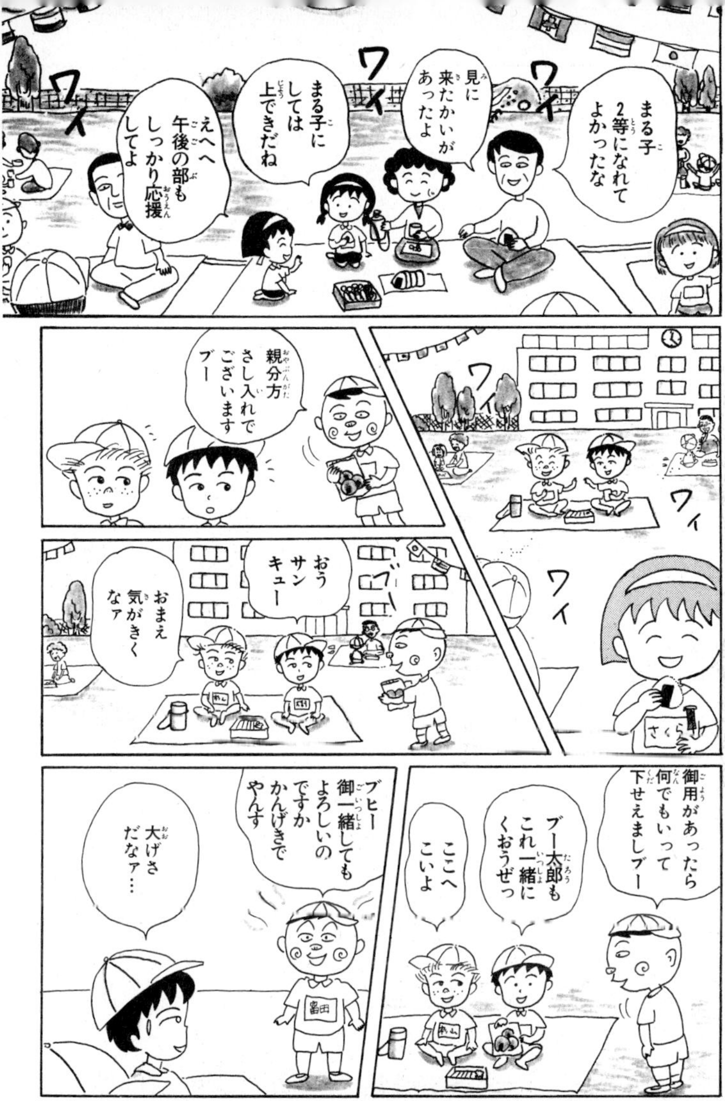
ワイ
ワイ
ワイ
ワイ
まる子2等になれてよかったな
見に来たかいがあったよ
まる子にしては上できだね
えへへ午後の部もしっかり応援してよ
ワイ
ワイ
ワイ
ワイ
親分方さし入れでございますブー
おうサンキュー
おまえ気がきくなァ
御用があったら何でもいって下せえましブー
ブー太郎もこれ一緒にくおうぜっ
ここへこいよ
ブヒー御一緒してもよろしいのですかかんげきでやんす
大げさだなァ…

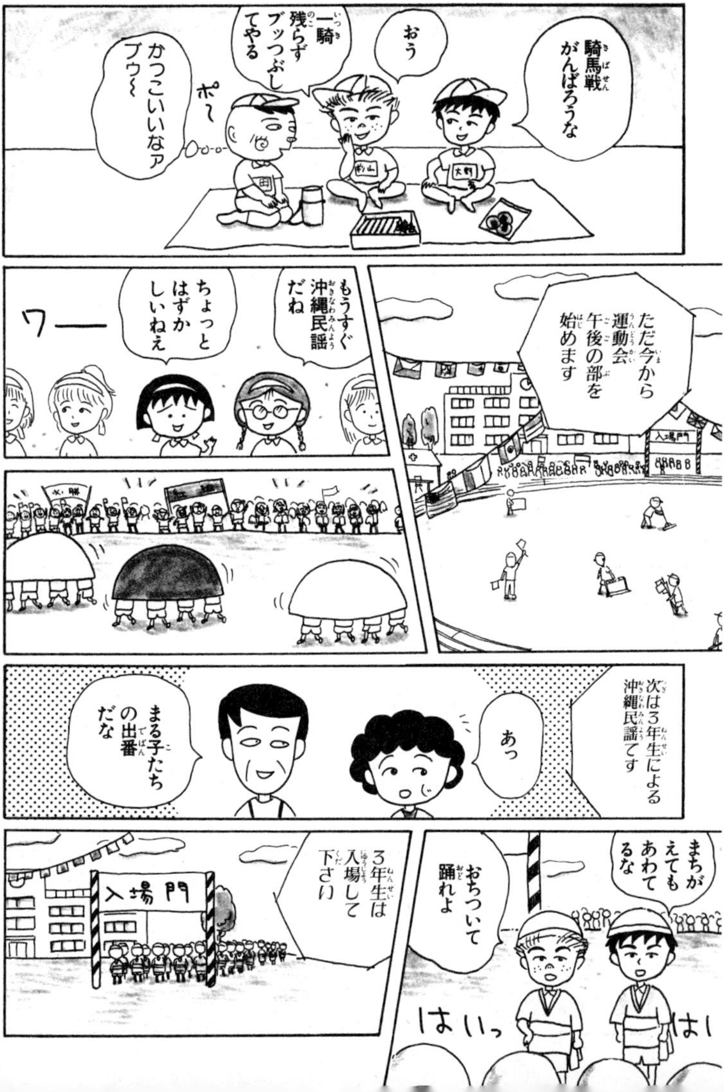
騎馬戦がんばろうな
おう
一騎残らずブッつぶしてやる
ポ〜
かっこいいなアブウ〜
ただ今から運動会午後の部を始めます
もうすぐ沖縄民謡だね
ちょっとはずかしいねえ
ワーー
次は3年生による沖縄民謡です
あっ
まる子たちの出番だな
まちがえてもあわてるな
おちついて踊れよ
はいっ
はい
3年生は入場して下さい
入場門

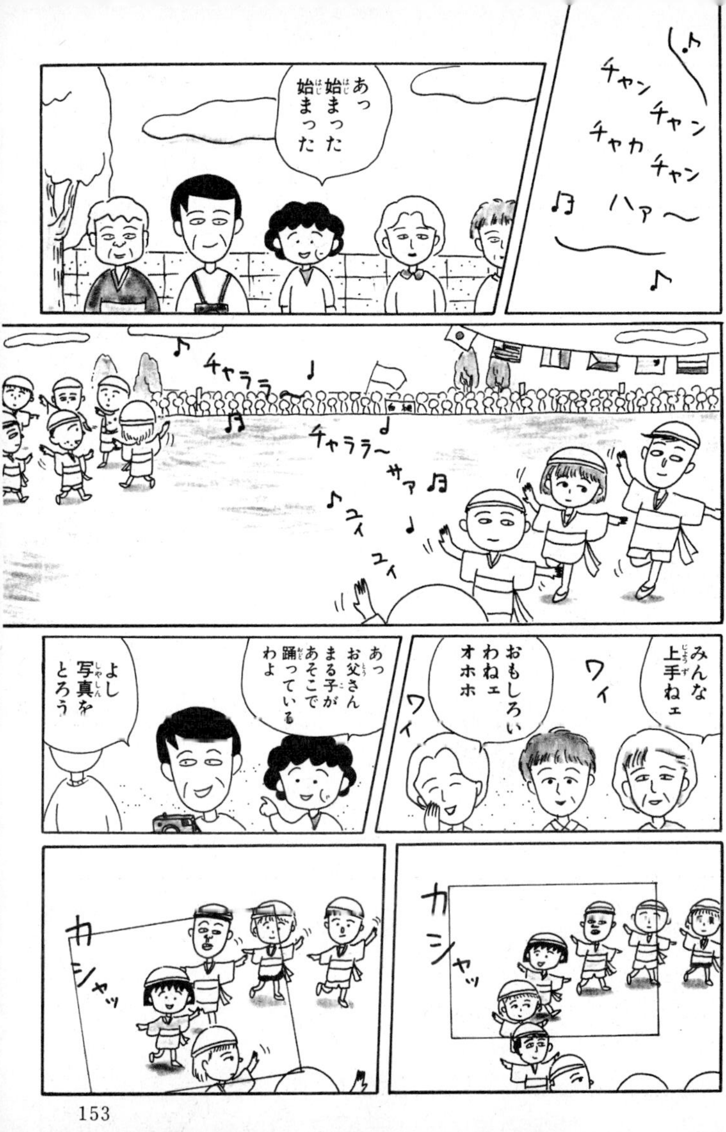
チャンチャン
チャカチャン
ハァ〜
あっ
始まった
始まった
チャララ〜
チャララ〜
サァ
ユイ
ユイ
みんな
上手ねェ
ワイ
おもしろい
わねェ
オホホ
ワイ
あっ
お父さん
まる子が
あそこで
踊っている
わよ
よし
写真を
とろう
カシャッ
カシャッ

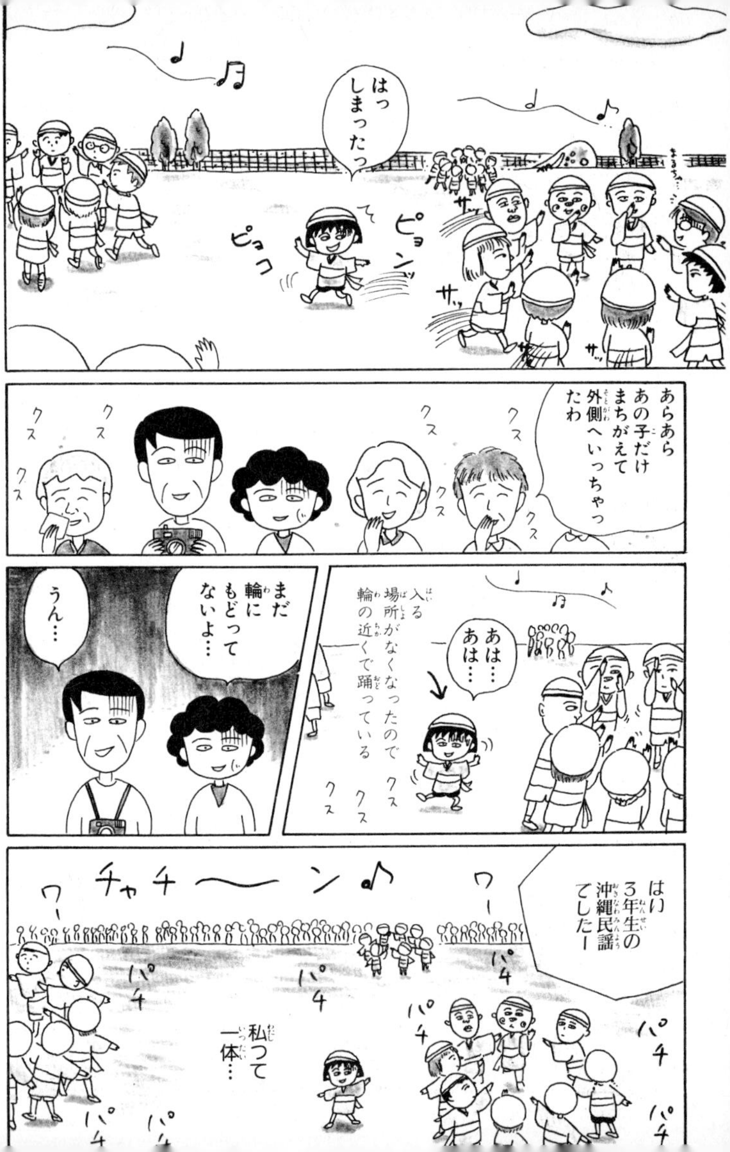
はっ
しまったっ
ピョコ
ピョンッ
サッ
あらあら
あの子だけ
まちがえて
外側へいっちゃったわ
クス
まだ
輪にもどってないよ…
うん…
入る場所がなくなったので輪の近くで踊っている
あは…
あは…
クス
チャチーーン♪
ワー
はい
3年生の
沖縄民謡
でしたー
パチ
私って
一体…

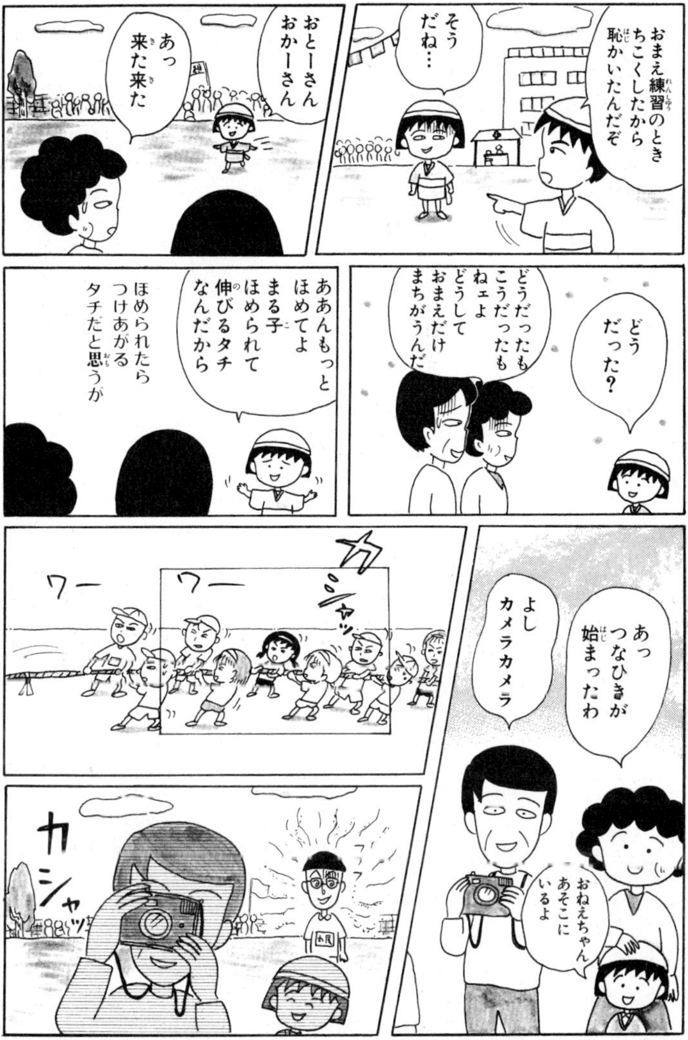
おまえ練習のときちこくしたから恥かいたんだぞ
そうだね…
おとーさんおかーさん
あっ来た来た
どうだった?
どうだったもこうだったもねェよどうしておまえだけまちがうんだ
ああんもっとほめてよまる子ほめられて伸びるタチなんだから
ほめられたらつけあがるタチだと思うが
あっつなひきが始まったわ
よしカメラカメラ
ワー
ワー
カシャッ
おねえちゃんあそこにいるよ
カシャッ
フフフ…

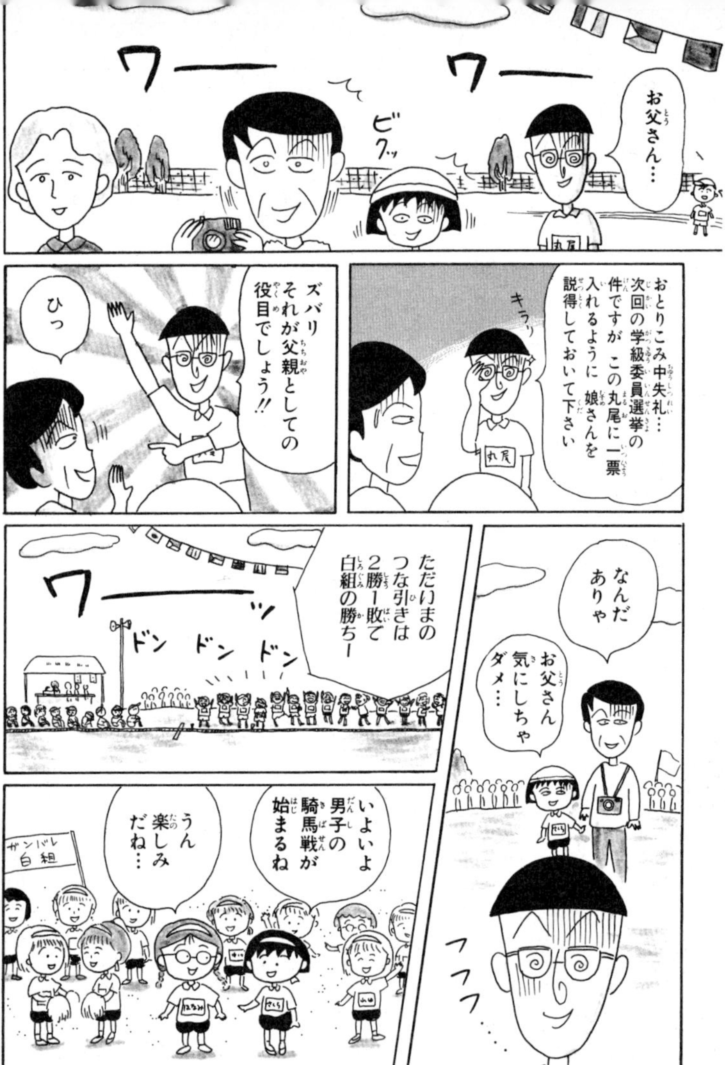
お父さん…
ワーー
ビクッ
ワーー
おとりこみ中失礼… 次回の学級委員選挙の件ですが この丸尾に一票入れるように 娘さんを説得しておいて下さい
キラッ
ズバリ それが父親としての役目でしょう!!
ひっ
なんだ ありゃ
お父さん 気にしちゃ ダメ…
フフフ…
ただいまの つな引きは 2勝1敗で 白組の勝ちー
ワーーーッ
ドン ドン ドン
いよいよ 男子の 騎馬戦が 始まるね
うん 楽しみ だね…
ガンバレ 白組

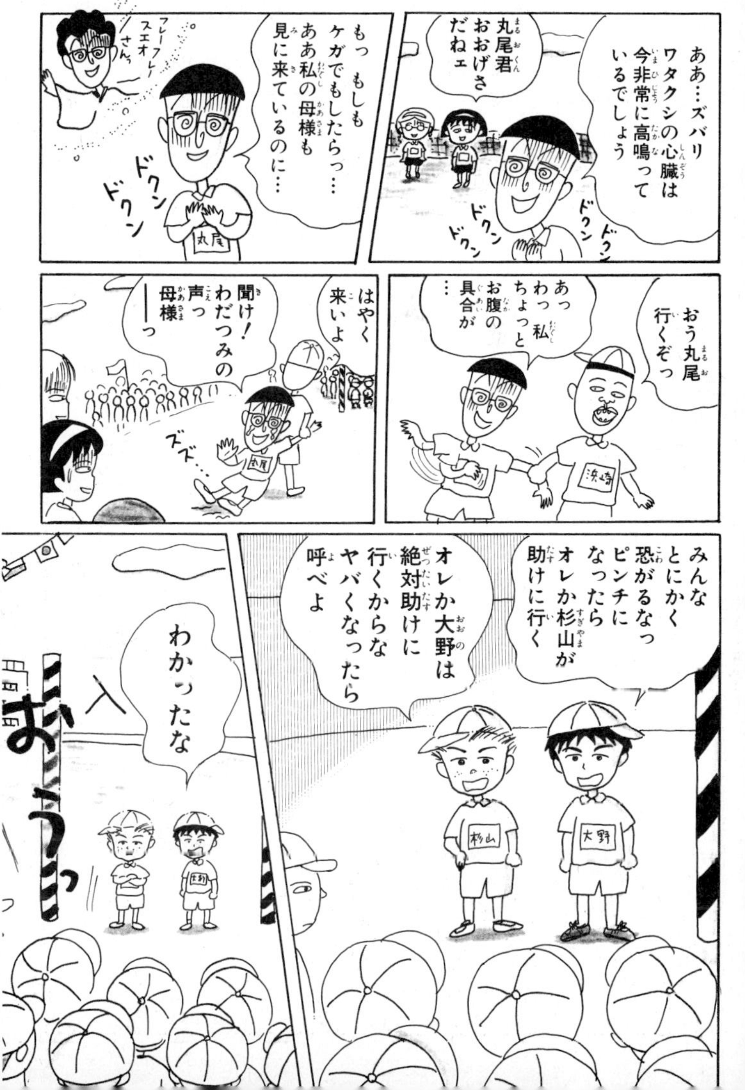
ああ…ズバリ ワタクシの心臓は今非常に高鳴っているでしょう
丸尾君おおげさだねェ
ドクン ドクン
ドクン ドクン
もっもしもケガでもしたらっ…ああ私の母様も見に来ているのに…
フレーフレースエオさんっ
ドクン ドクン
おう丸尾行くぞっ
あっわっ私ちょっとお腹の具合が…
はやく来いよ
聞け！わだつみの声っ母様――っ
ズズ…
みんなとにかく恐がるなっピンチになったらオレか杉山が助けに行く
オレか大野は絶対助けに行くからなヤバくなったら呼べよ
わかったな
おうっ

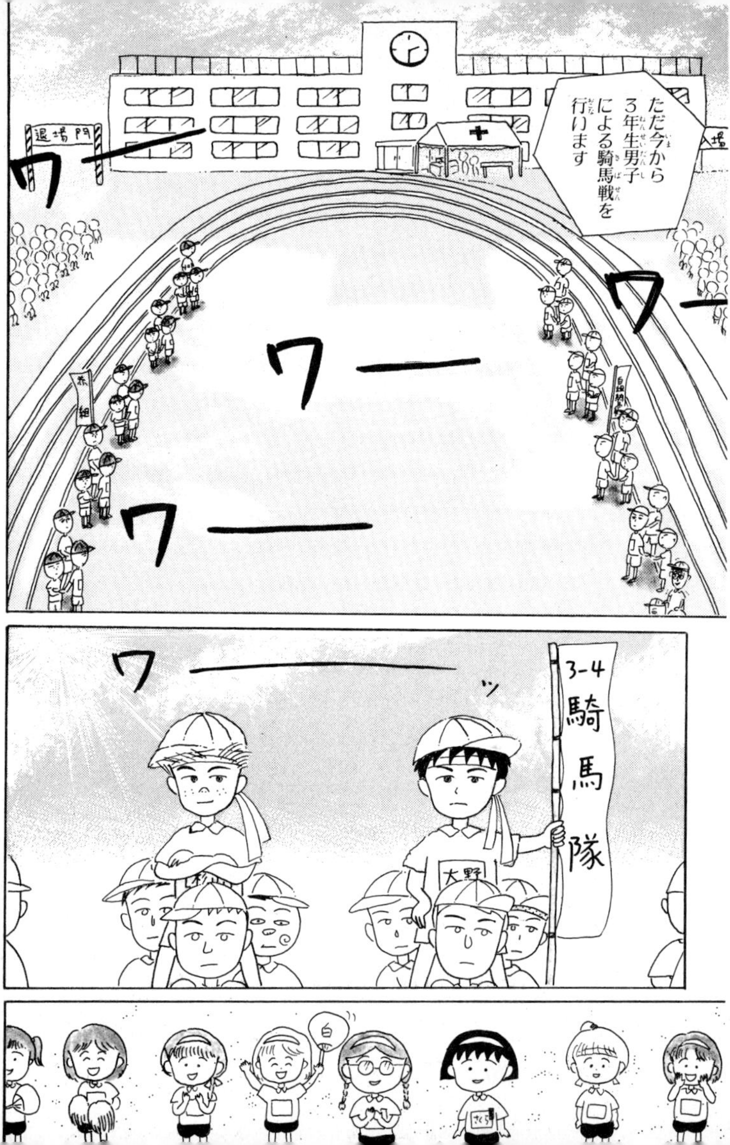
ただ今から3年生男子による騎馬戦を行います
ワー
ワー
ワーー
ワーー
退場門
入場
赤組
ワーーーッ
3-4騎馬隊
大野
白
さくら

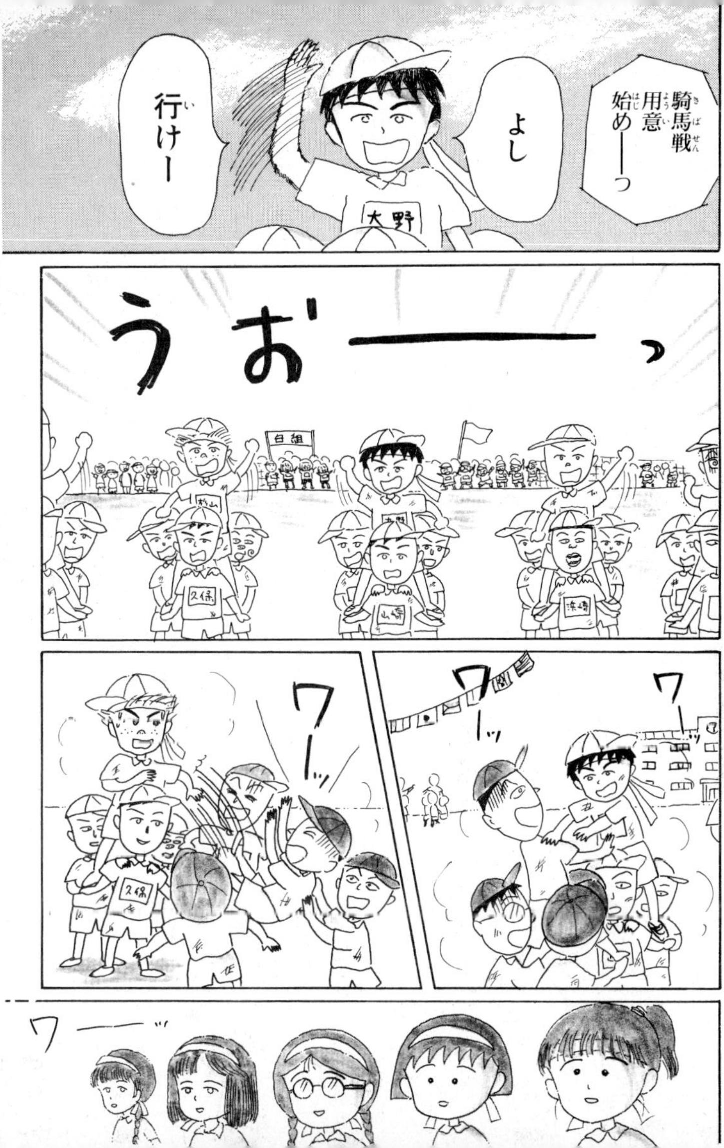
騎馬戦用意始めーーっ
よし
行けー
大野
うおーーっ
白組
ワーッ
ワーッ
ワーッ
ワーーッ

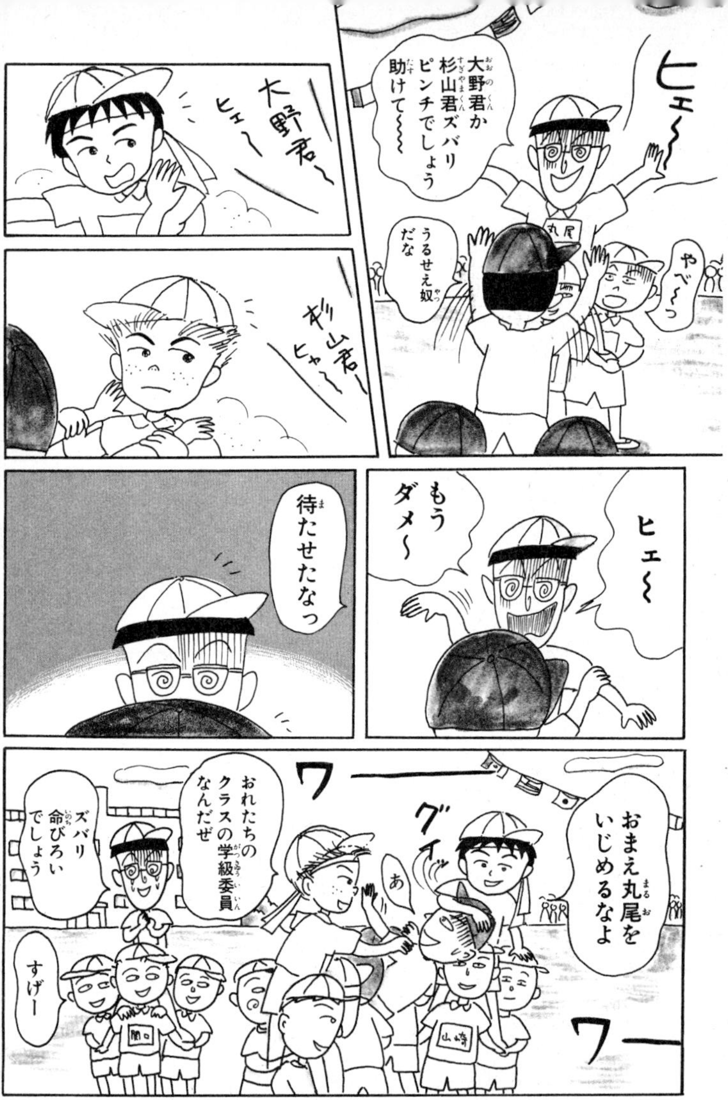
ヒェ〜〜
大野君か
杉山君ズバリ
ピンチでしょう
助けて〜〜〜
やべ〜っ
うるせえ奴だな
大野君〜
ヒェ〜
杉山君〜
ヒャ〜〜
ヒェ〜
もう
ダメ〜
待たせたなっ
ワー
おまえ丸尾を
いじめるなよ
グイッ
あ
おれたちの
クラスの学級委員
なんだぜ
ズバリ
命びろい
でしょう
すげー
ワー

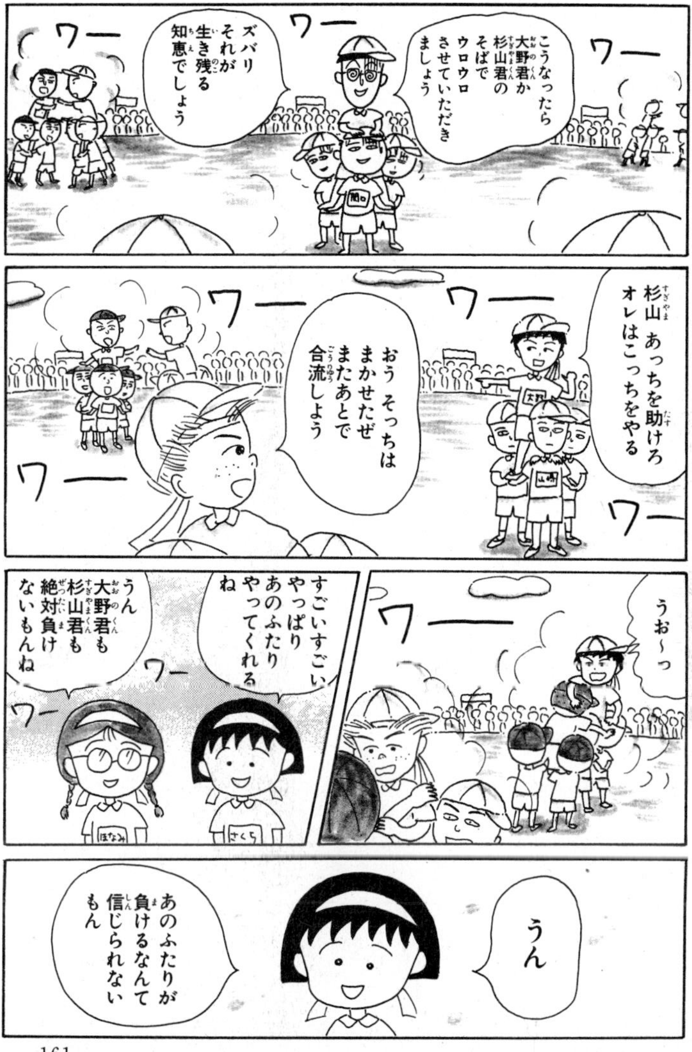
ワー
こうなったら大野君か杉山君のそばでウロウロさせていただきましょう
ワー
ズバリ それが生き残る知恵でしょう
ワー
杉山 あっちを助けろ オレはこっちをやる
ワー
ワー
おう そっちはまかせたぜ またあとで合流しよう
ワー
ワー
うお～っ
ワー
すごいすごい やっぱり あのふたり やってくれるね
うん 大野君も杉山君も絶対負けないもんね
ワー
ワー
うん
あのふたりが負けるなんて信じられないもん

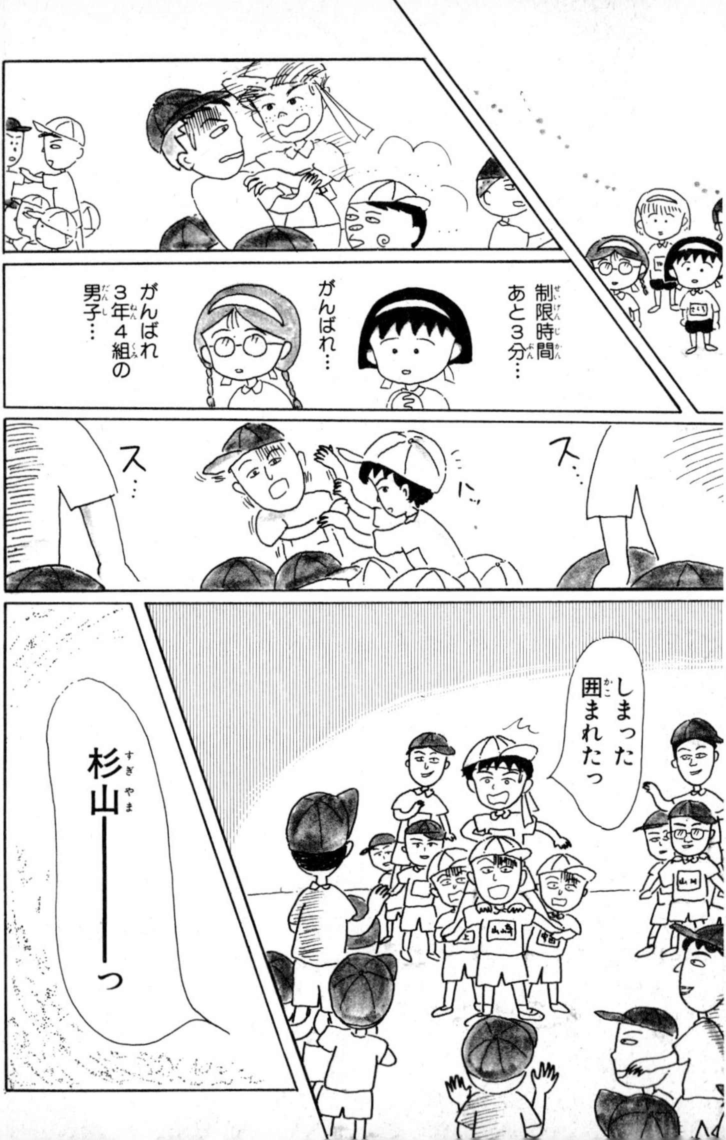

制限時間あと3分…
がんばれ…
がんばれ3年4組の男子…
ス…
ス…
しまった囲まれたっ
杉山───っ

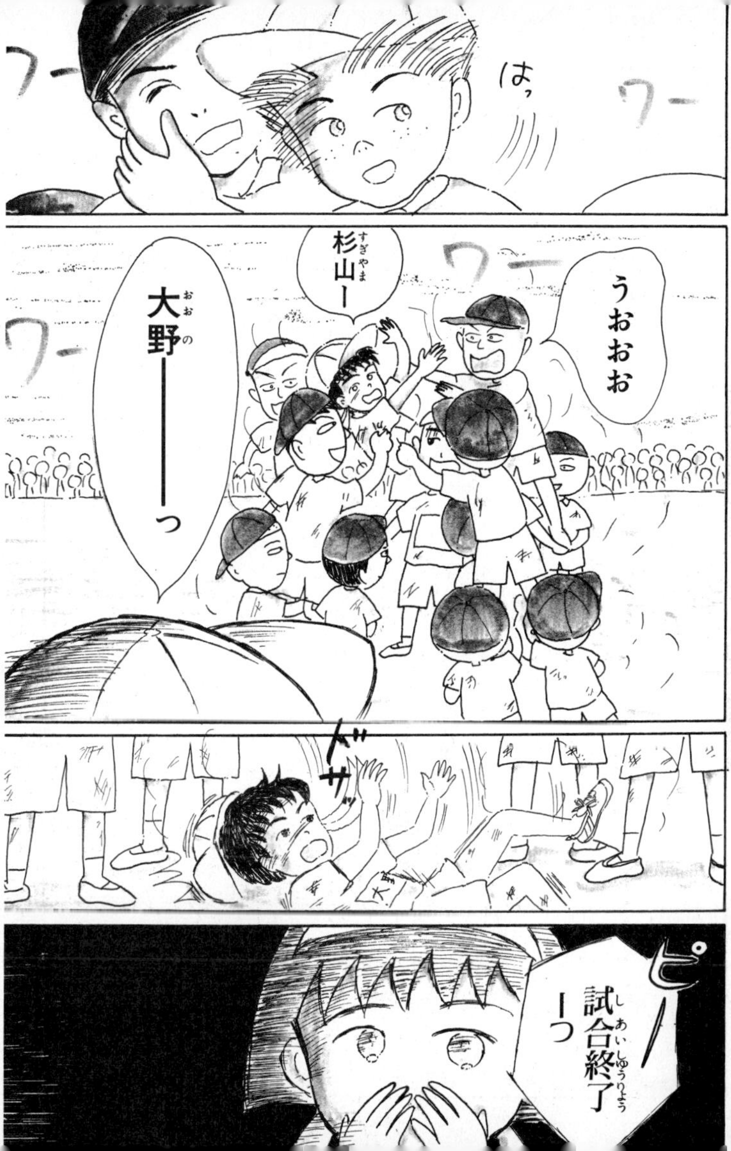

ワー
はっ
ワー
うおおお
杉山ー
大野――っ
ワー
ワー
ズザッ
ピーー
試合終了ーっ

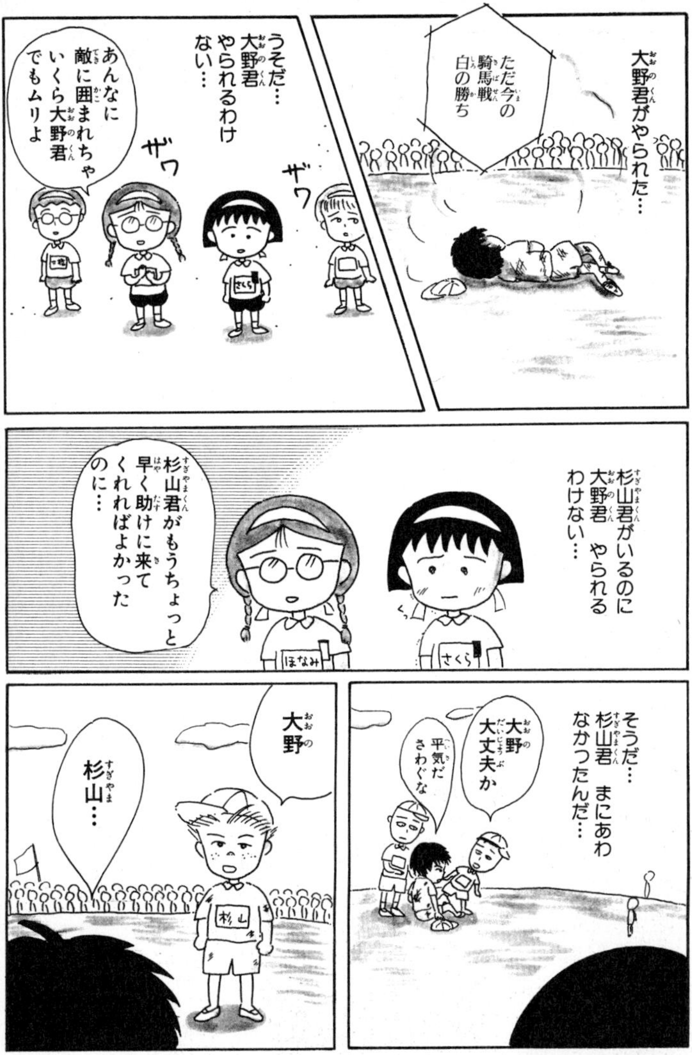
大野君がやられた…
ただ今の騎馬戦白の勝ち
ザワ
ザワ
うそだ…大野君やられるわけない…
あんなに敵に囲まれちゃいくら大野君でもムリよ
さくら
杉山君がいるのに大野君 やられるわけない…
くっ
杉山君がもうちょっと早く助けに来てくれればよかったのに…
さくら
ほなみ
そうだ…杉山君 まにあわなかったんだ…
大野大丈夫か
平気ださわぐな
大野
杉山…
杉山

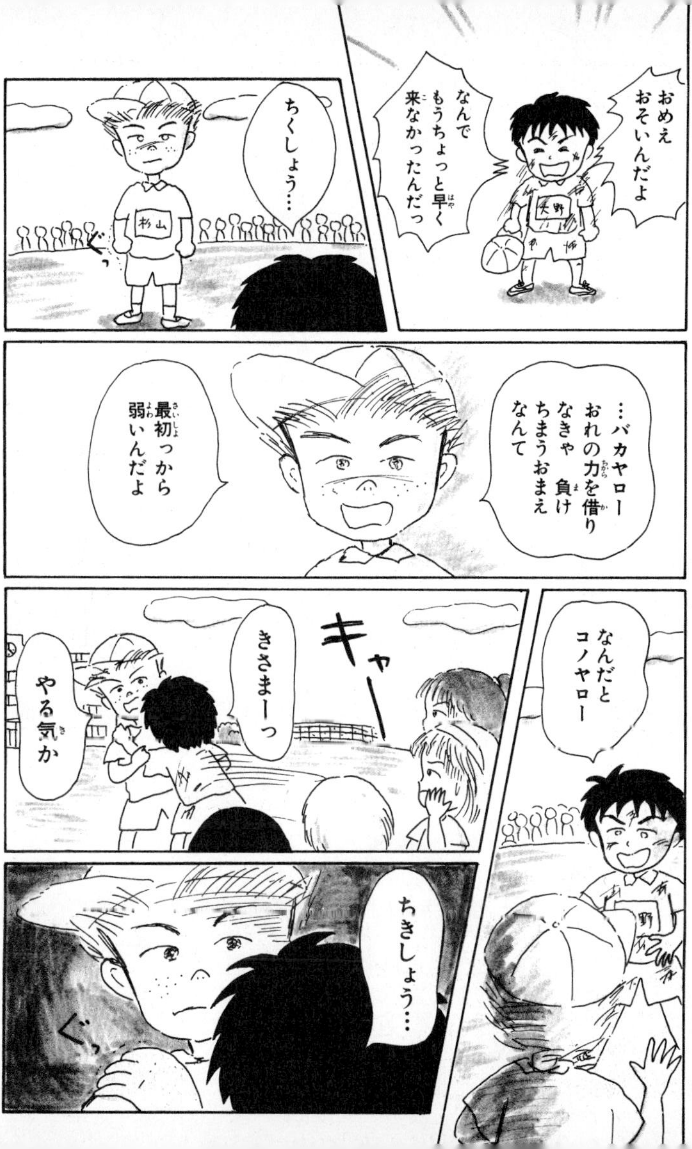
おめえ おそいんだよ
なんで もうちょっと早く来なかったんだっ
ちくしょう…
ぐっ
…バカヤロー おれの力を借りなきゃ 負けちまうおまえなんて
最初っから弱いんだよ
なんだとコノヤロー
キャー
きさまーっ
やる気か
ちきしょう…
ぐっ

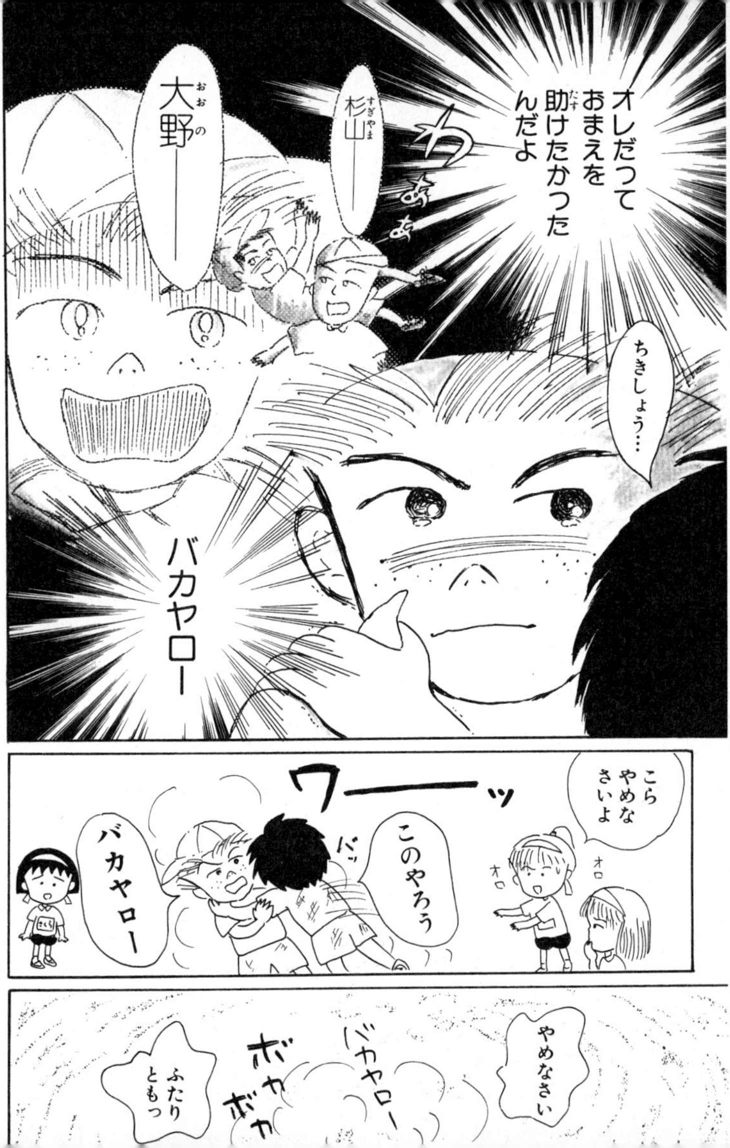

オレだっておまえを助けたかったんだよ
ちきしょう…
わぁぁ
杉山ーー
大野ーー
バカヤロー
こらやめなさいよ
オロ
オロ
ワーーッ
このやろう
ドッ
バカヤロー
やめなさい
バカヤロー
ボカボカ
ふたりともっ

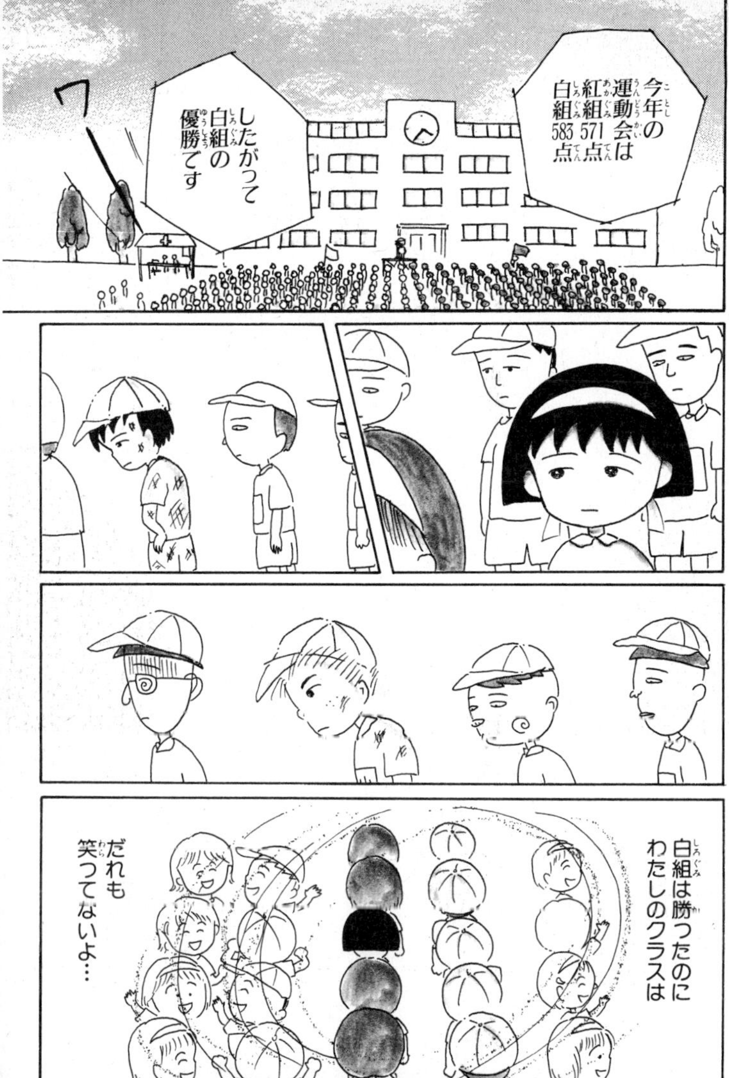
今年の運動会は紅組571点白組583点
したがって白組の優勝です
ワ
白組は勝ったのにわたしのクラスは
だれも笑ってないよ…

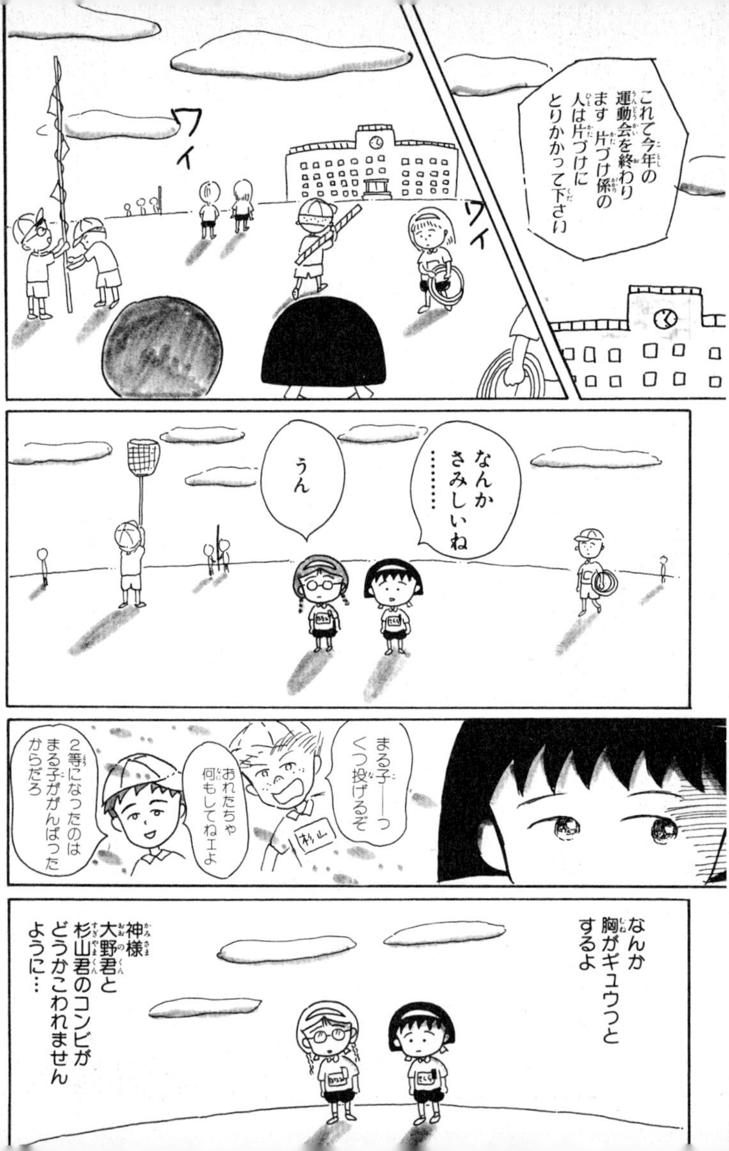
これで今年の
運動会を終わり
ます 片づけ係の
人は片づけに
とりかかって下さい
ワイ
ワイ
なんか
さみしいね
………
うん
まる子ーーっ
くつ投げるぞ
杉山
おれたちゃ
何もしてねエよ
2等になったのは
まる子ががんばった
からだろ
なんか
胸がギュウっと
するよ
神様
大野君と
杉山君のコンビが
どうかこわれません
ように…

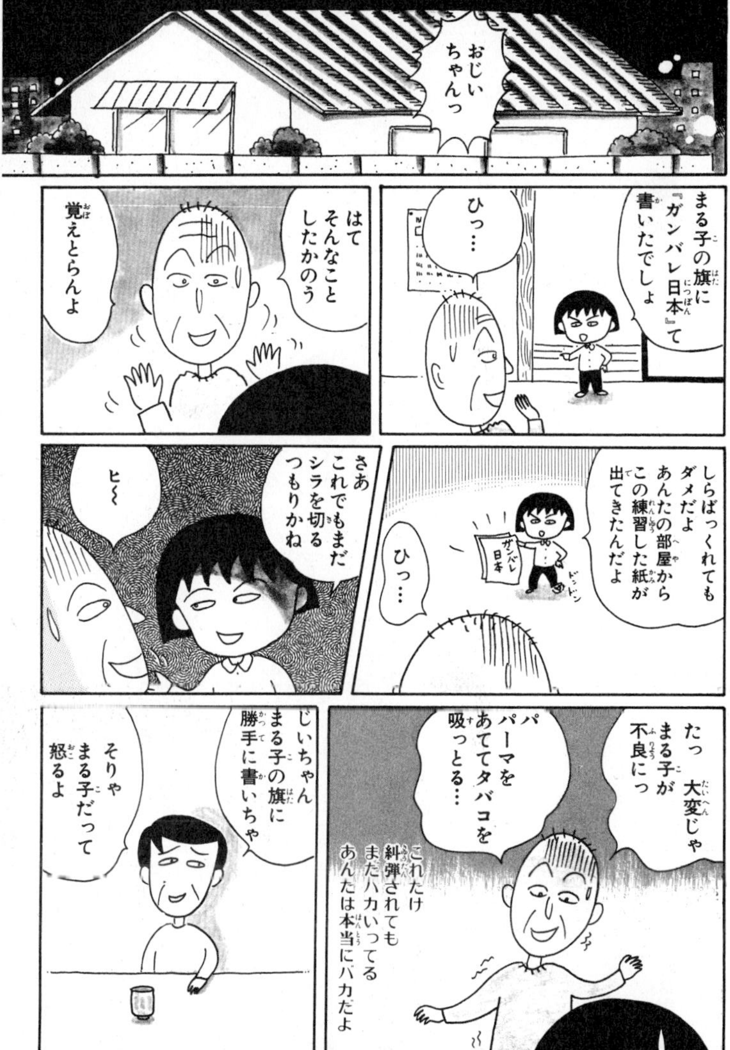
おじいちゃんっ
まる子の旗に『ガンバレ日本』て書いたでしょ
ひっ…
はて そんなこと したかのう
覚えとらんよ
しらばっくれても ダメだよ あんたの部屋から この練習した紙が 出てきたんだよ
ガンバレ日本
ひっ…
さあ これでもまだ シラを切る つもりかね
ヒ～
たっ 大変じゃ まる子が 不良にっ
パ パーマを あてて タバコを 吸っとる…
これだけ 糾弾されても また バカいってる あんたは本当にバカだよ
じいちゃん まる子の旗に 勝手に書いちゃ
そりゃ まる子だって 怒るよ

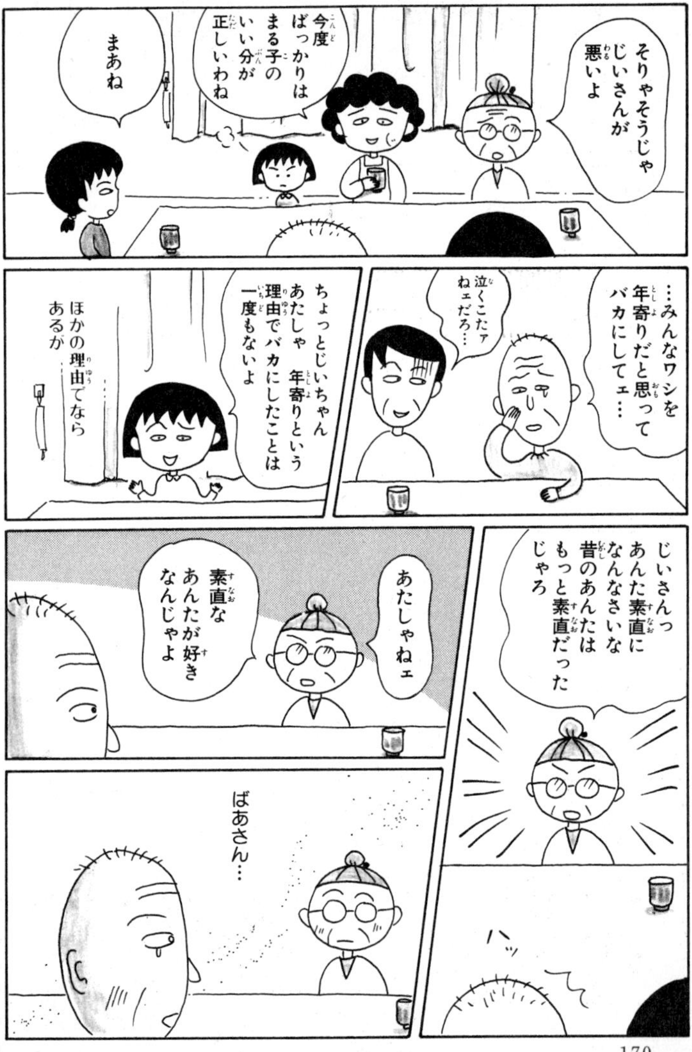
そりゃそうじゃ じいさんが悪いよ
今度ばっかりはまる子のいい分が正しいわね
まあね
…みんなワシを年寄りだと思ってバカにしてェ…
泣くこたァねェだろ…
ちょっとじいちゃん あたしゃ 年寄りという理由でバカにしたことは一度もないよ
ほかの理由でならあるが
じいさんっ あんた素直になんなさいな 昔のあんたはもっと素直だったじゃろ
ハッ
あたしゃねェ
素直なあんたが好きなんじゃよ
ばあさん…

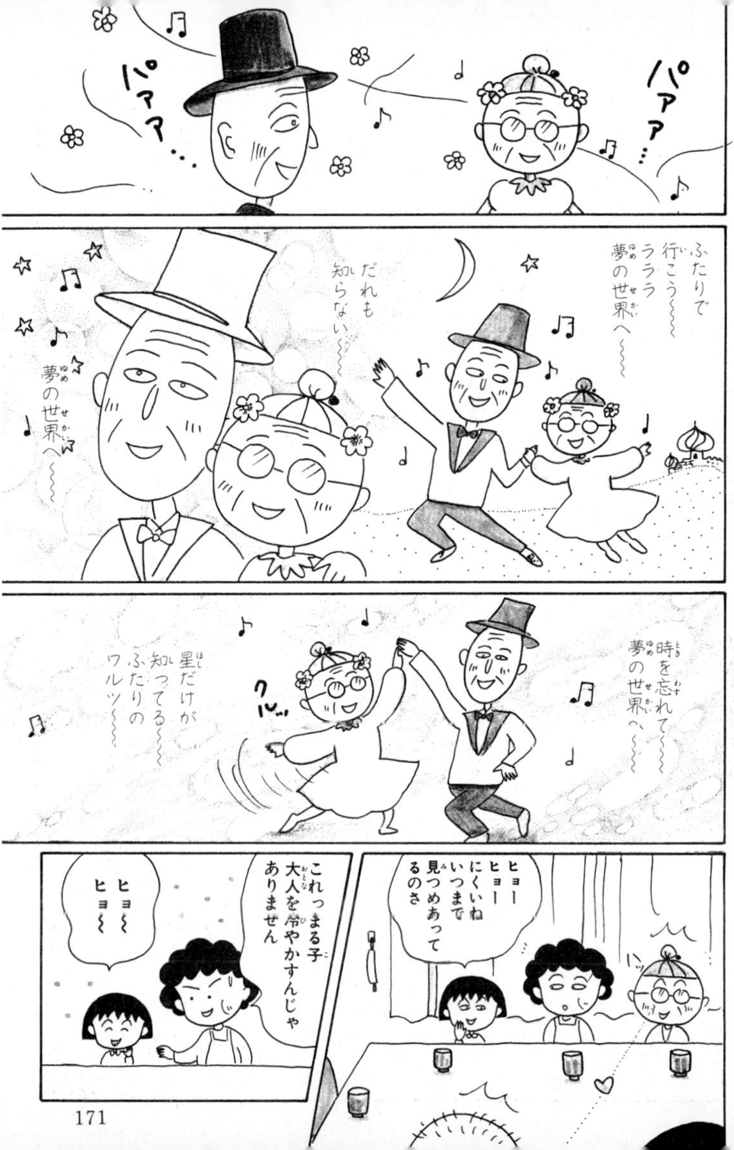
パアア…
パアア…
ふたりで行こう〜〜 ラララ 夢の世界へ〜〜〜
だれも知らない〜〜〜
夢の世界へ〜〜〜
時を忘れて〜〜 夢の世界へ〜〜
クルッ
星だけが知ってる〜〜 ふたりのワルツ〜〜
ヒョーヒョー にくいね いつまで見つめあってるのさ
ハッ
これっまる子 大人を冷やかすんじゃありません
ヒョ〜ヒョ〜

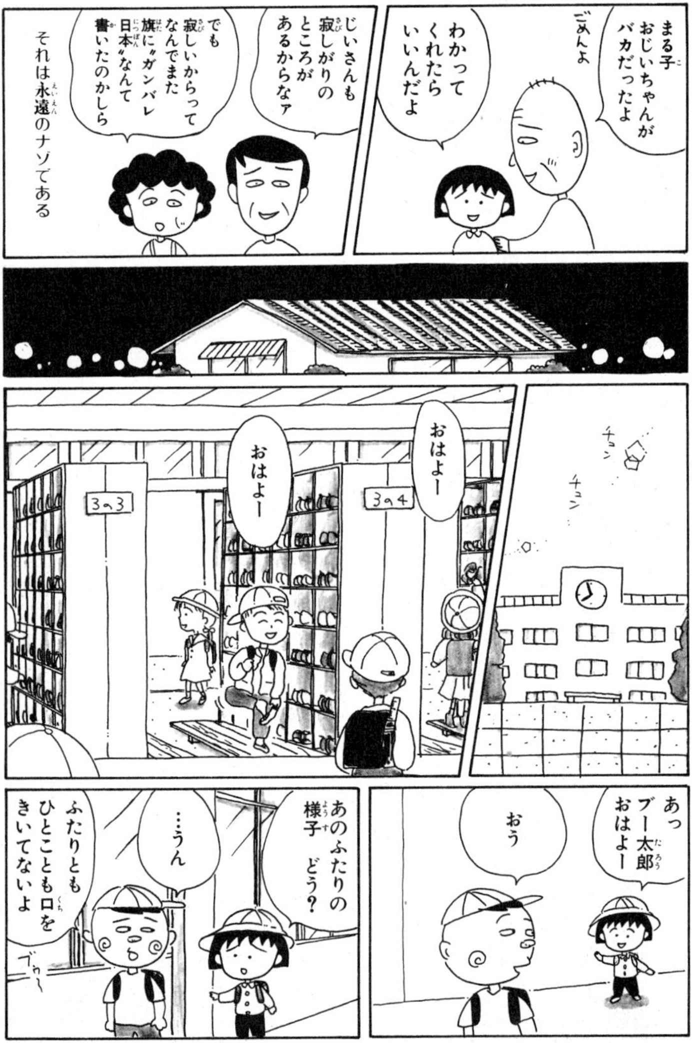
まる子
おじいちゃんが
バカだったよ
ごめんよ
わかって
くれたら
いいんだよ
じいさんも
寂しがりの
ところが
あるからなァ
でも
寂しいからって
なんでまた
旗に"ガンバレ
日本"なんて
書いたのかしら
それは永遠のナゾである
チュン
チュン
おはよー
おはよー
3の4
3の3
あっ
ブー太郎
おはよー
おう
あのふたりの
様子　どう?
…うん
ふたりとも
ひとことも口を
きいてないよ
ブゥ〜

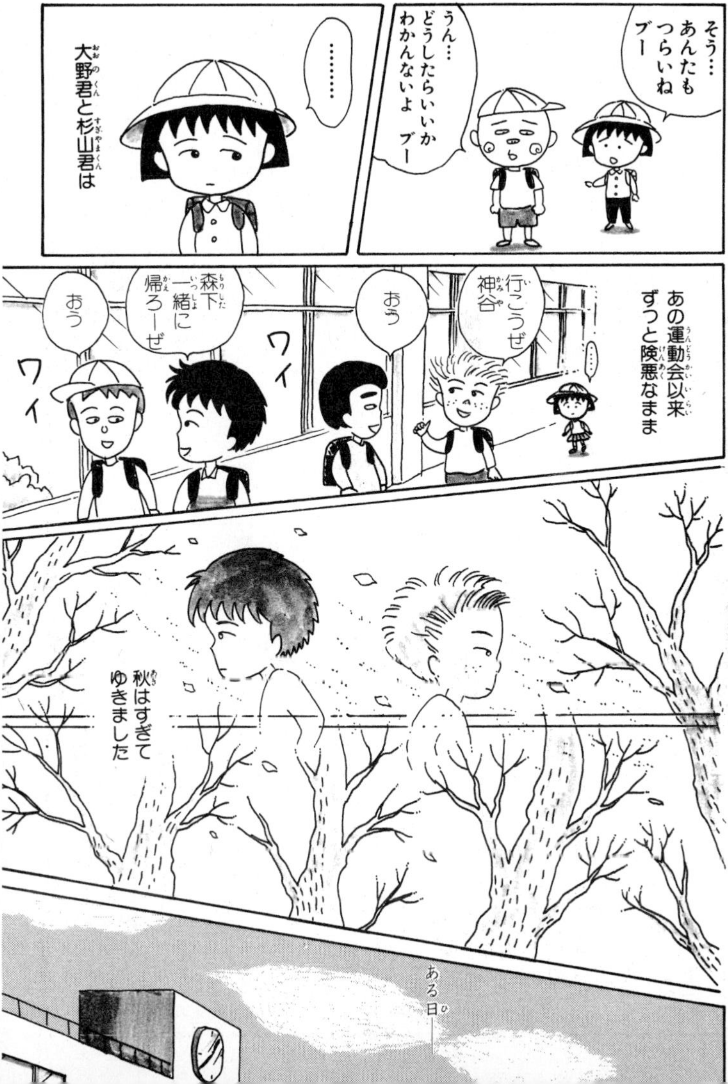
そう…
あんたも
つらいね
ブー
うん…
どうしたらいいか
わかんないよ ブー
…………
大野君と杉山君は
あの運動会以来
ずっと険悪なまま
……
行こうぜ
神谷
おう
森下
一緒に
帰ろーぜ
おう
ワイ
ワイ
秋はすぎて
ゆきました
ある日——

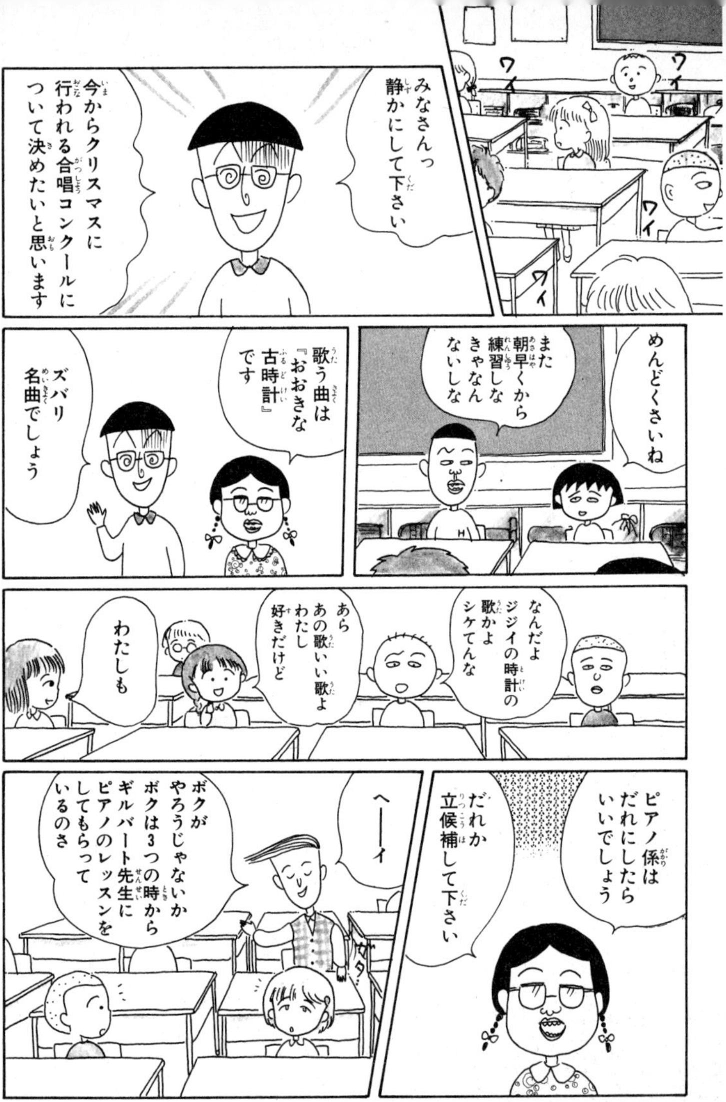
ワイ
ワイ
ワイ
ワイ
みなさんっ 静かにして下さい
今からクリスマスに 行われる合唱コンクールに ついて決めたいと思います
めんどくさいね
また 朝早くから 練習しな きゃなん ないしな
歌う曲は 『おおきな 古時計』 です
ズバリ 名曲でしょう
なんだよ ジジイの時計の 歌かよ シケてんな
あら あの歌いい歌よ わたし 好きだけど
わたしも
ピアノ係は だれにしたら いいでしょう
だれか 立候補して下さい
へーーイ
ガタ…
ボクが やろうじゃないか ボクは3つの時から ギルバート先生に ピアノのレッスンを してもらって いるのさ

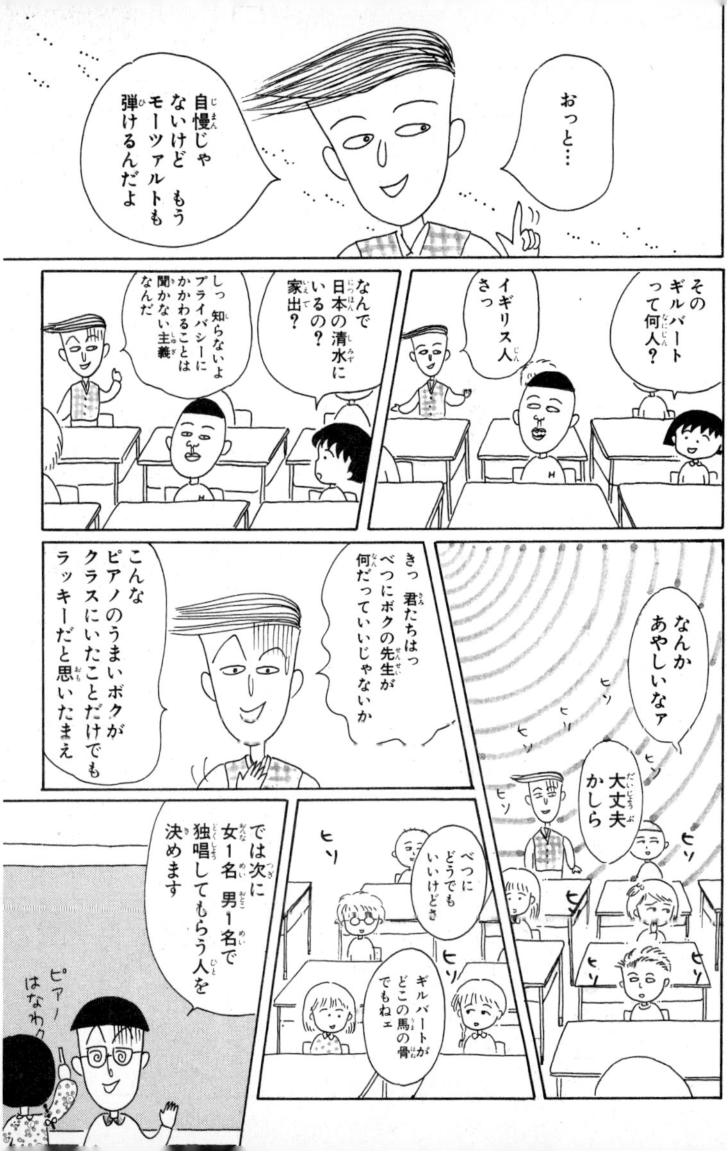
おっと…
自慢じゃ ないけど もう モーツァルトも 弾けるんだよ
その ギルバート って何人？
イギリス人 さっ
なんで 日本の清水に いるの？ 家出？
しっ 知らないよ プライバシーに かかわることは 聞かない主義 なんだ
なんか あやしいなァ
大丈夫 かしら
ヒソ ヒソ ヒソ ヒソ
きっ 君たちはっ べつにボクの先生が 何だっていいじゃないか
こんな ピアノのうまいボクが クラスにいたことだけでも ラッキーだと思いたまえ
べつに どうでも いいけどさ
ギルバートが どこの馬の骨 でもねェ
ヒソ ヒソ
では次に 女1名 男1名で 独唱してもらう人を 決めます
ピアノ はなわク

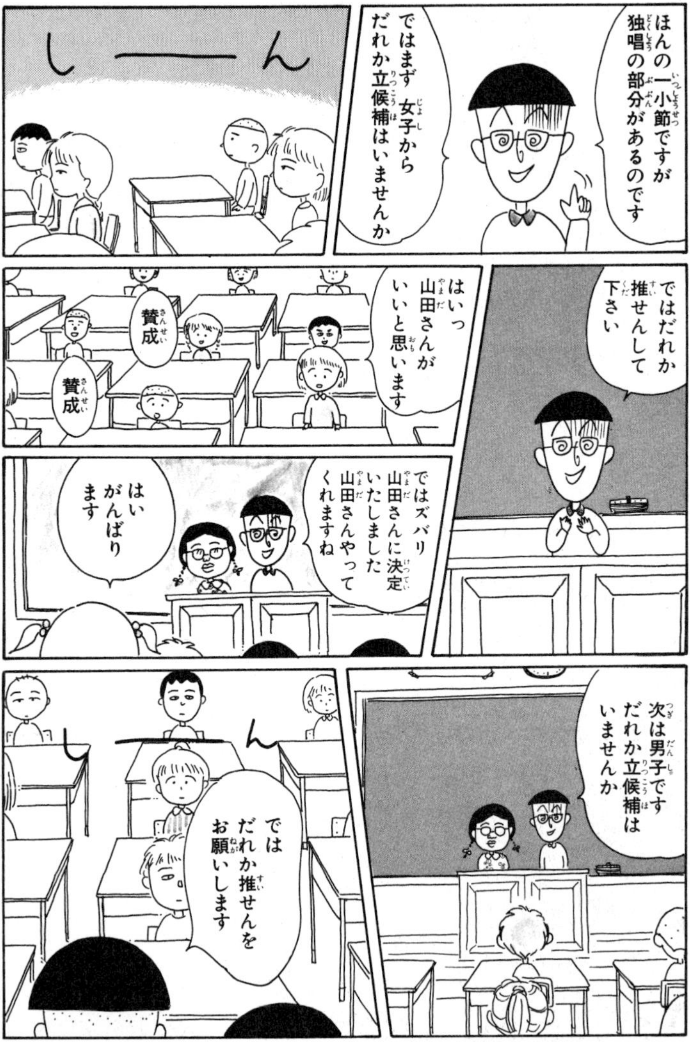
ほんの一小節ですが
独唱の部分があるのです
ではまず 女子から
だれか立候補はいませんか
しーーん
ではだれか
推せんして
下さい
はいっ
山田さんが
いいと思います
賛成
賛成
ではズバリ
山田さんに決定
いたしました
山田さんやって
くれますね
はい
がんばり
ます
次は男子です
だれか立候補は
いませんか
しーん
では
だれか推せんを
お願いします

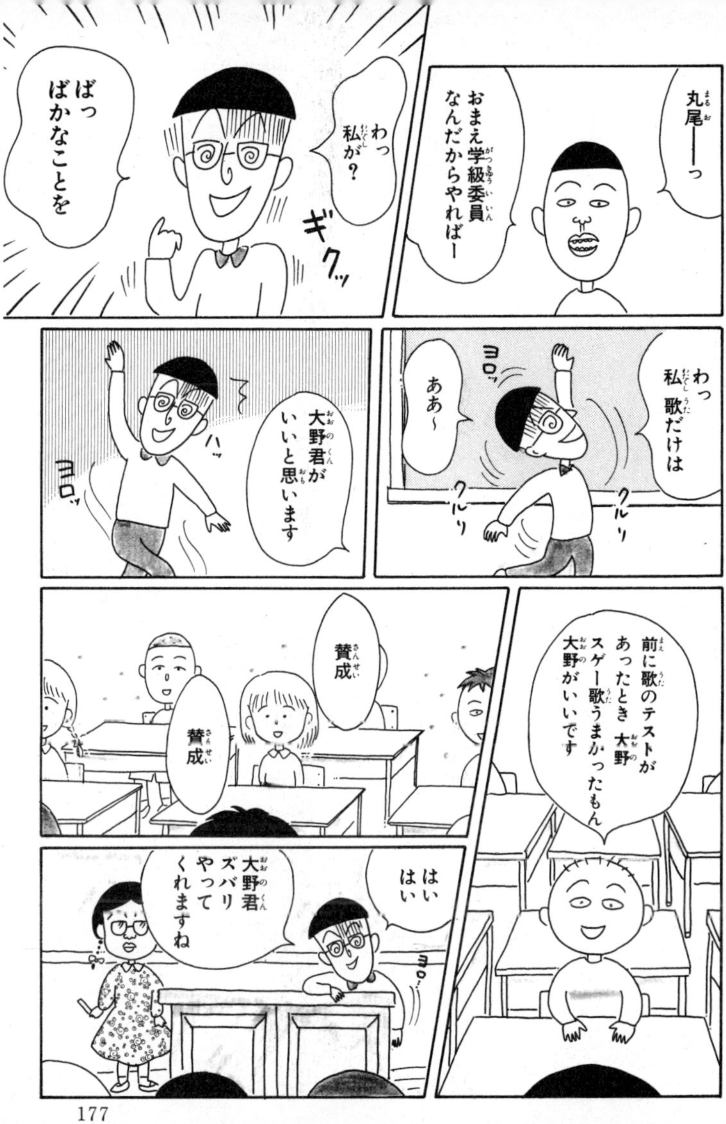
丸尾——っ
おまえ学級委員なんだからやればー
わっ 私が？
ギクッ
ばっ ばかなことを
わっ 私 歌だけは
ヨロッ
ああ～
クルリ
クルリ
大野君がいいと思います
ハッ
ヨロッ
前に歌のテストがあったとき 大野スゲー歌うまかったもん 大野がいいです
賛成
賛成
はい はい
大野君ズバリやってくれますね
ヨロ…

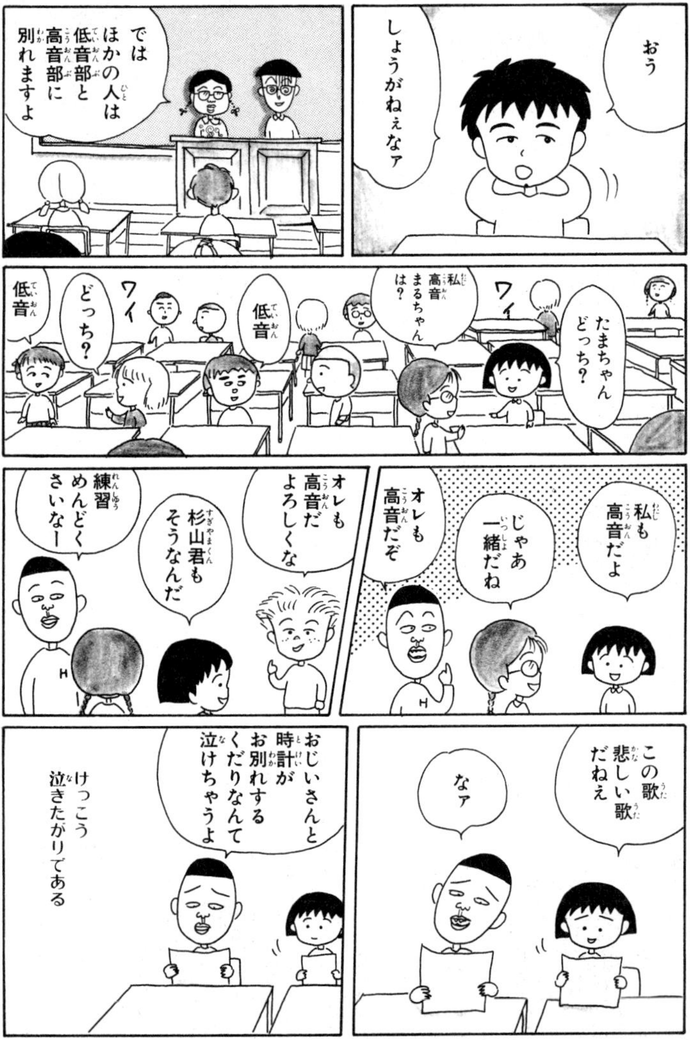
おう
しょうがねぇなァ
ではほかの人は低音部と高音部に別れますよ
たまちゃんどっち?
私高音まるちゃんは?
ワイ
低音
どっち?
ワイ
低音
私も高音だよ
じゃあ一緒だね
オレも高音だぞ
オレも高音だよろしくな
杉山君もそうなんだ
練習めんどくさいなー
この歌悲しい歌だねえ
なァ
おじいさんと時計がお別れするくだりなんて泣けちゃうよ
けっこう泣きたがりである

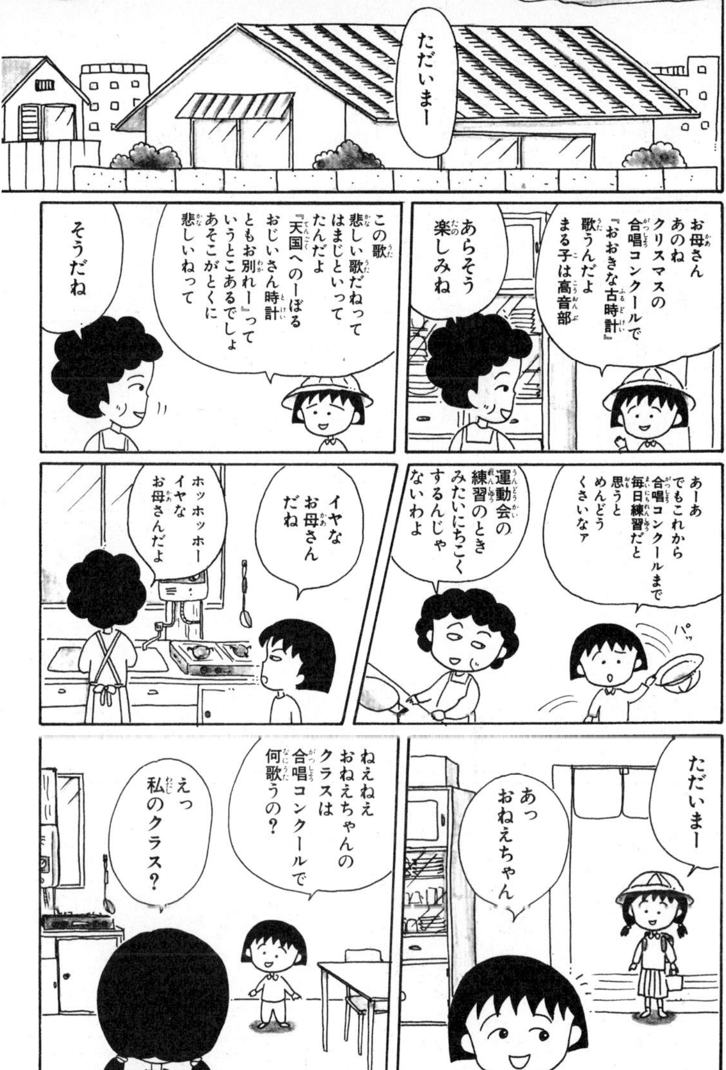

ただいまー
お母さん あのね クリスマスの 合唱コンクールで 『おおきな古時計』 歌うんだよ まる子は高音部
あらそう 楽しみね
この歌 悲しい歌だねって はまじといってたんだよ 『天国へのーぼる おじいさん時計 ともお別れー』って いうとこあるでしょ あそこがとくに 悲しいねって
そうだね
あーあ でもこれから 合唱コンクールまで 毎日練習だと 思うと めんどうくさいなァ
パッ
運動会の 練習のとき みたいにちこく するんじゃ ないわよ
イヤな お母さん だね
ホッホッホー イヤな お母さんだよ
ただいまー
あっ おねえちゃん
ねえねえ おねえちゃんの クラスは 合唱コンクールで 何歌うの？
えっ 私のクラス？

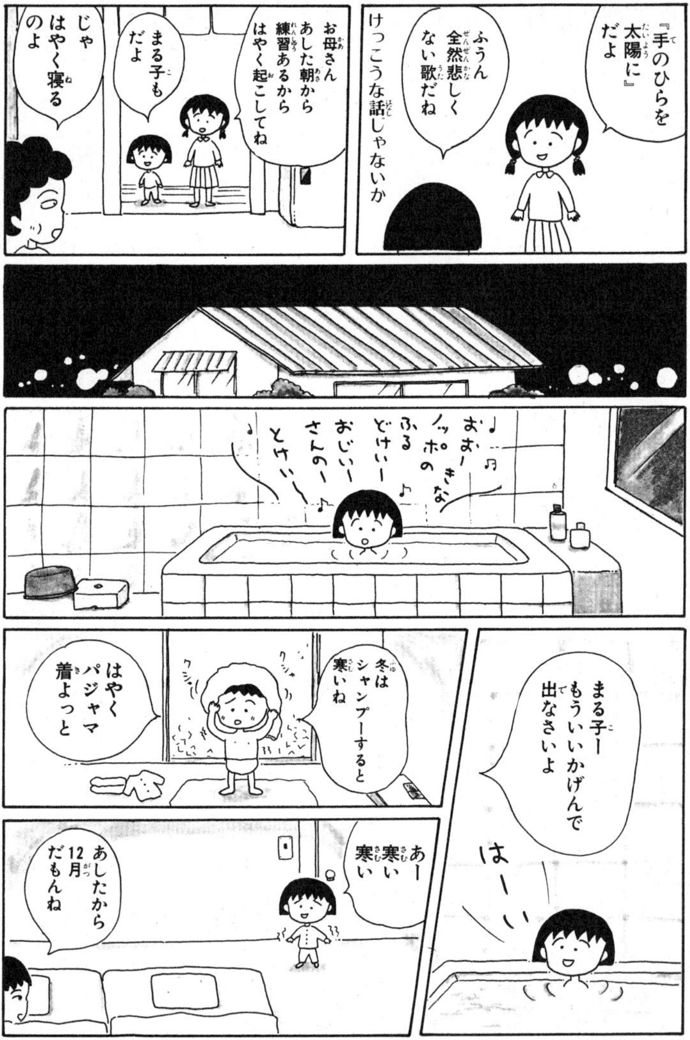

『手のひらを太陽に』だよ
ふうん 全然悲しくない歌だね
けっこうな話じゃないか
お母さん あした朝から練習あるからはやく起こしてね
まる子もだよ
じゃ はやく寝るのよ
おおきなノッポのふるどけいー おじいーさんのー とけいー
まる子ー もういいかげんで出なさいよ
はーい
冬はシャンプーすると寒いね
クシャ
はやくパジャマ着よっと
あー寒い寒い
あしたから12月だもんね

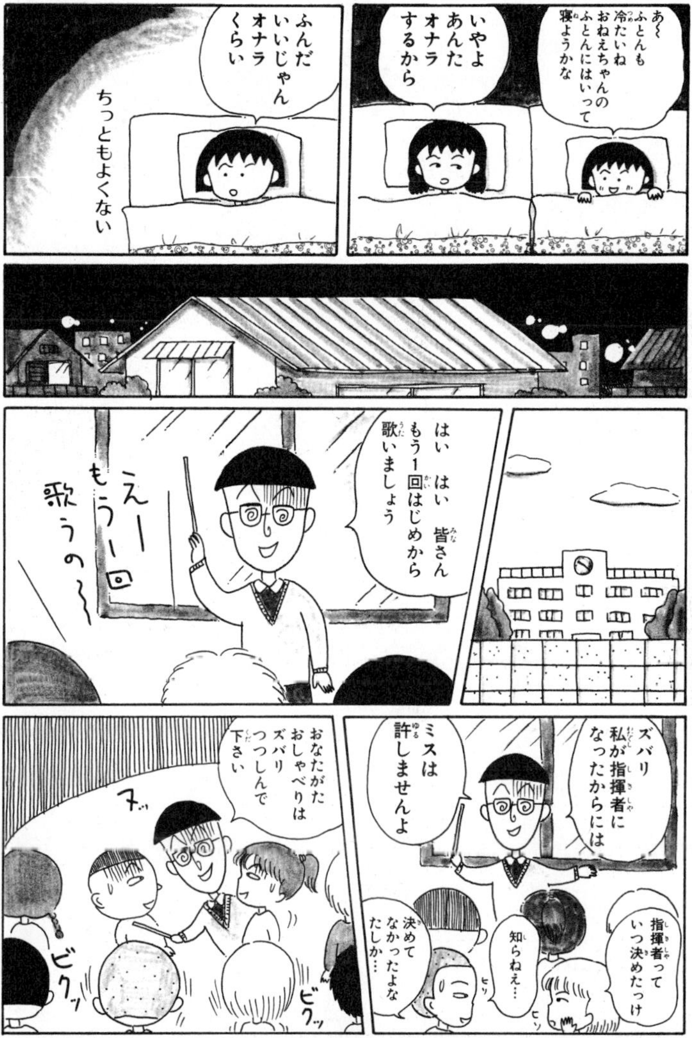
あ～ふとんも冷たいね おねえちゃんのふとんにはいって寝ようかな
いやよ あんた オナラ するから
ふんだ いいじゃん オナラくらい
ちっともよくない
はい はい 皆さん もう1回はじめから 歌いましょう
えーもう1回歌うの～
ズバリ 私が指揮者になったからには
ミスは許しませんよ
指揮者っていつ決めたっけ
知らねえ…
決めてなかったよな たしか…
ヒソ
ヒソ
おなたがた おしゃべりは ズバリ つつしんで 下さい
ヌッ
ビクッ
ビクッ

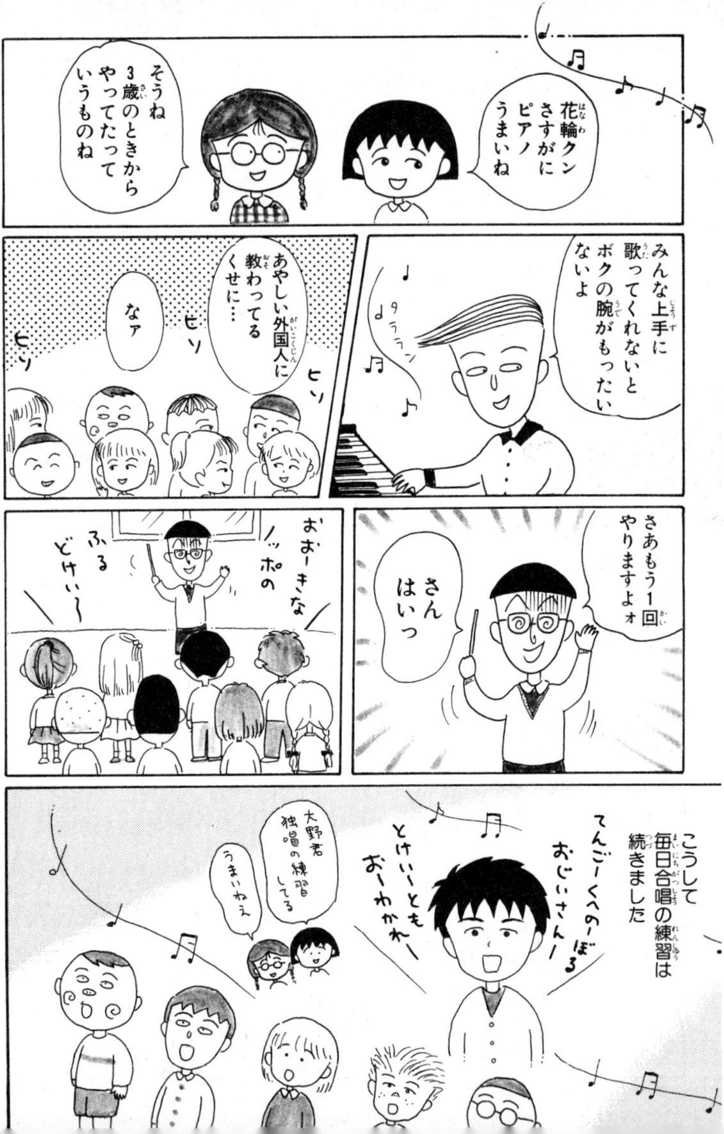
花輪クン さすがに ピアノ うまいね
そうね 3歳のときから やってたって いうものね
みんな上手に 歌ってくれないと ボクの腕がもったいないよ
タラララン
あやしい外国人に 教わってる くせに…
なァ
ヒソ
ヒソ
ヒソ
さあもう1回 やりますよォ
さん はいっ
おおーきな ノッポの
ふる どけいい〜
こうして 毎日合唱の練習は 続きました
てんごーくへのーぼる おじいさんー
とけいーとも おーわかれー
大野君 独唱の練習 してる
うまいねえ

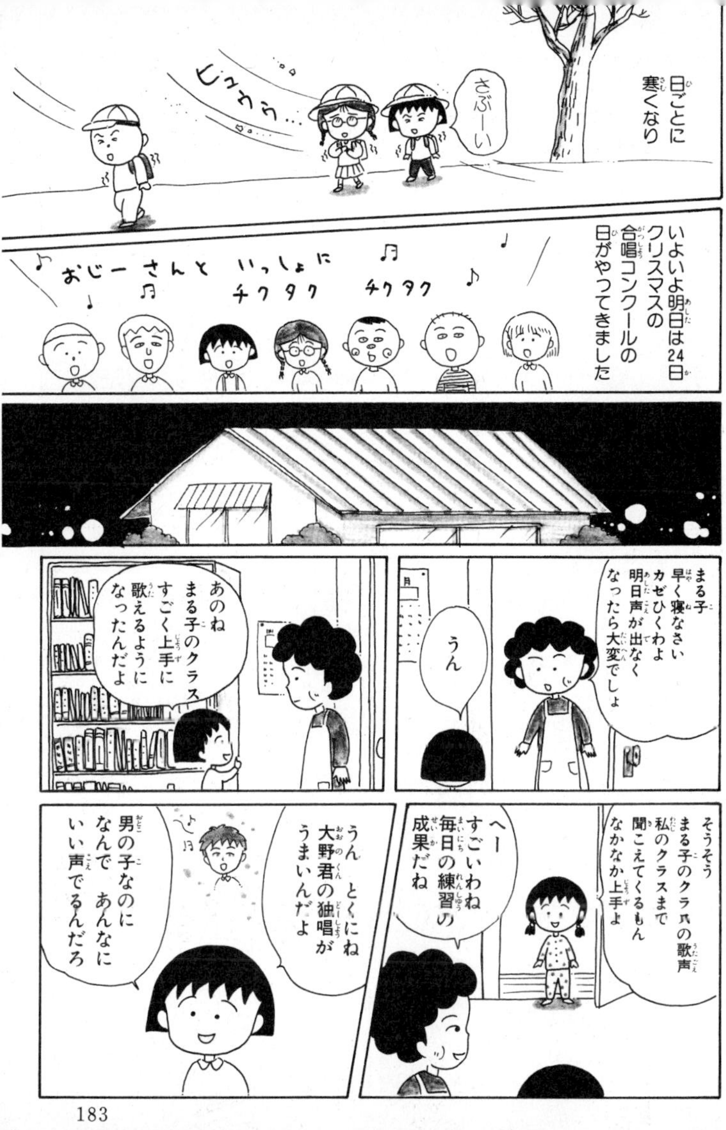
日ごとに寒くなり
さぶーい
ヒュウウ…
いよいよ明日は24日
クリスマスの合唱コンクールの日がやってきました
おじーさんと いっしょに チクタク チクタク
まる子 早く寝なさい カゼひくわよ 明日声が出なくなったら大変でしょ
うん
あのね まる子のクラス すごく上手に歌えるようになったんだよ
そうそう まる子のクラスの歌声 私のクラスまで聞こえてくるもん なかなか上手よ
へー すごいわね 毎日の練習の成果だね
うん とくにね 大野君の独唱がうまいんだよ
男の子なのに なんで あんなに いい声でるんだろ

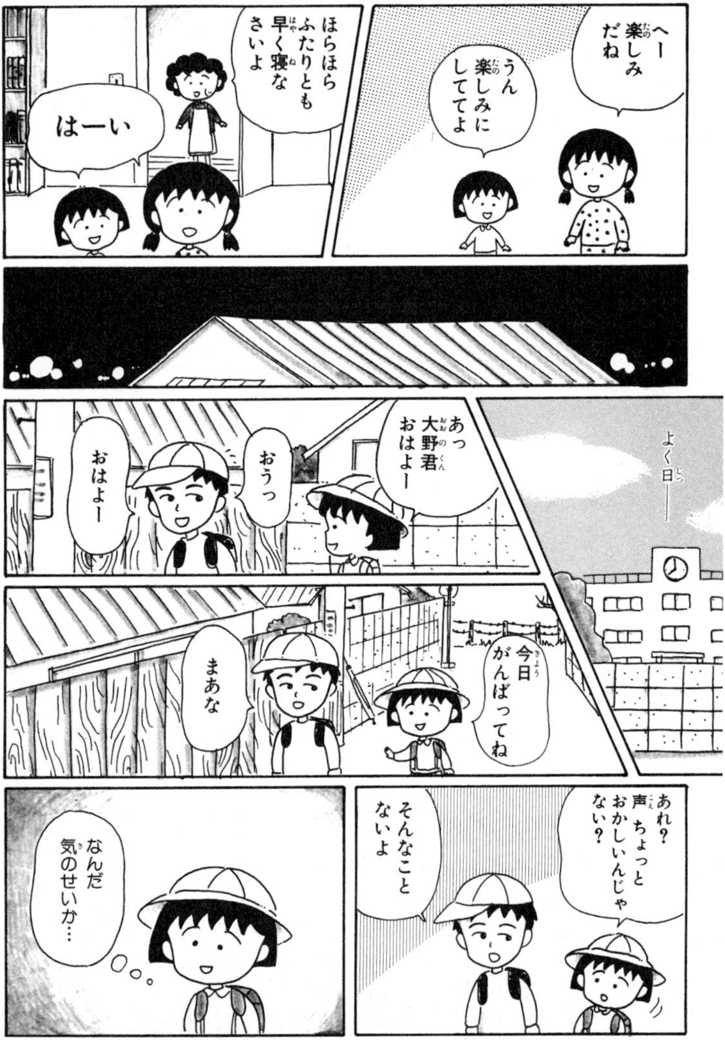
へー楽しみだね
うん楽しみにしててよ
ほらほらふたりとも早く寝なさいよ
はーい
よく日――
あっ大野君おはよー
おうっ
おはよー
今日がんばってね
まあな
あれ？声ちょっとおかしいんじゃない？
そんなことないよ
なんだ気のせいか…

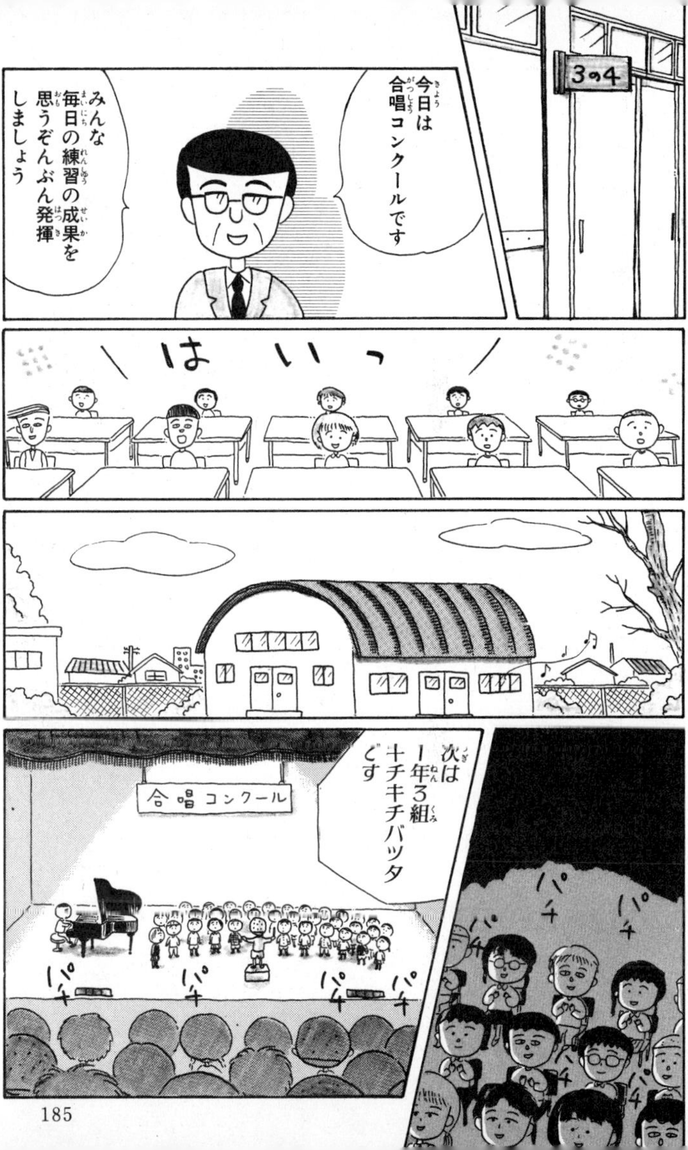
3の4
今日は合唱コンクールです
みんな毎日の練習の成果を思うぞんぶん発揮しましょう
はいっ
次は1年3組キチキチバッタです
合唱コンクール
パチ
パチ
パチ
パチ
パチ
パチ
パチ
パチ
パチ

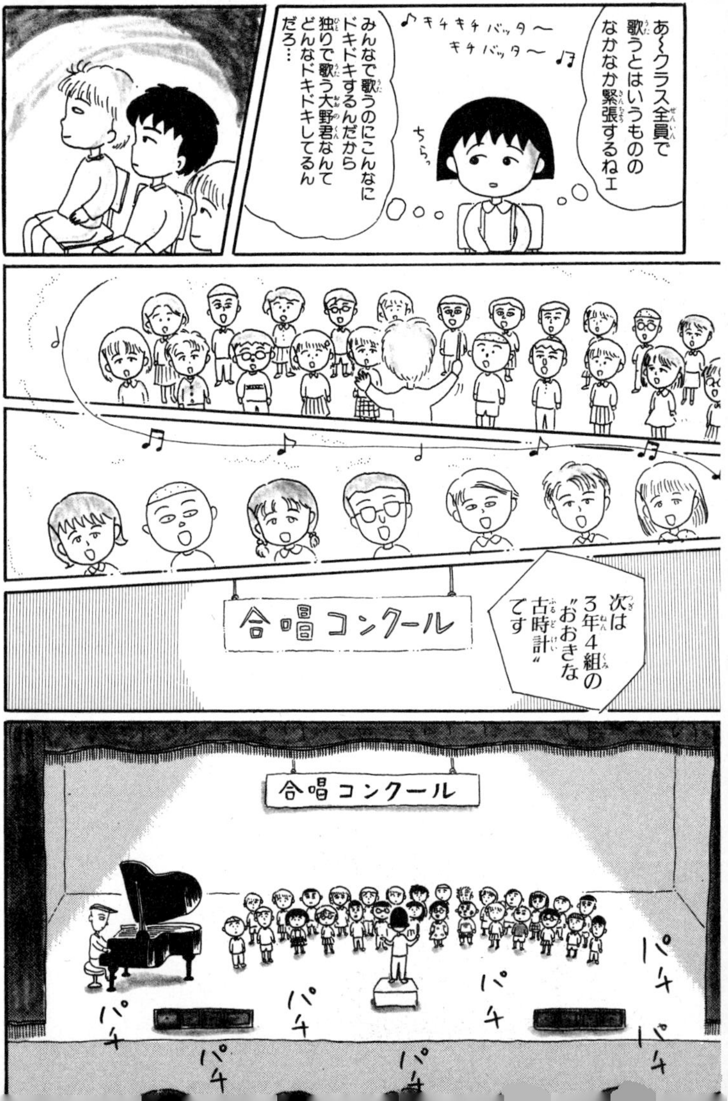

あ〜クラス全員で歌うとはいうもののなかなか緊張するねエ
♪キチキチバッタ〜 キチバッタ〜♫
ちらっ
みんなで歌うのにこんなにドキドキするんだから独りで歌う大野君なんてどんなドキドキしてるんだろ…
合唱コンクール
次は3年4組の〝おおきな古時計〟です
合唱コンクール
パチ パチ パチ パチ パチ パチ パチ パチ

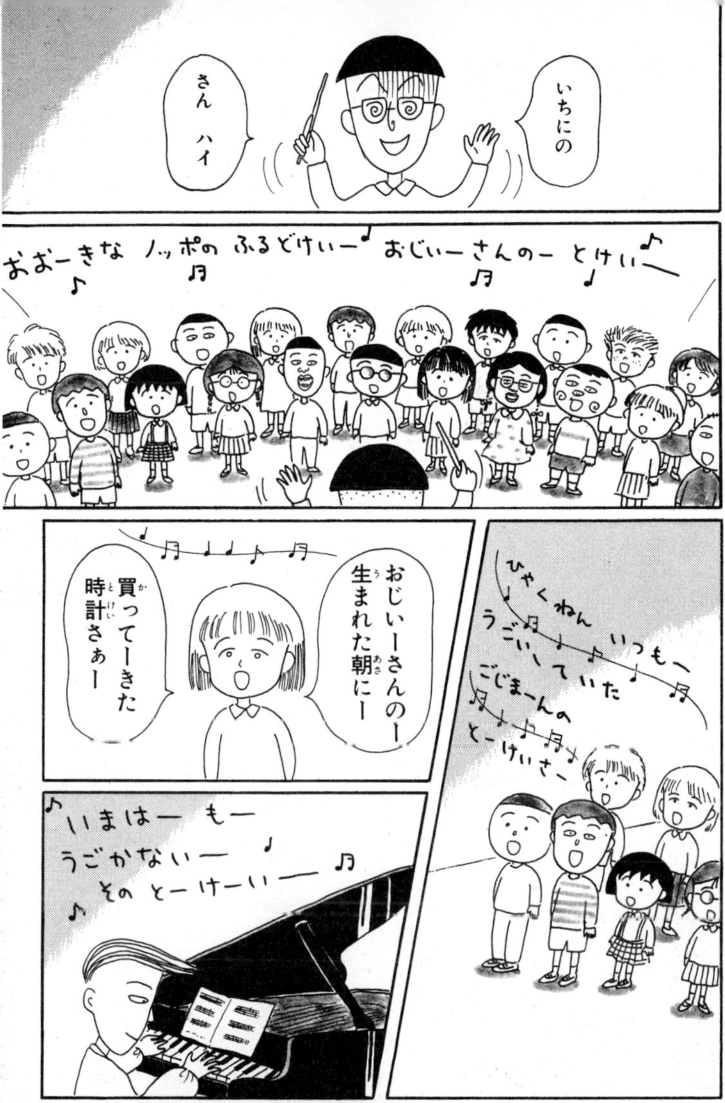
いちにの
さん　ハイ
おおーきな　ノッポの　ふるどけいー　おじいーさんのー　とけいー
おじいーさんのー生まれた朝にー
買ってーきた時計さぁー
ひゃくねん　いつもー　うごいていた
ごじまーんの　とーけいさー
いまはー　もー　うごかないー　その　とーけーいー

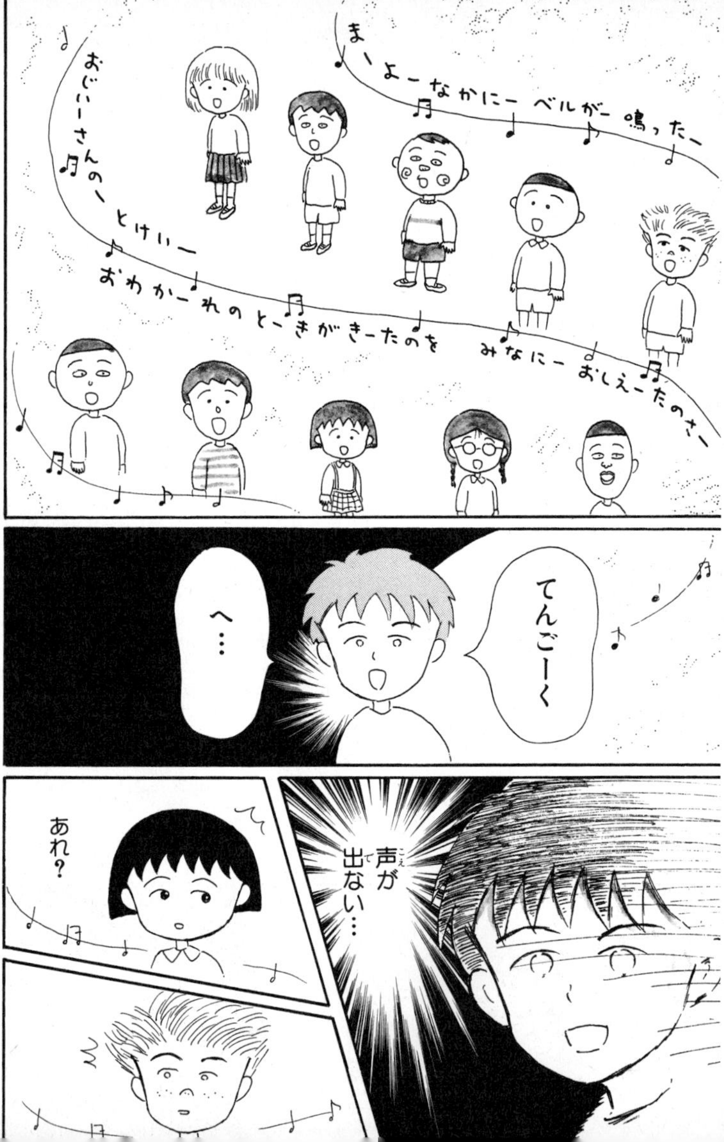
まーよーなかにー ベルがー鳴ったー
おじいーさんのー とけいー
おわかーれのとーきがきーたのを みなにー おしえーたのさー
てんごーく
へ…
声が出ない…
あれ？

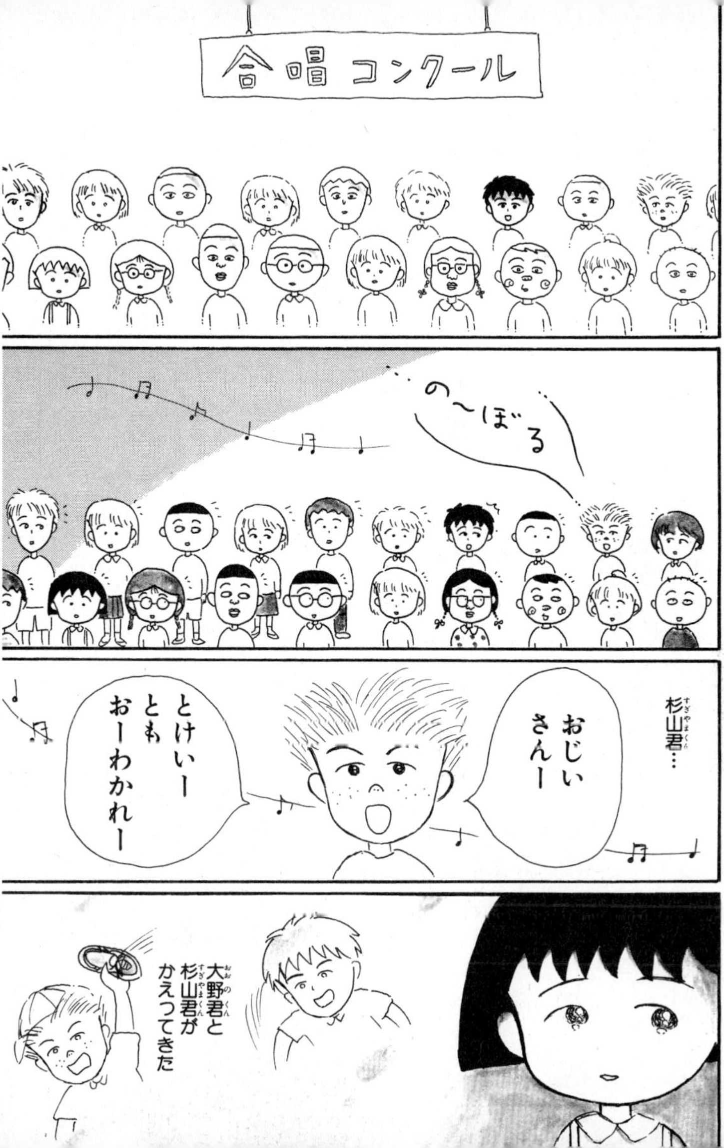
合唱コンクール
の〜ぼる
杉山君…
おじいさんー
とけいーともおーわかれー
大野君と杉山君がかえってきた

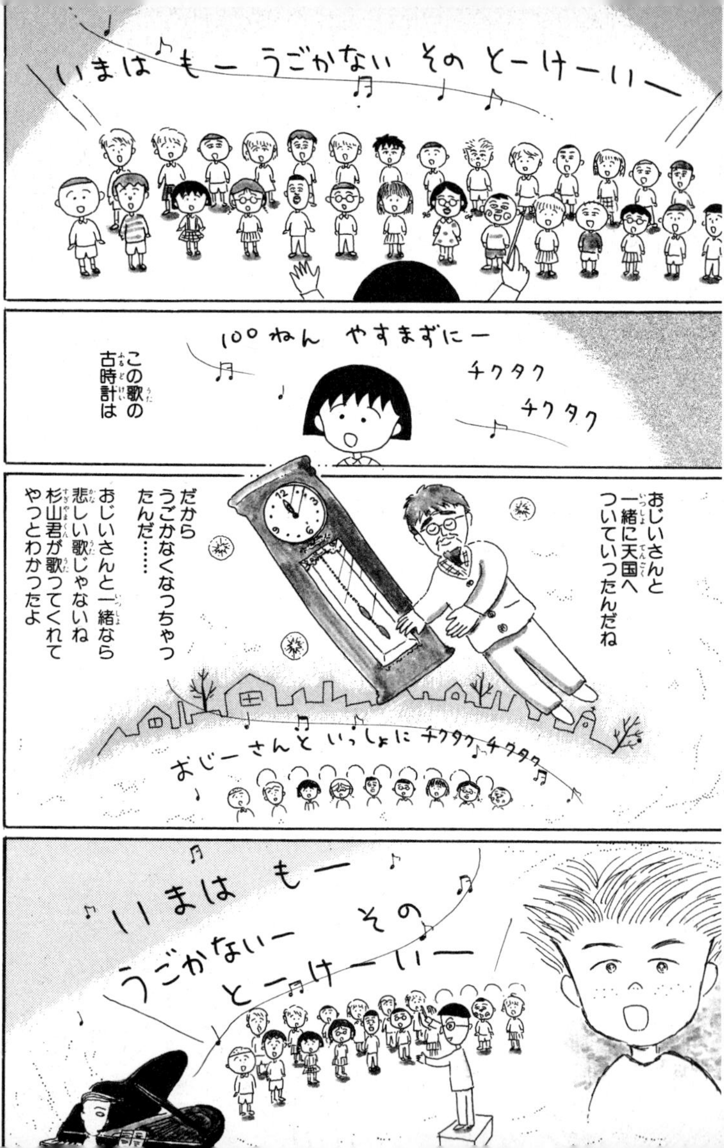
いまは もー うごかない その とーけーいー
100ねん やすまずにー
チクタク
チクタク
この歌の古時計は
おじいさんと一緒に天国へついていったんだね
だからうごかなくなっちゃったんだ……
おじいさんと一緒なら悲しい歌じゃないね杉山君が歌ってくれてやっとわかったよ
おじーさんと いっしょに チクタク チクタク
いまは もー うごかないー その とーけーいー

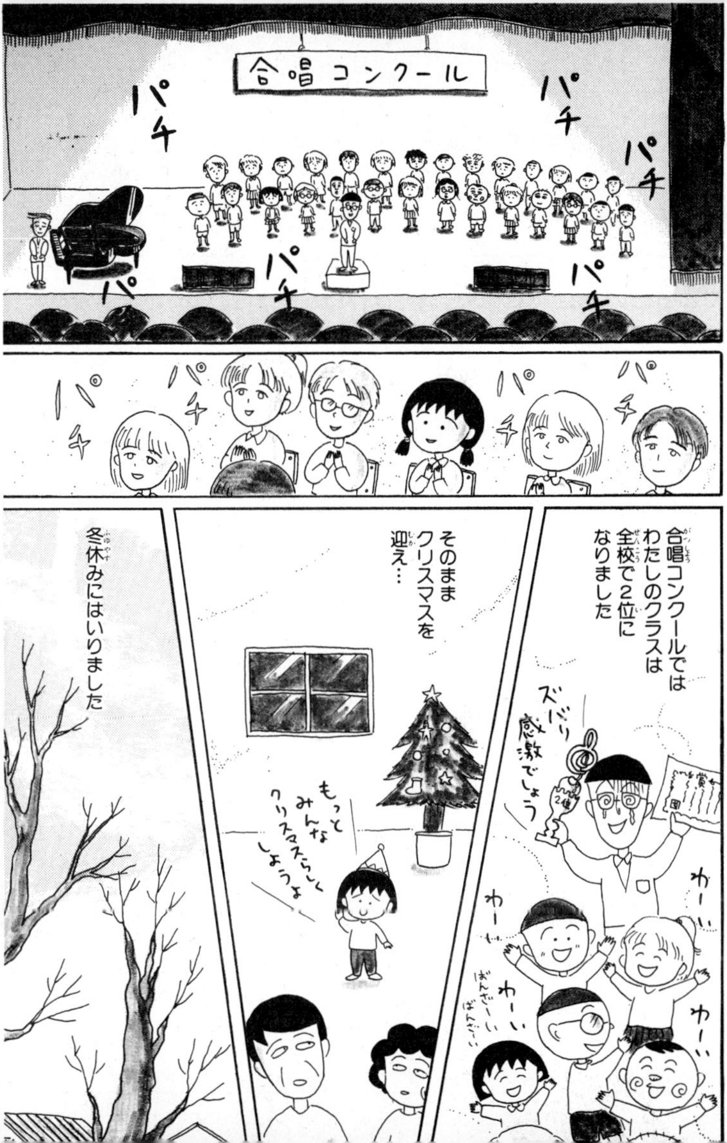
合唱コンクール
パチ
パチ
パチ
パチ
パチ
パ
パ
パ
パ
パ
合唱コンクールでは
わたしのクラスは
全校で2位に
なりました
ズバリ感激でしょう
わーい
わーい
わーい
ばんざーい
ばんざーい
わーい
そのまま
クリスマスを
迎え…
もっと
みんな
クリスマスらしく
しようよ
冬休みにはいりました

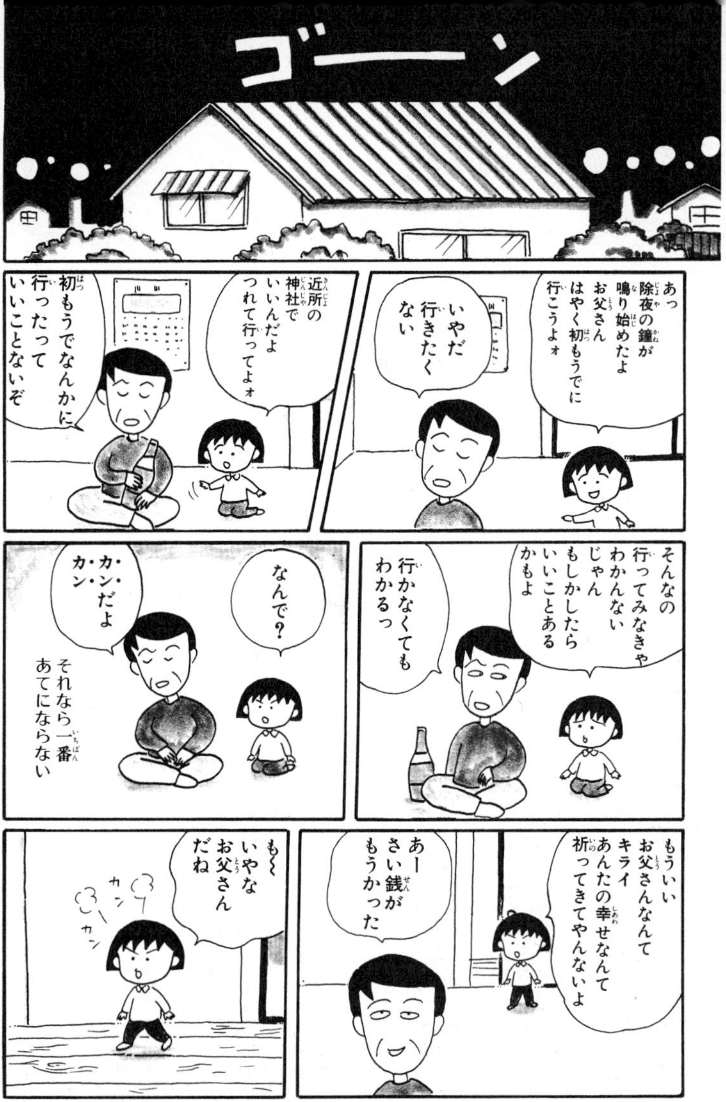
ゴーーン
あっ 除夜の鐘が鳴り始めたよ お父さん はやく初もうでに行こうよォ
いやだ 行きたくない
近所の神社でいいんだよ つれて行ってよォ
初もうでなんかに行ったって いいことないぞ
そんなの行ってみなきゃわかんないじゃん もしかしたらいいことあるかもよ
行かなくてもわかるっ
なんで？
カンだよ カン
それなら一番あてにならない
もういい お父さんなんてキライ あんたの幸せなんて祈ってきてやんないよ
あー さい銭がもうかった
も〜 いやなお父さんだね
カン
カン

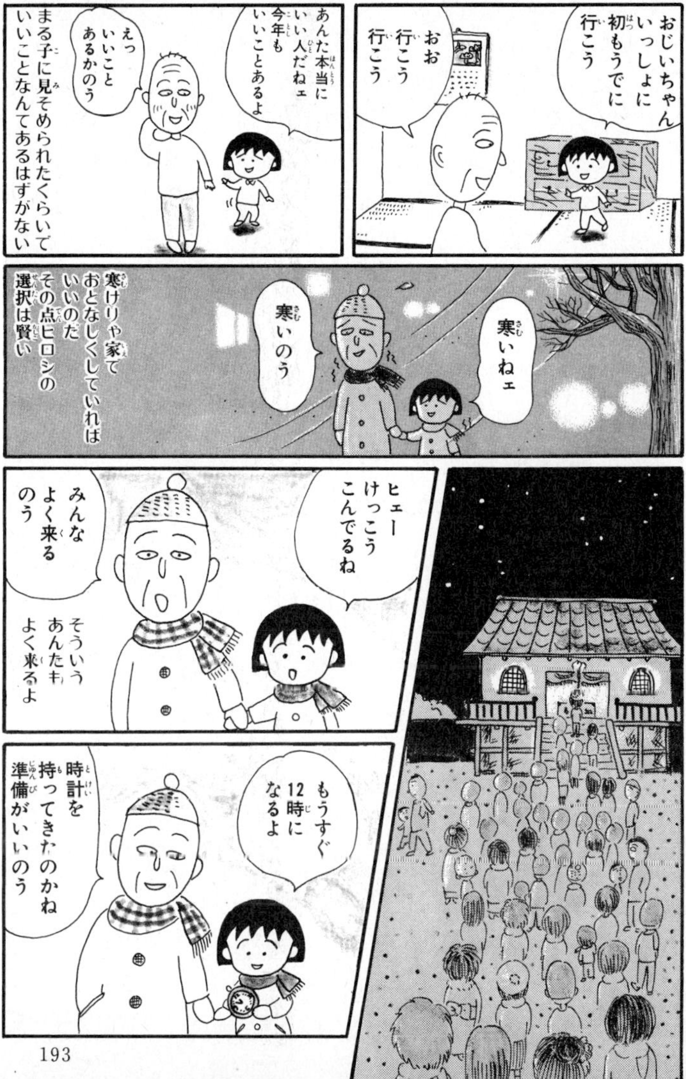
おじいちゃん いっしょに初もうでに行こう
おお 行こう 行こう
あんた本当にいい人だねェ 今年もいいことあるよ
えっ いいことあるかのう
まる子に見そめられたくらいでいいことなんてあるはずがない
寒いねェ
寒いのう
寒けりゃ家でおとなしくしていればいいのだ その点ヒロシの選択は賢い
ヒエー けっこうこんでるね
みんなよく来るのう
そういうあんたもよく来るよ
もうすぐ12時になるよ
時計を持ってきたのかね 準備がいいのう

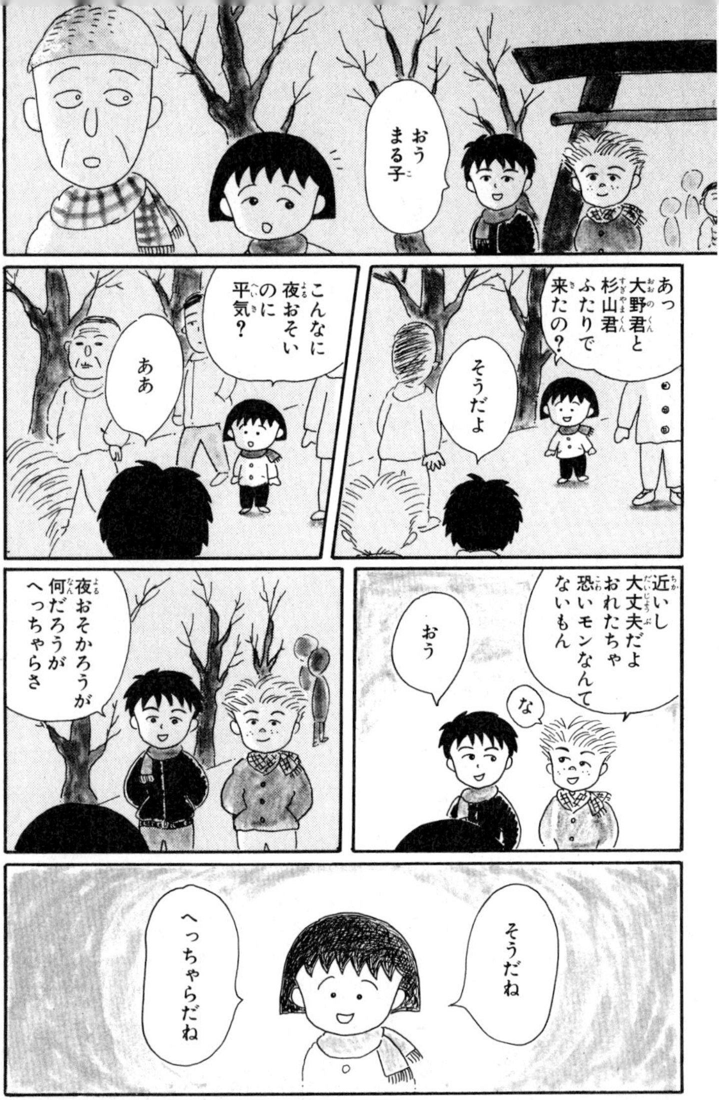
おう
まる子
あっ
大野君と
杉山君
ふたりで
来たの？
そうだよ
こんなに
夜おそい
のに
平気？
ああ
近いし
大丈夫だよ
おれたちゃ
恐いモンなんて
ないもん
な
おう
夜おそかろうが
何だろうが
へっちゃらさ
そうだね
へっちゃらだね

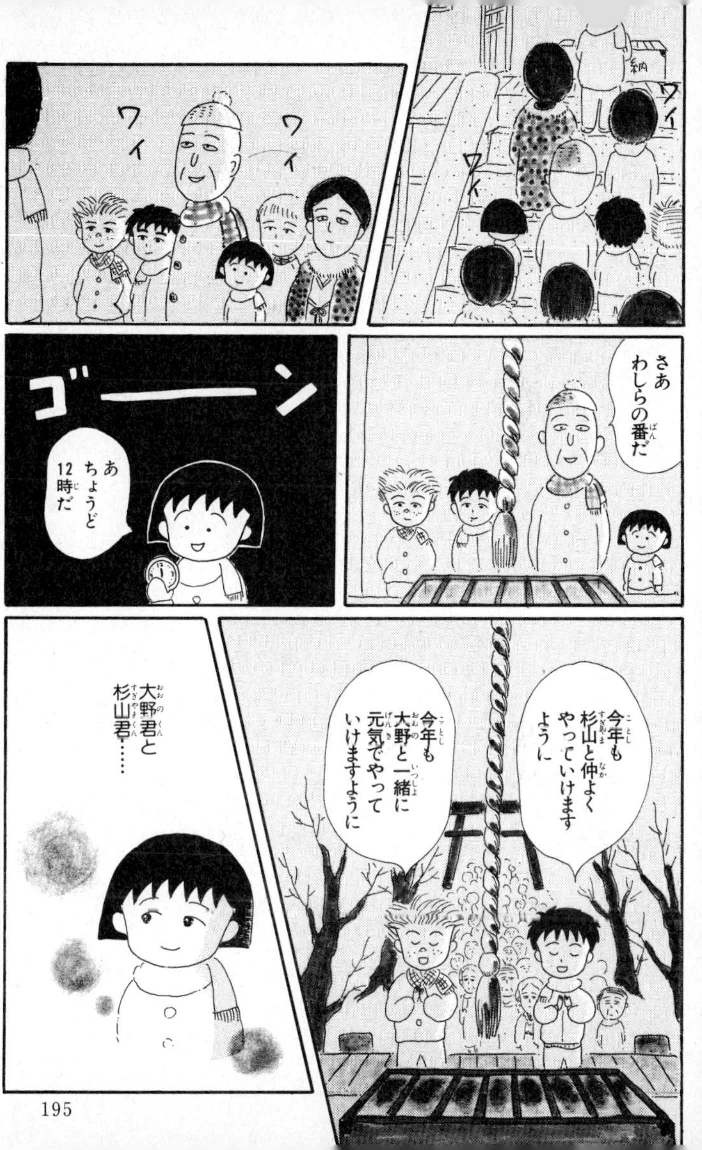
ワイ
ワイ
ワイ
ワイ
さあ
わしらの番だ
ゴーーーン
あ
ちょうど
12時だ
今年も
杉山と仲よく
やっていけます
ように
今年も
大野と一緒に
元気でやって
いけますように
大野君と
杉山君……

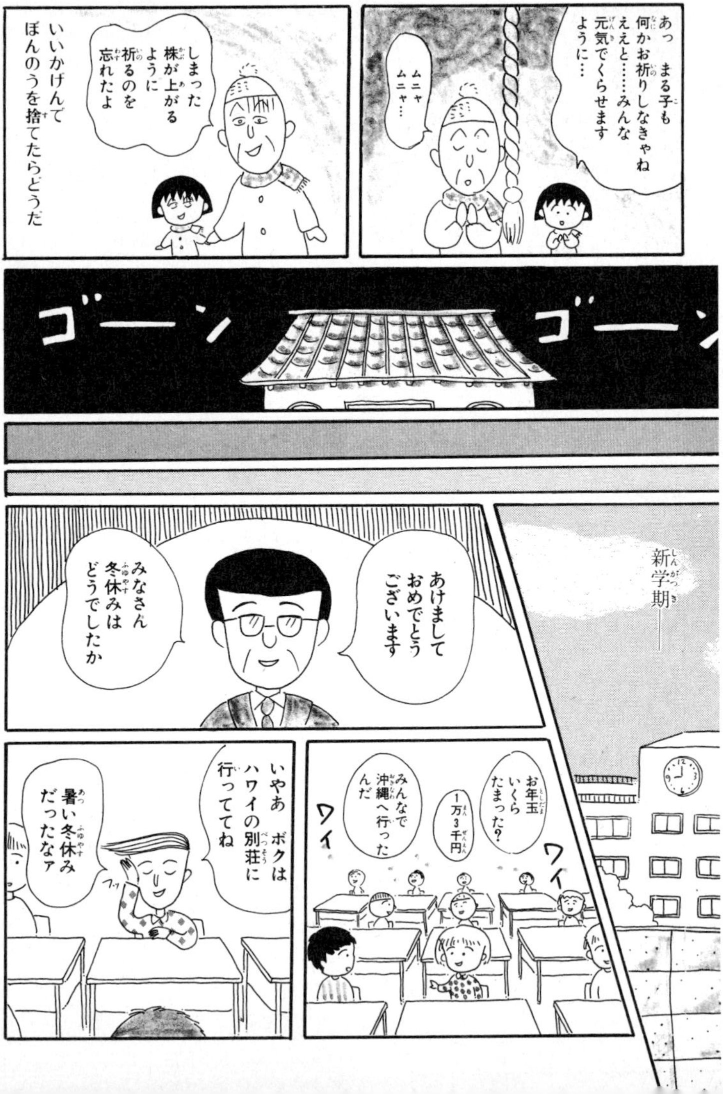
あっ まる子も何かお祈りしなきゃね
ええと……みんな元気でくらせますように…
ムニャムニャ…
しまった株が上がるように祈るのを忘れたよ
いいかげんでぼんのうを捨てたらどうだ
ゴーン
ゴーン
新学期――
あけましておめでとうございます
みなさん冬休みはどうでしたか
ワイ
ワイ
お年玉いくらたまった?
1万3千円
みんなで沖縄へ行ったんだ
いやあ ボクはハワイの別荘に行っててね
フッ
暑い冬休みだったなァ

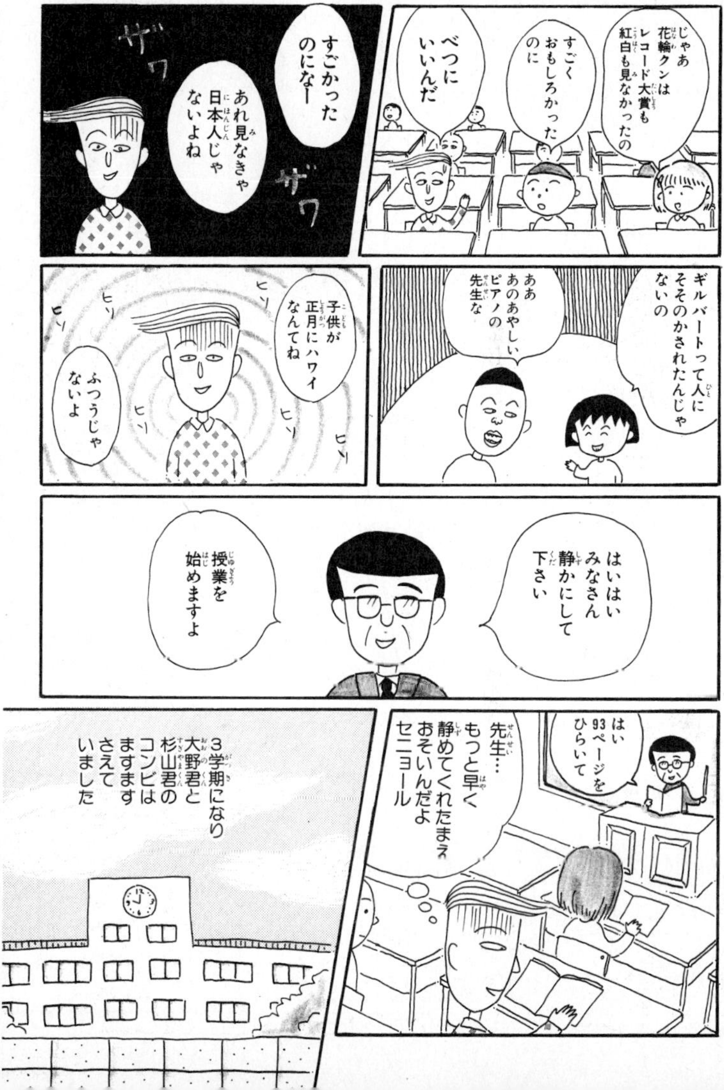
じゃあ花輪クンはレコード大賞も紅白も見なかったの
すごくおもしろかったのに
べつにいいんだ
すごかったのになー
あれ見なきゃ日本人じゃないよね
ザワ
ザワ
ギルバートって人にそそのかされたんじゃないの
ああ あのあやしいピアノの先生な
子供が正月にハワイなんてね
ふつうじゃないよ
ヒソ
ヒソ
ヒソ
ヒソ
ヒソ
ヒソ
はいはい みなさん 静かにして下さい
授業を始めますよ
はい 93ページをひらいて
先生… もっと早く静めてくれたまえ おそいんだよ セニョール
3学期になり大野君と杉山君のコンビはますますさえていました

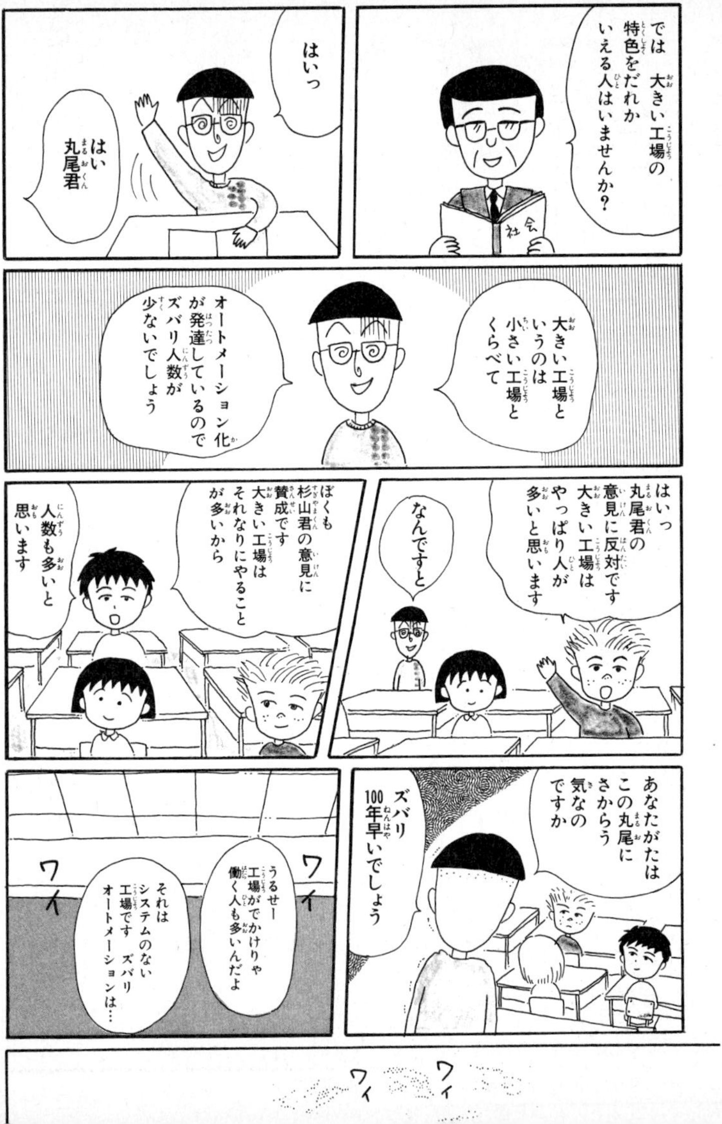
では 大きい工場の特色をだれかいえる人はいませんか?
社会
はいっ
はい 丸尾君
大きい工場というのは小さい工場とくらべて
オートメーション化が発達しているのでズバリ人数が少ないでしょう
はいっ 丸尾君の意見に反対です 大きい工場はやっぱり人が多いと思います
なんですと
ぼくも杉山君の意見に賛成です 大きい工場はそれなりにやることが多いから
人数も多いと思います
あなたがたはこの丸尾にさからう気なのですか
ズバリ100年早いでしょう
ワイ
ワイ
うるせー 工場がでかけりゃ働く人も多いんだよ
それはシステムのない工場です ズバリオートメーションは…
ワイ
ワイ

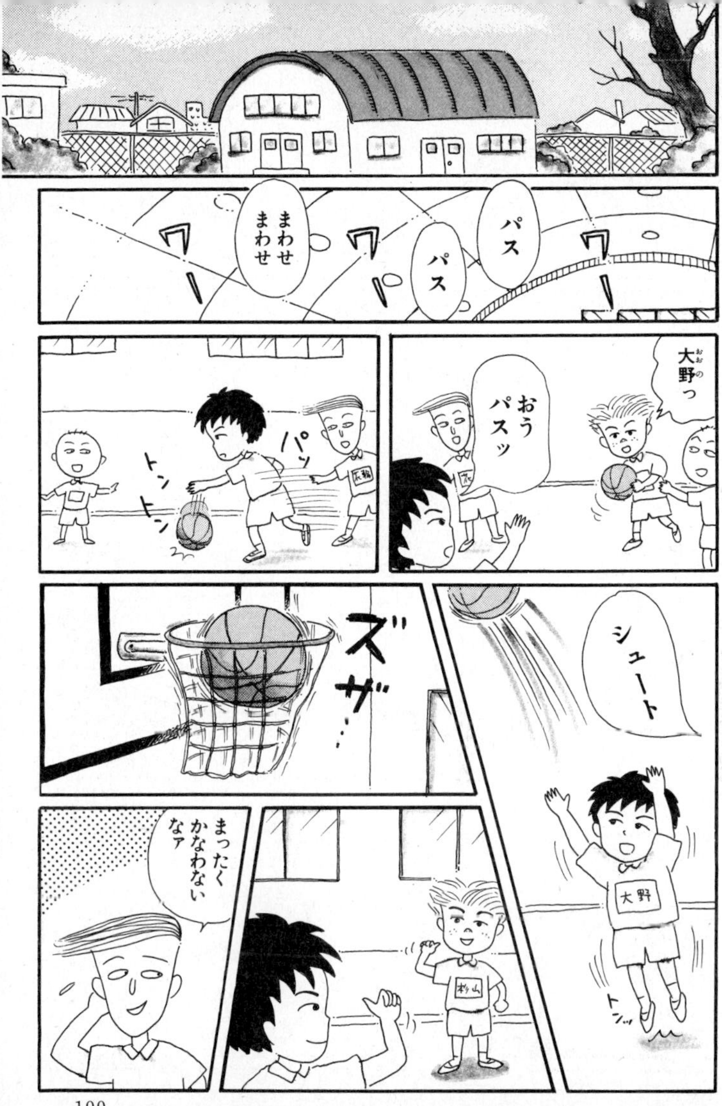
ワー
パス
パス
ワー
まわせ まわせ
ワー
大野っ
おう パスッ
パッ
トントン
シュート
ズザ…
大野
トンッ
まったく かなわない なァ
杉山

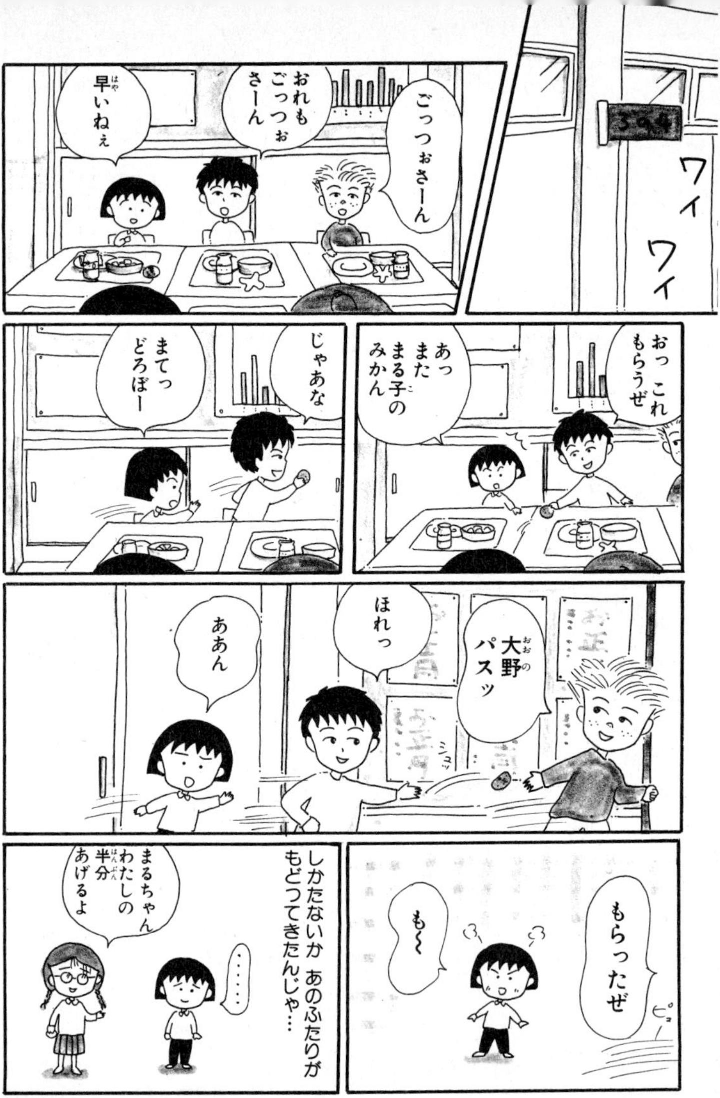

3の4
ワイ ワイ
ごっつぉさーん
おれもごっつぉさーん
早いねぇ
おっ これもらうぜ
あっ またまる子のみかん
じゃあな
まてっどろぼー
大野パスッ
ほれっ
シュッ
ああん
もらったぜ
も〜
しかたないか あのふたりがもどってきたんじゃ…
……
まるちゃんわたしの半分あげるよ

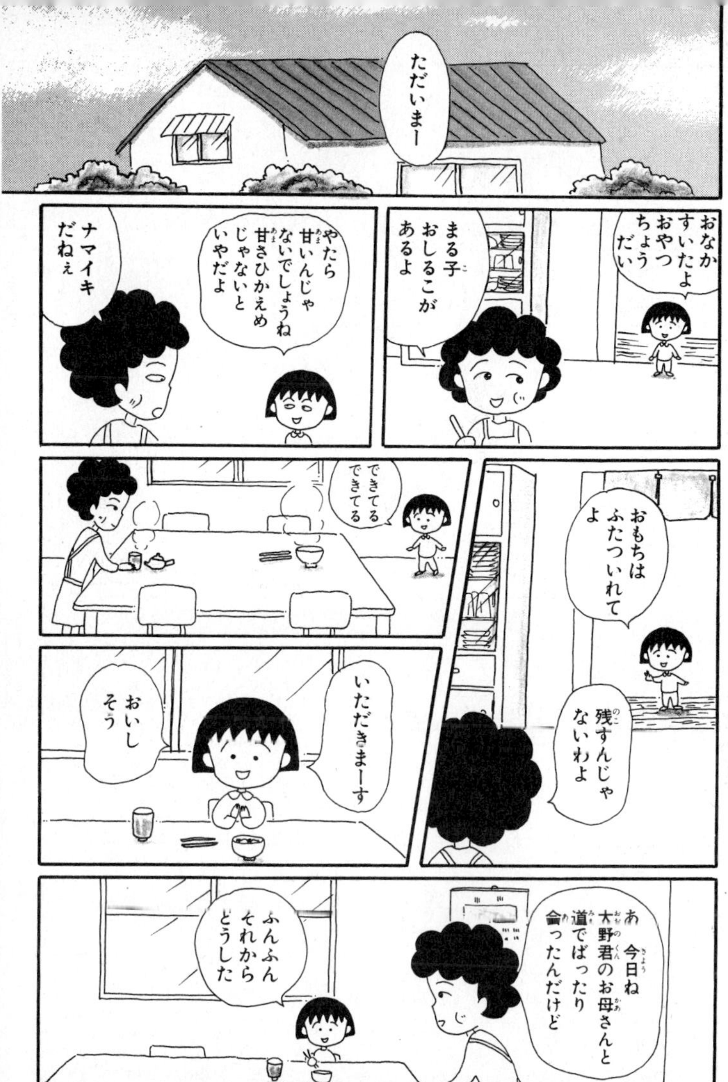
ただいまー
おなかすいたよ おやつちょうだい
まる子 おしるこがあるよ
やたら甘いんじゃないでしょうね 甘さひかえめじゃないといやだよ
ナマイキだねぇ
おもちはふたついれてよ
残すんじゃないわよ
できてるできてる
いただきまーす
おいしそう
あ 今日ね 大野君のお母さんと道でばったり会ったんだけど
ふんふん それからどうした

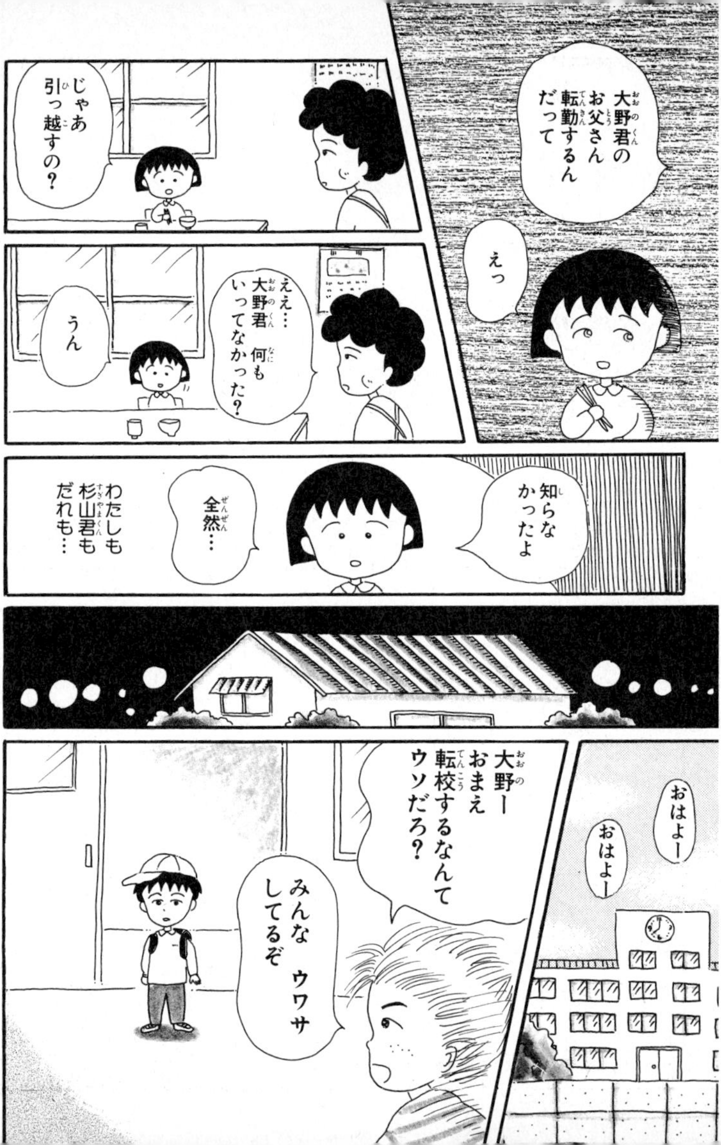
大野君のお父さん転勤するんだって
えっ
じゃあ引っ越すの？
ええ…大野君 何もいってなかった？
うん
知らなかったよ
全然…
わたしも杉山君もだれも…
おはよー
おはよー
大野ー おまえ転校するなんてウソだろ？
みんな ウワサしてるぞ

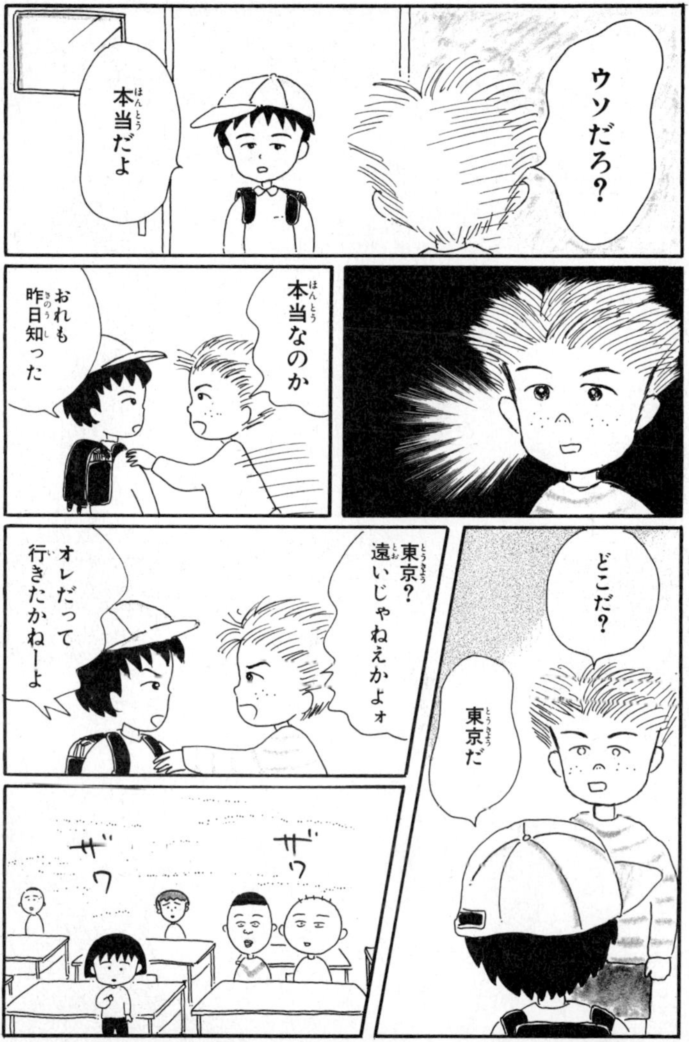

ウソだろ?
本当だよ
本当なのか
おれも昨日知った
どこだ?
東京だ
東京?
遠いじゃねえかよォ
オレだって行きたかねーよ
ザワ
ザワ

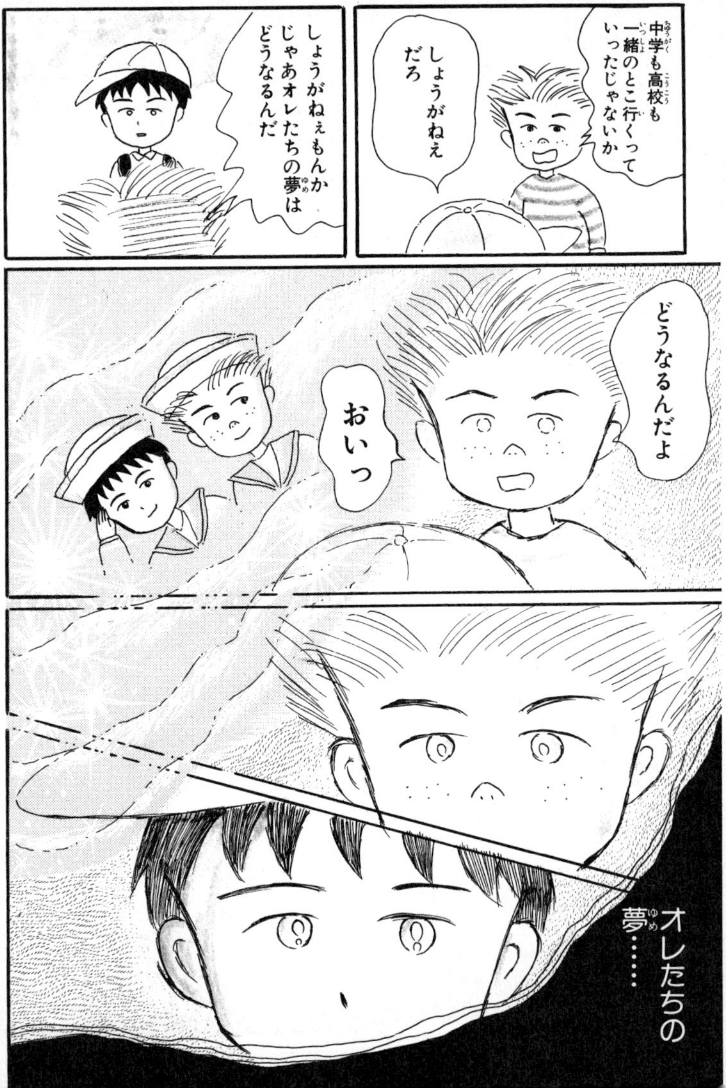
中学も高校も一緒のとこ行くっていったじゃないか
しょうがねえだろ
しょうがねぇもんかじゃあオレたちの夢はどうなるんだ
どうなるんだよ
おいっ
オレたちの夢……

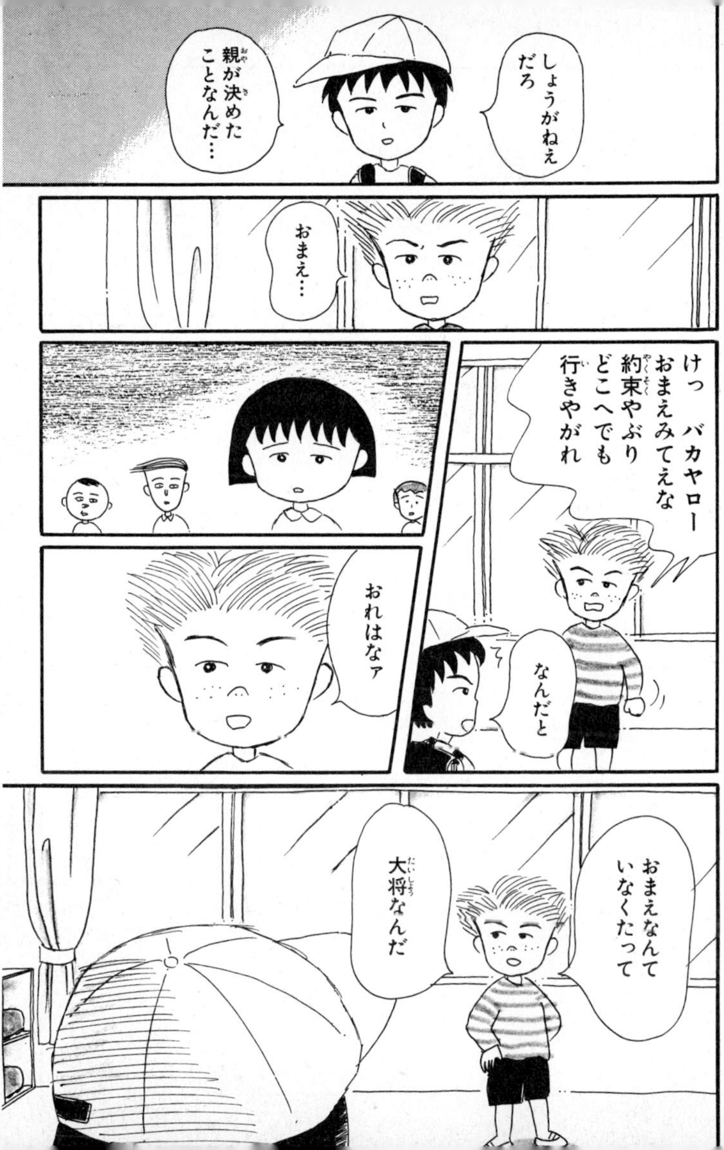
しょうがねぇ だろ
親が決めた ことなんだ…
おまえ…
けっ バカヤロー おまえみてえな 約束やぶり どこへでも 行きやがれ
なんだと
おれはなァ
おまえなんて いなくたって
大将なんだ

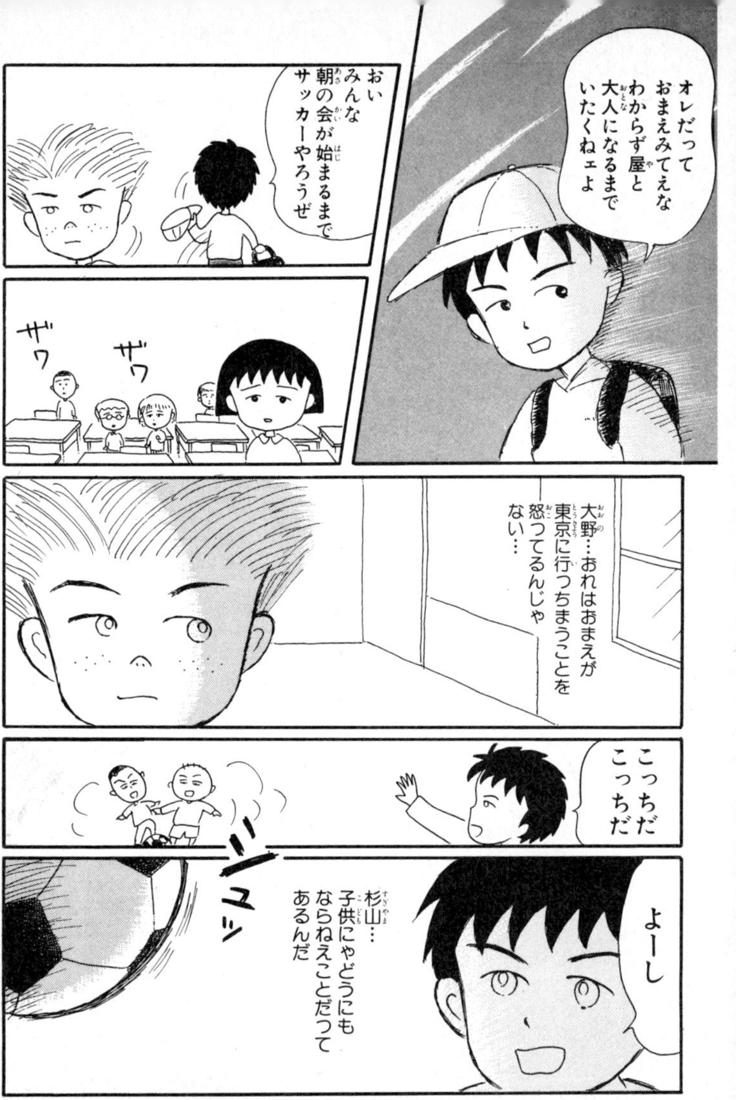
オレだって
おまえみてえな
わからず屋と
大人になるまで
いたくねェよ
おい
みんな
朝の会が始まるまで
サッカーやろうぜ
ザワ
ザワ
大野…おれはおまえが
東京に行っちまうことを
怒ってるんじゃ
ない…
こっちだ
こっちだ
よーし
ジュッ
杉山…
子供にゃどうにも
ならねえことだって
あるんだ

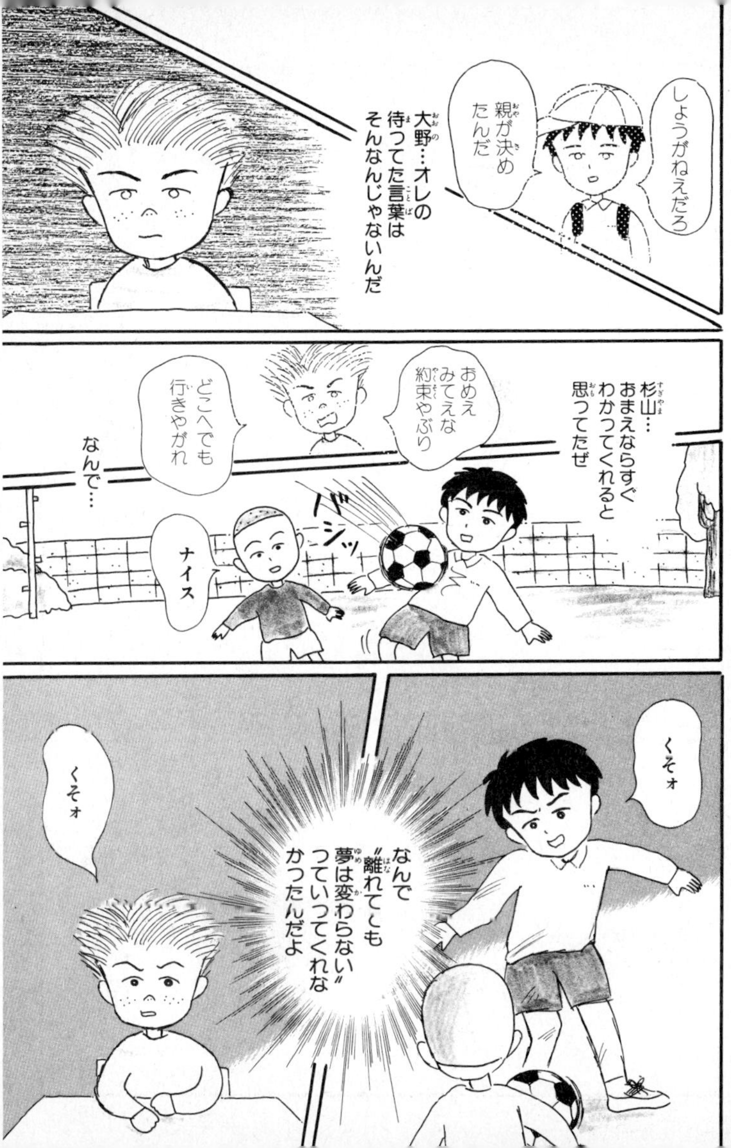
しょうがねえだろ
親が決めたんだ
大野…オレの待ってた言葉はそんなんじゃないんだ
杉山…おまえならすぐわかってくれると思ってたぜ
おめえみてえな約束やぶり
どこへでも行きやがれ
なんで…
バシッ
ナイス
くそォ
なんで"離れてても夢は変わらない"っていってくれなかったんだよ
くそォ

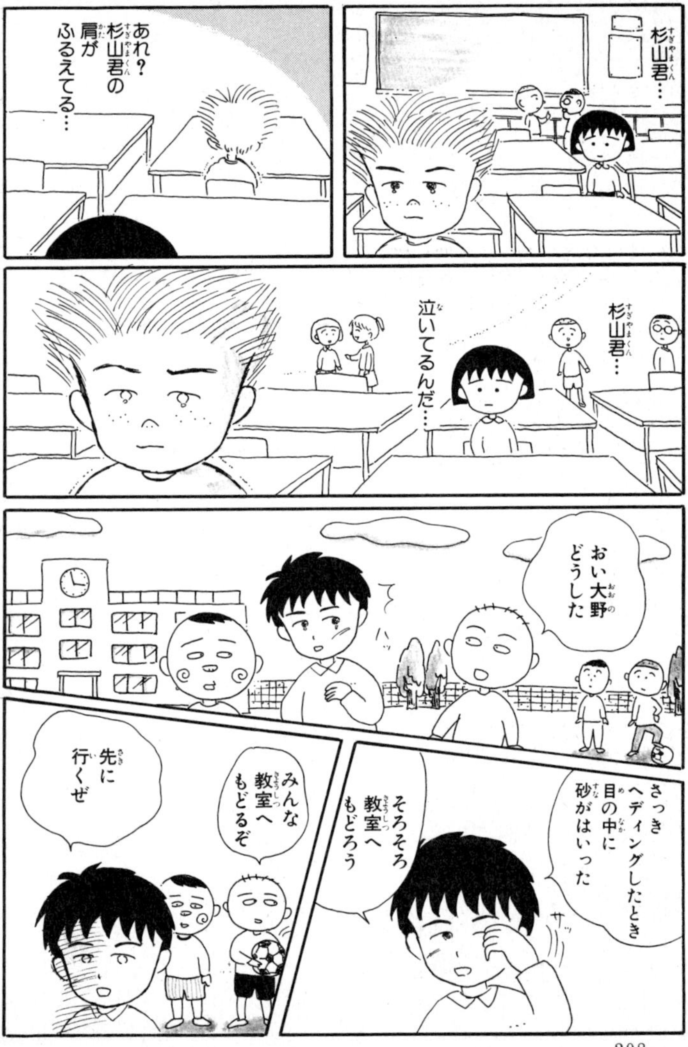
杉山君…
あれ？
杉山君の
肩が
ふるえてる…
杉山君…
泣いてるんだ…
おい大野
どうした
ハッ
さっき
ヘディングしたとき
目の中に
砂がはいった
サッ
そろそろ
教室へ
もどろう
みんな
教室へ
もどるぞ
先に
行くぜ

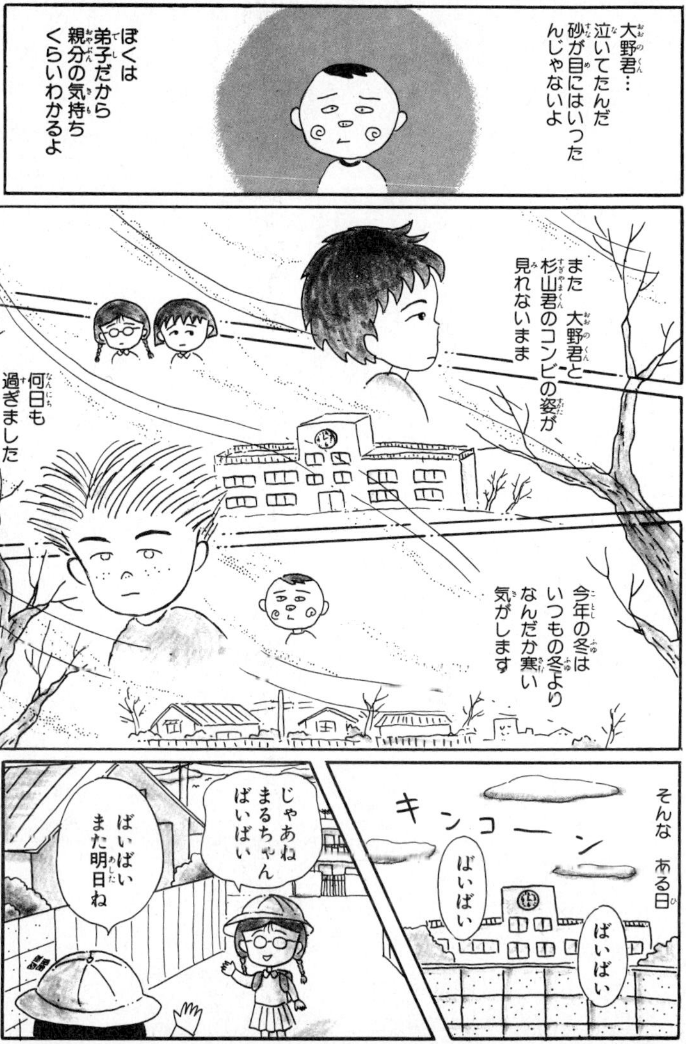
大野君…
泣いてたんだ
砂が目にはいったんじゃないよ
ぼくは
弟子だから
親分の気持ち
くらいわかるよ
また　大野君と
杉山君のコンビの姿が
見れないまま
何日も
過ぎました
今年の冬は
いつもの冬より
なんだか寒い
気がします
そんな　ある日
キンコーーン
ばいばい
ばいばい
じゃあね
まるちゃん
ばいばい
ばいばい
また明日ね

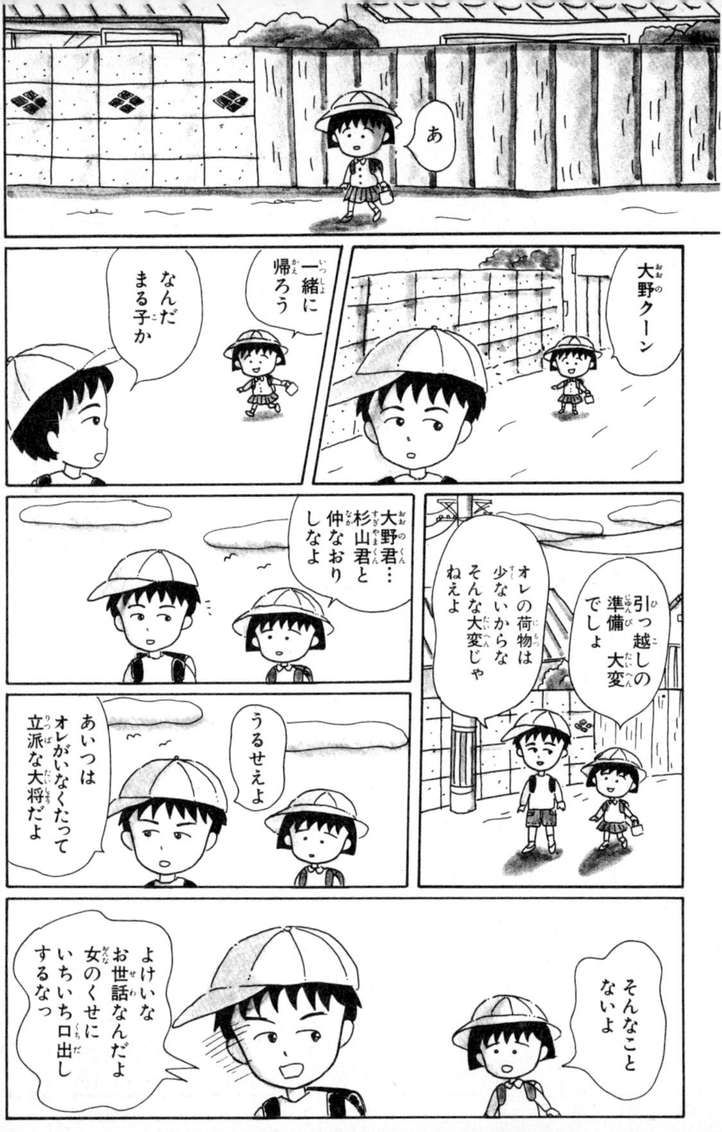
あ
大野クーン
一緒に帰ろう
なんだまる子か
引っ越しの準備大変でしょ
オレの荷物は少ないからなそんな大変じゃねえよ
大野君…杉山君と仲なおりしなよ
うるせえよ
あいつはオレがいなくたって立派な大将だよ
そんなことないよ
よけいなお世話なんだよ女のくせにいちいち口出しするなっ

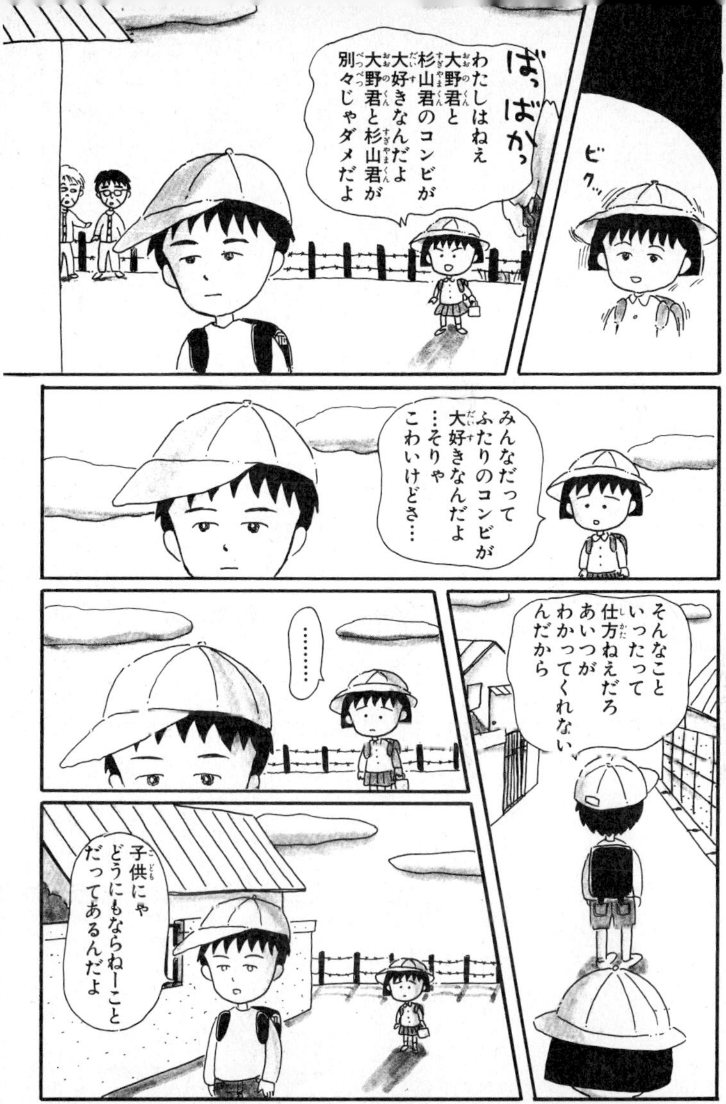
ビクッ
ばっ ばかっ
わたしはねえ 大野君と杉山君のコンビが大好きなんだよ 大野君と杉山君が別々じゃダメだよ
みんなだって ふたりのコンビが大好きなんだよ …そりゃ こわいけどさ…
………
そんなこと いったって 仕方ねえだろ あいつが わかってくれない んだから
子供にゃ どうにもならねーこと だってあるんだよ

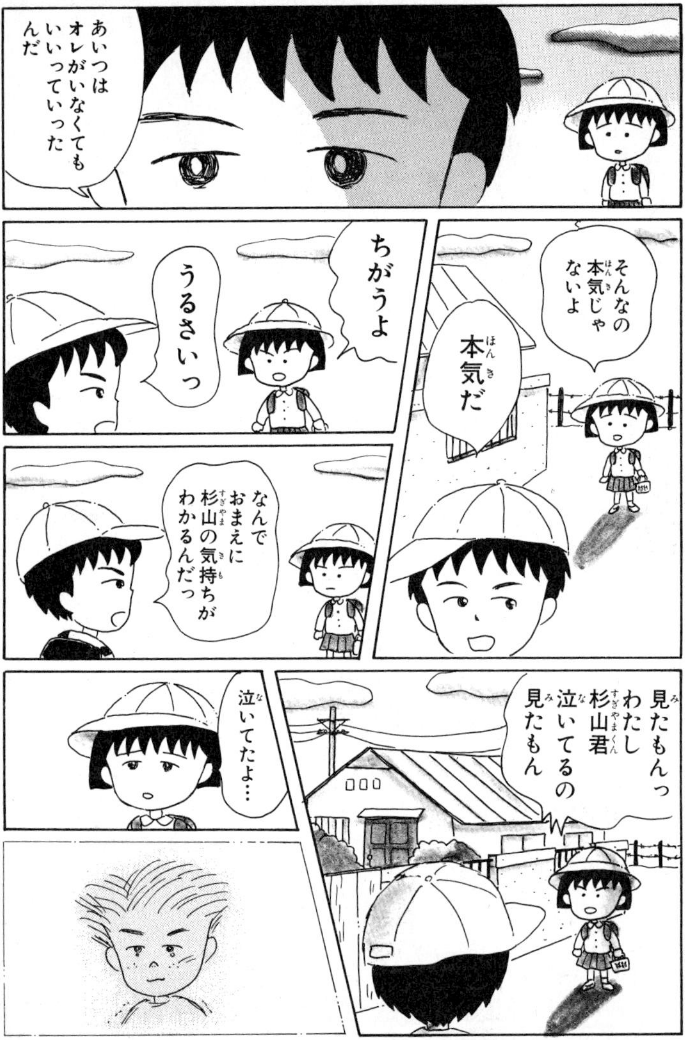
あいつは
オレがいなくても
いいっていったんだ
そんなの本気じゃないよ
本気だ
ちがうよ
うるさいっ
なんでおまえに杉山の気持ちがわかるんだっ
見たもんっ
わたし杉山君泣いてるの見たもん
泣いてたよ…

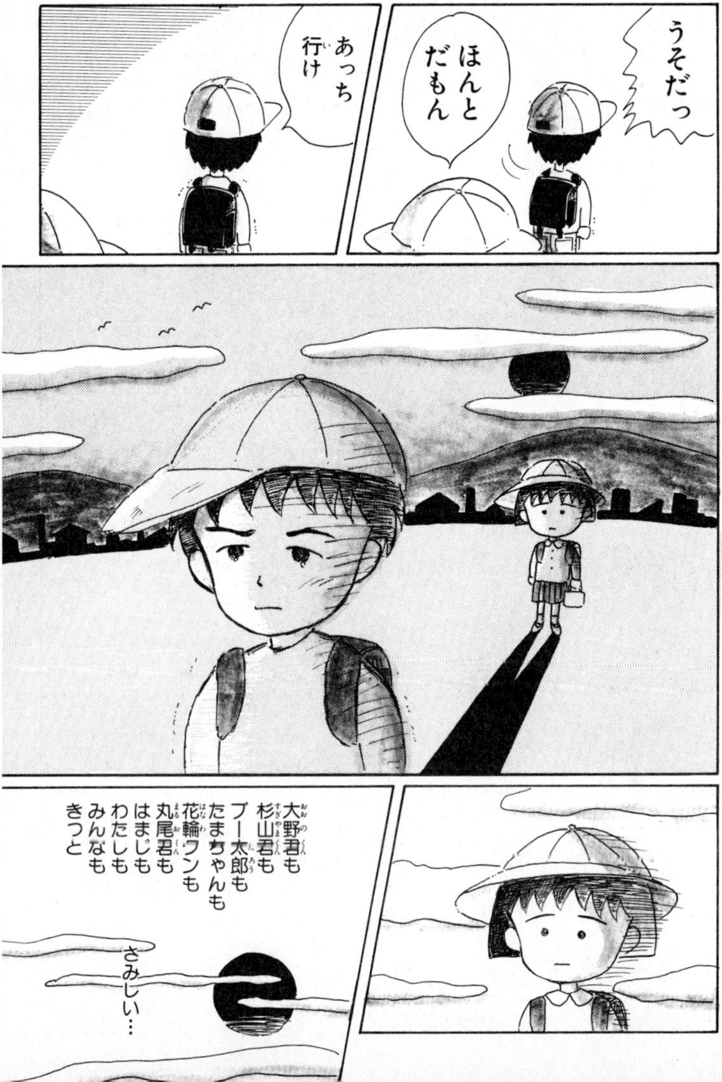
うそだっ
ほんとだもん
あっち行け
大野君も
杉山君も
ブー太郎も
たまちゃんも
花輪クンも
丸尾君も
はまじも
わたしも
みんなも
きっと
さみしい…

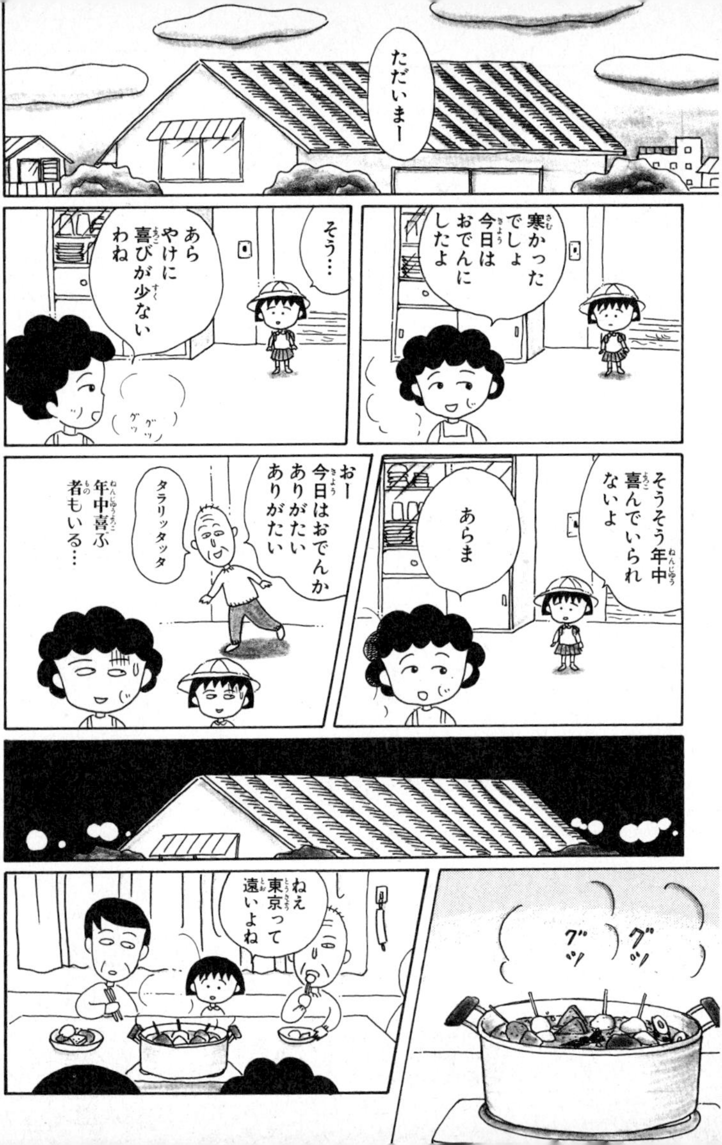
ただいまー
寒かったでしょ今日はおでんにしたよ
そう…
あらやけに喜びが少ないわね
グツ グツ
そうそう年中喜んでいられないよ
あらま
おー今日はおでんかありがたいありがたい
タラリッタッタ
年中喜ぶ者もいる…
グツ グツ
ねえ東京って遠いよね

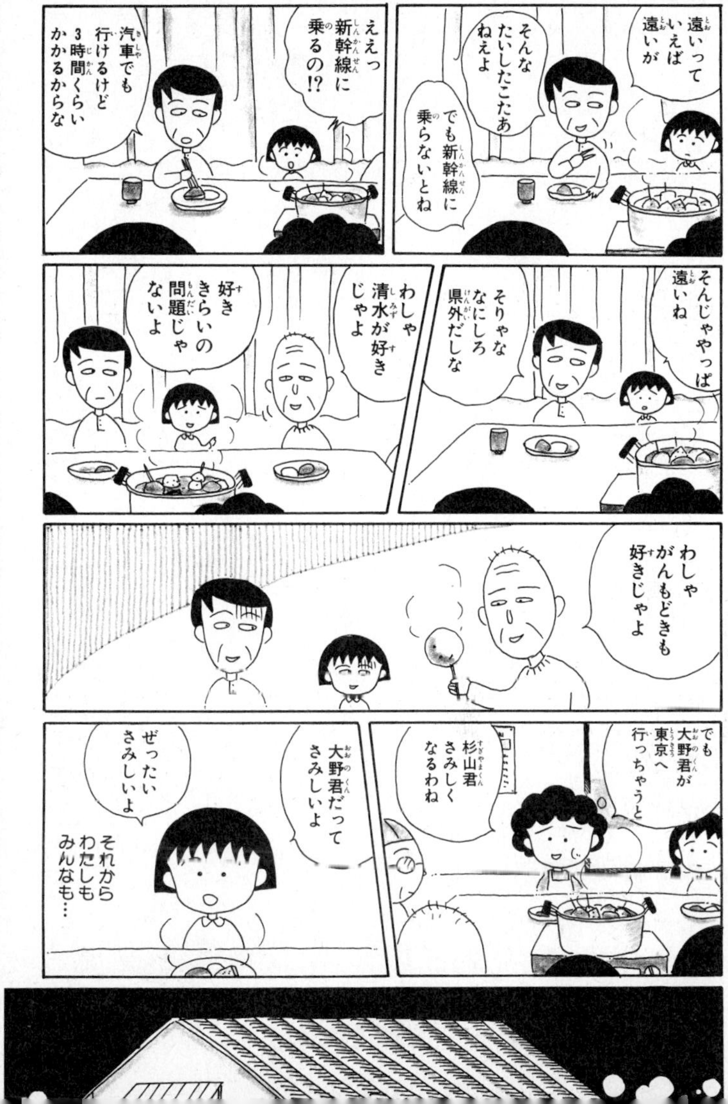
遠いっていえば遠いが
そんなたいしたこたあねえよ
でも新幹線に乗らないとね
ええっ新幹線に乗るの!?
汽車でも行けるけど3時間くらいかかるからな
そんじゃやっぱ遠いね
そりゃななにしろ県外だしな
わしゃ清水が好きじゃよ
好ききらいの問題じゃないよ
わしゃがんもどきも好きじゃよ
でも大野君が東京へ行っちゃうと
杉山君さみしくなるわね
大野君だってさみしいよ
ぜったいさみしいよ
それからわたしもみんなも…

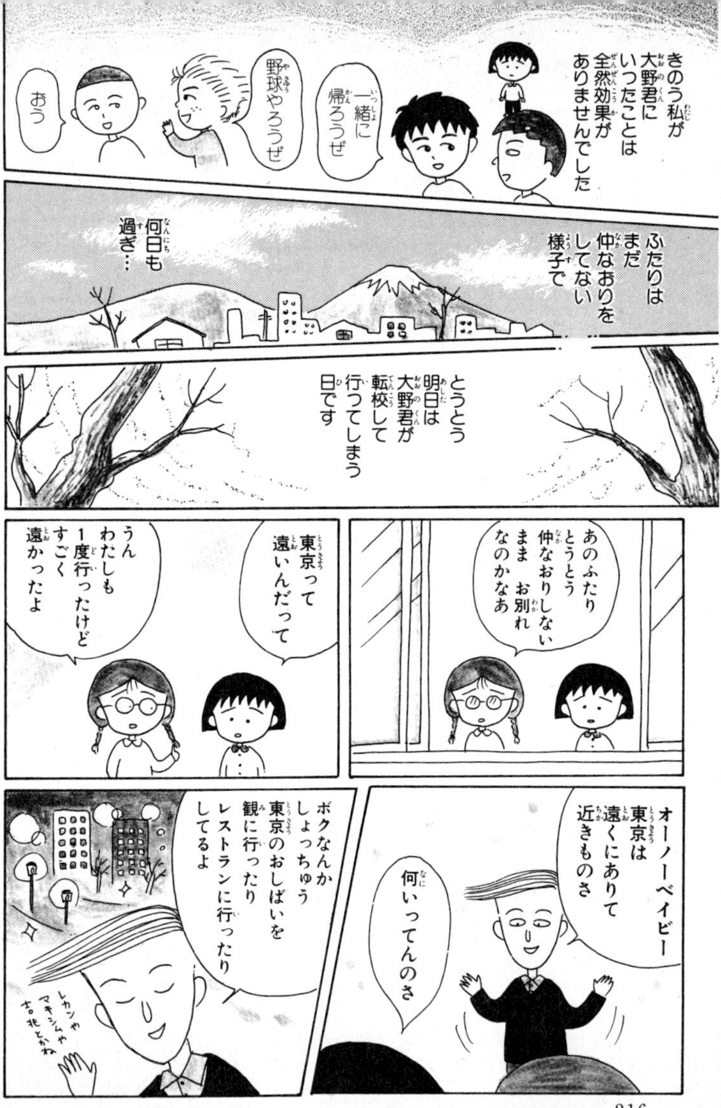

きのう私が大野君にいったことは全然効果がありませんでした
一緒に帰ろうぜ
野球やろうぜ
おう
ふたりはまだ仲なおりをしてない様子で
何日も過ぎ…
とうとう明日は大野君が転校して行ってしまう日です
あのふたりとうとう仲なおりしないままお別れなのかなあ
東京って遠いんだって
うんわたしも1度行ったけどすごく遠かったよ
オーノーベイビー東京は遠くにありて近きものさ
何いってんのさ
ボクなんかしょっちゅう東京のおしばいを観に行ったりレストランに行ったりしてるよ
レカンやマキシムや吉兆とかね

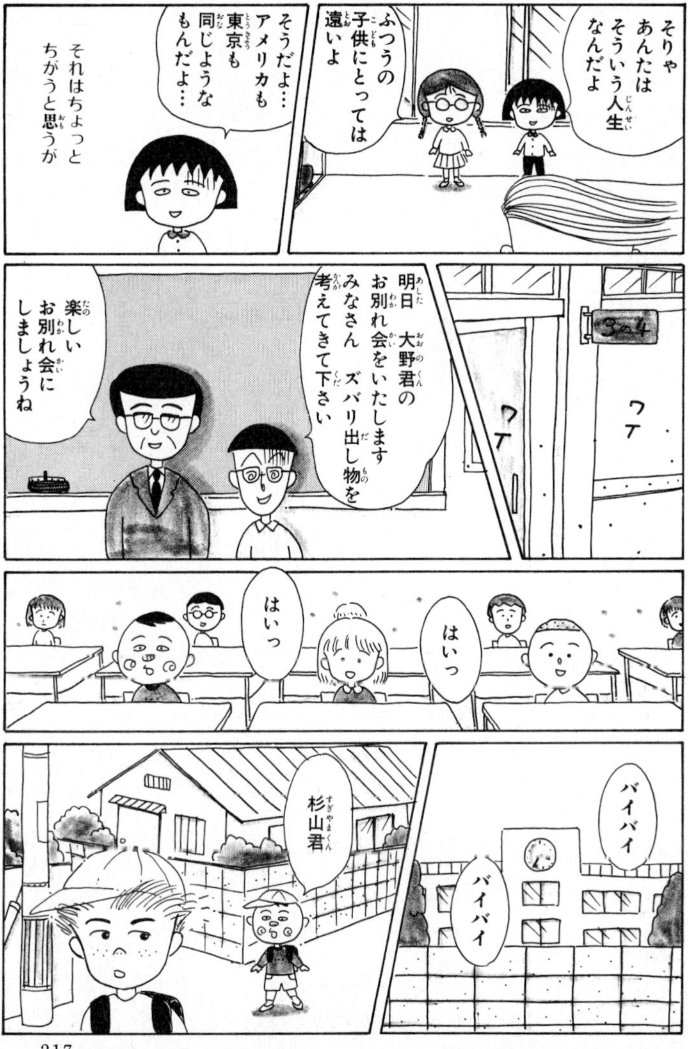
そりゃ あんたは そういう人生なんだよ
ふつうの子供にとっては遠いよ
そうだよ… アメリカも東京も同じようなもんだよ…
それはちょっとちがうと思うが
3の4
ワァ
ワァ
明日 大野君のお別れ会をいたします みなさん ズバリ出し物を考えてきて下さい
楽しいお別れ会にしましょうね
はいっ
はいっ
バイバイ
バイバイ
杉山君

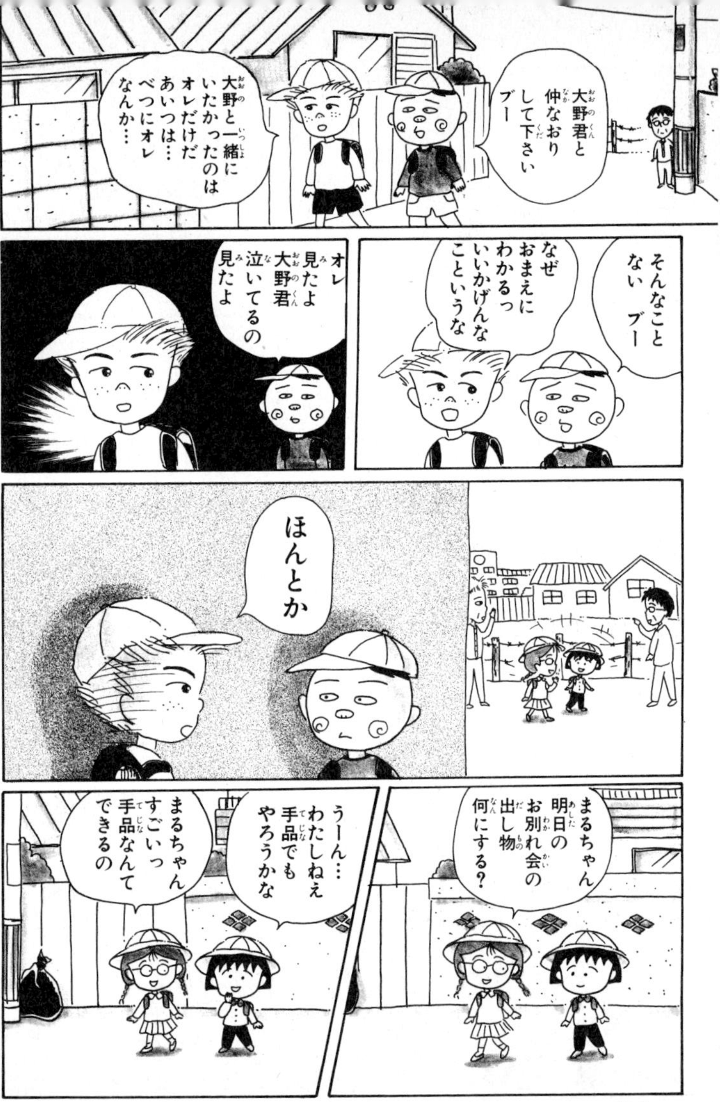

大野君と仲なおりして下さいブー
大野と一緒にいたかったのはオレだけだ あいつは…べつにオレなんか…
そんなことない ブー
なぜおまえにわかるっ いいかげんなこというな
オレ見たよ 大野君泣いてるの見たよ
ほんとか
まるちゃん明日のお別れ会の出し物何にする？
うーん…わたしねえ手品でもやろうかな
まるちゃんすごいっ手品なんてできるの

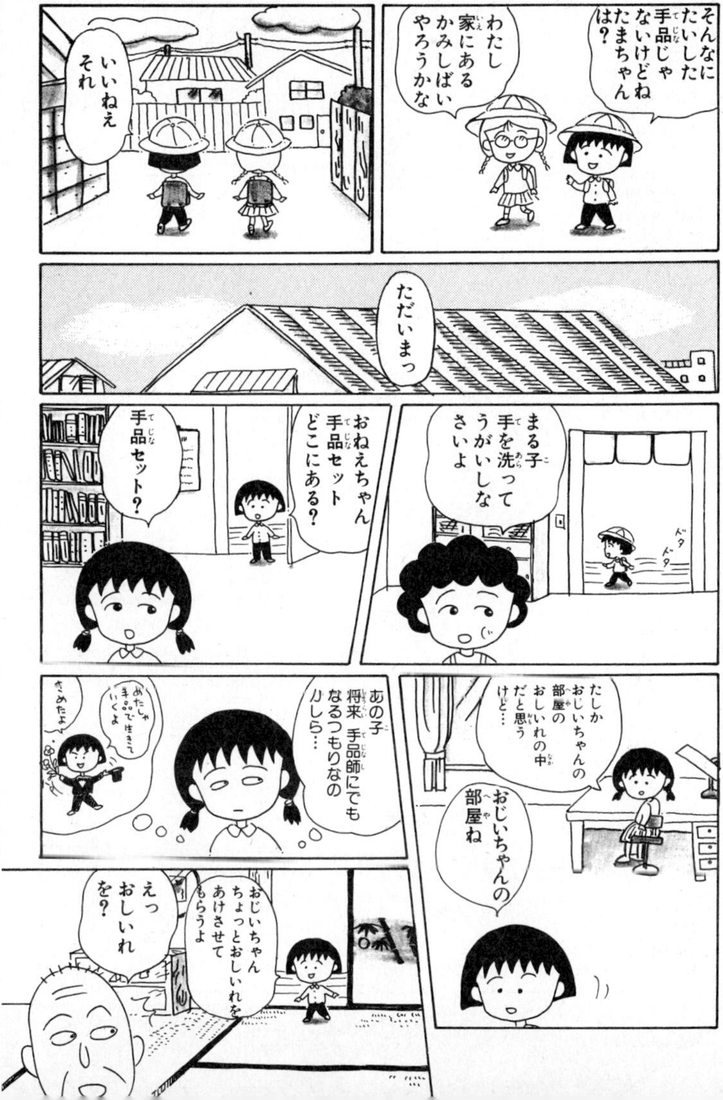
そんなにたいした手品じゃないけどねたまちゃんは？
わたし家にあるかみしばいやろうかな
いいねえそれ
ただいまっ
まる子手を洗ってうがいしなさいよ
バタバタ
おねえちゃん手品セットどこにある？
手品セット？
たしかおじいちゃんの部屋のおしいれの中だと思うけど…
おじいちゃんの部屋ね
あの子将来手品師にでもなるつもりなのかしら…
あたしゃ手品で生きていくよ
きめたよ
おじいちゃんちょっとおしいれをあけさせてもらうよ
えっおしいれを？

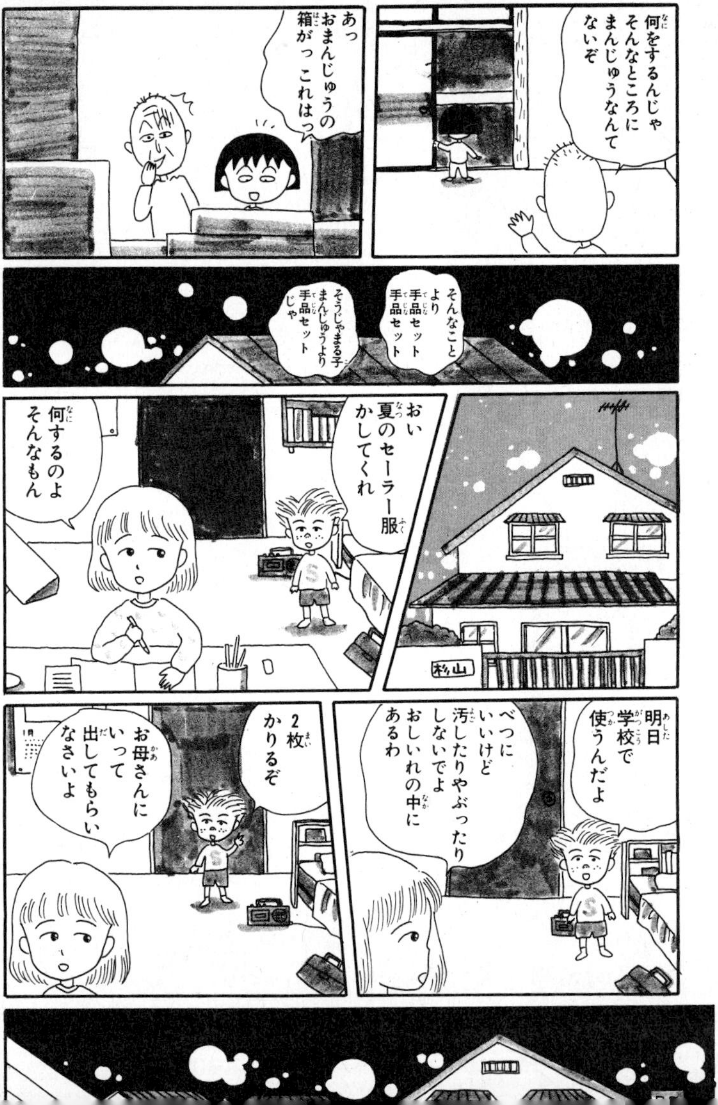
何をするんじゃ そんなところに まんじゅうなんて ないぞ
あっ おまんじゅうの 箱がっ これはっ
そんなこと より 手品セット 手品セット
そうじゃまる子 まんじゅうより 手品セット じゃ
杉山
おい 夏のセーラー服 かしてくれ
何するのよ そんなもん
明日 学校で 使うんだよ
べつに いいけど 汚したりやぶったり しないでよ おしいれの中に あるわ
2枚 かりるぞ
お母さんに いって 出してもらい なさいよ

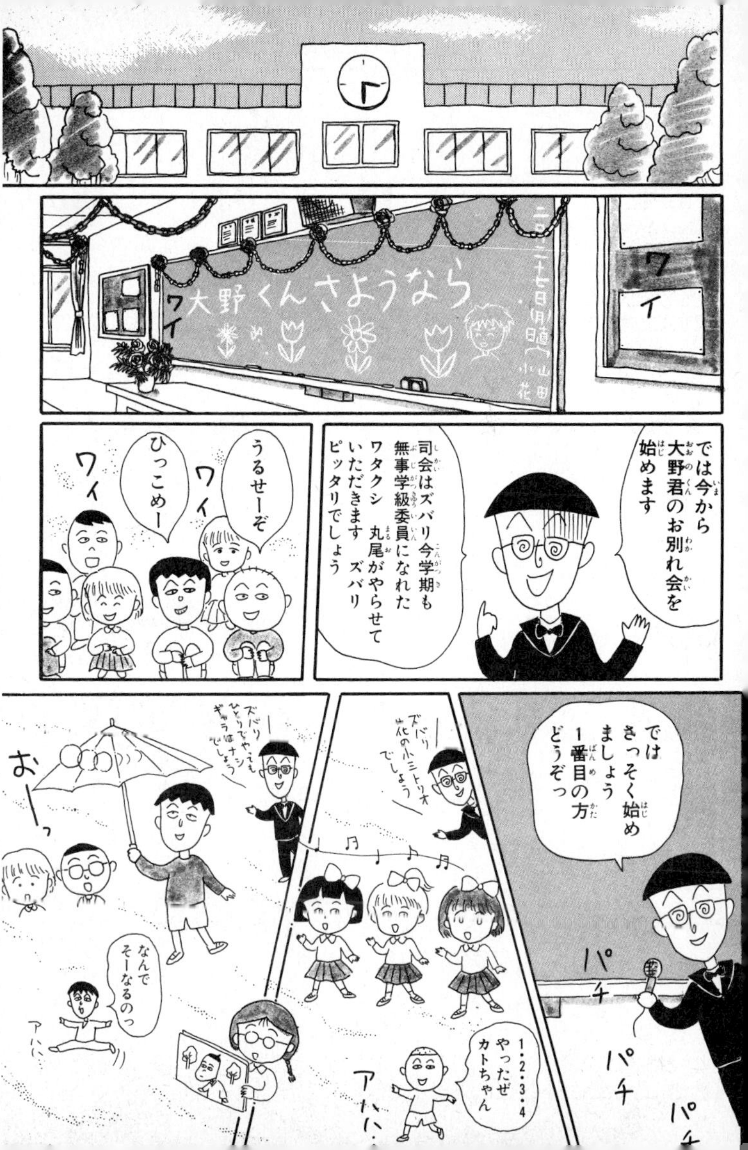

二月二十七日(月) 日直(山田 小花)
大野くんさようなら
ワイ
ワイ
では今から大野君のお別れ会を始めます
司会はズバリ今学期も無事学級委員になれたワタクシ 丸尾がやらせていただきます ズバリ ピッタリでしょう
うるせーぞ
ひっこめー
ワイ
ワイ
ではさっそく始めましょう 1番目の方どうぞっ
パチ
パチ
パチ
ズバリ 花の小三トリオでしょう
1・2・3・4 やったぜ カトちゃん
アハハ
ズバリ ひとりでやってもギャラはナシでしょう
おーっ
なんでそーなるのっ
アハハ

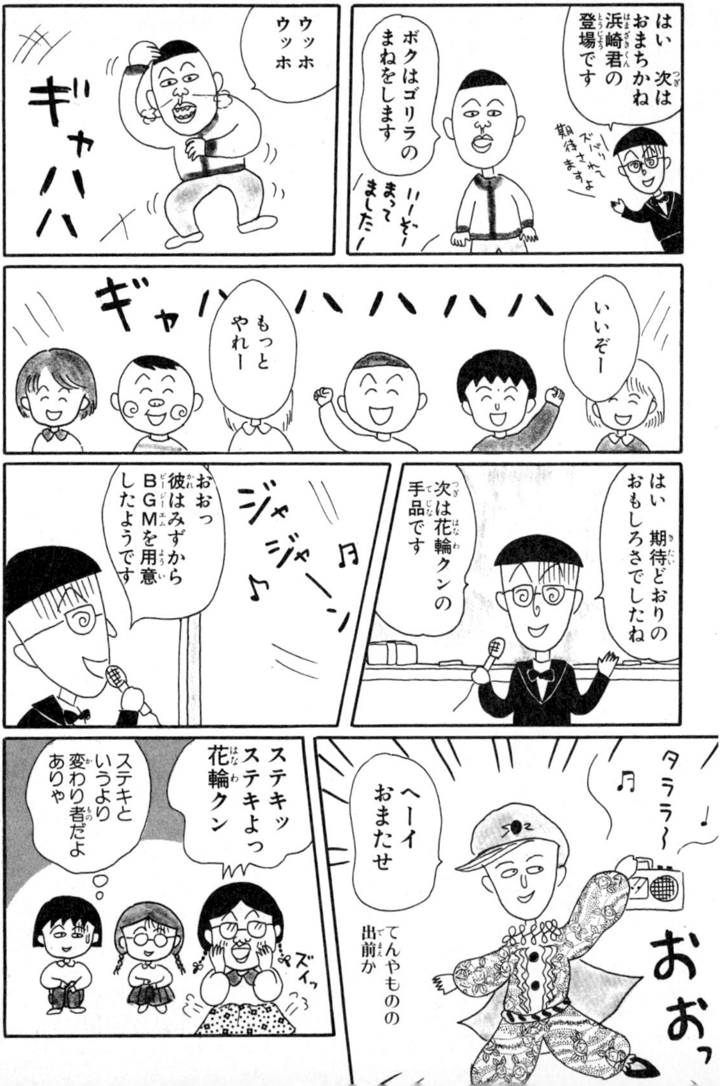

はい 次はおまちかね浜崎君の登場です
ズバリ 期待されてますよ
ボクはゴリラのまねをします
いいぞー まってました!
ウッホ ウッホ
ギャハハ
いいぞー
もっとやれー
ギャハハハハハ
はい 期待どおりのおもしろさでしたね
次は花輪クンの手品です
ジャジャーン
おおっ 彼はみずからBGMを用意したようです
タララ〜
へーイ おまたせ
てんやものの出前か
おおっ
ステキッ ステキよっ 花輪クン
ズイッ
ステキというより変わり者だよ ありゃ

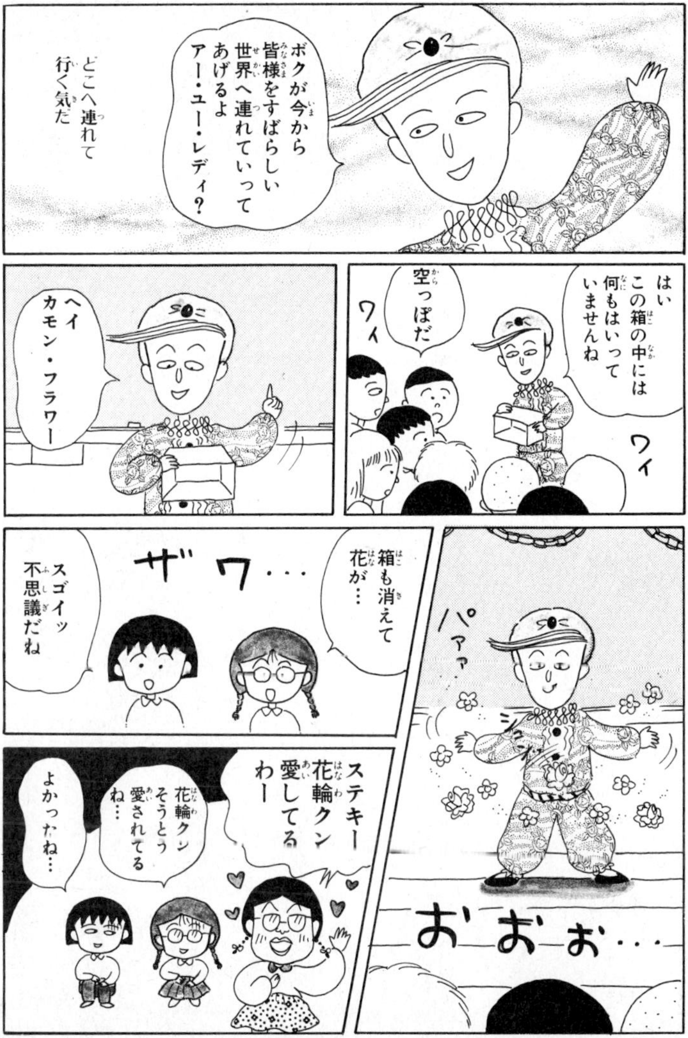
ボクが今から
皆様をすばらしい
世界へ連れていって
あげるよ
アー・ユー・レディ?
どこへ連れて
行く気だ
はい
この箱の中には
何もはいって
いませんね
空っぽだ
ワイ
ワイ
ヘイ
カモン・フラワー
パァァ
おおぉ…
箱も消えて
花が…
ザワ…
スゴイッ
不思議だね
ステキー
花輪クン
愛してる
わー
花輪クン
そうとう
愛されてる
ね…
よかったね…

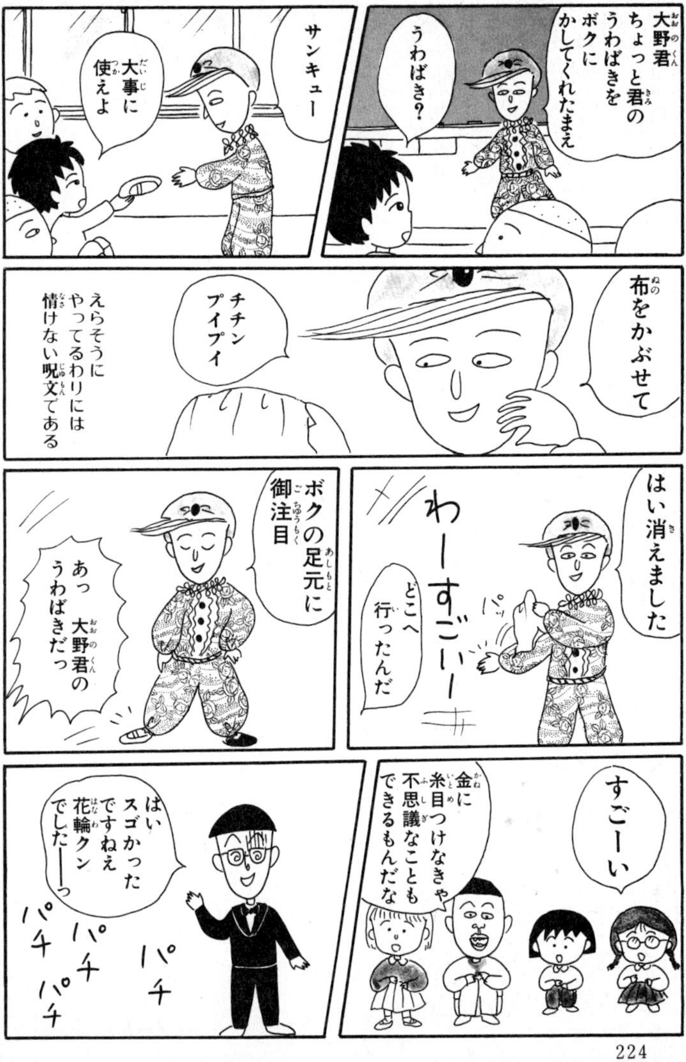
大野君
ちょっと君の
うわばきを
ボクに
かしてくれたまえ
うわばき?
サンキュー
大事に
使えよ
布をかぶせて
チチン
プイプイ
えらそうに
やってるわりには
情けない呪文である
はい消えました
パッ
わーすごいー
どこへ
行ったんだ
ボクの足元に
御注目
あっ　大野君の
うわばきだっ
すごーい
金に
糸目つけなきゃ
不思議なことも
できるもんだな
はい
スゴかった
ですねえ
花輪クン
でした——っ
パチ
パチ
パチ
パチ

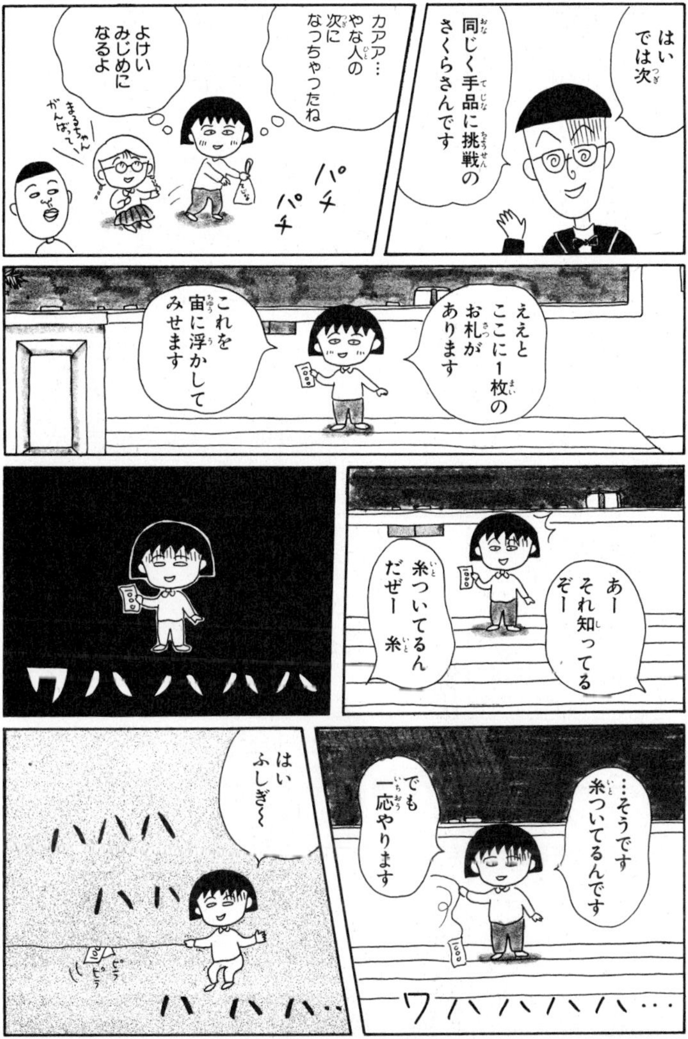
はい
では次
同じく手品に挑戦のさくらさんです
カアア…やな人の次になっちゃったね
よけいみじめになるよ
まるちゃんがんばって!
パチ
パチ
ええとここに1枚のお札があります
これを宙に浮かしてみせます
あーそれ知ってるぞー
糸ついてるんだぜー 糸
ワハハハハハ
…そうです糸ついてるんです
でも一応やります
ワハハハハハ…
はいふしぎ～
ハハハ
ハハ
ハハハ…
ピラ
ピラ

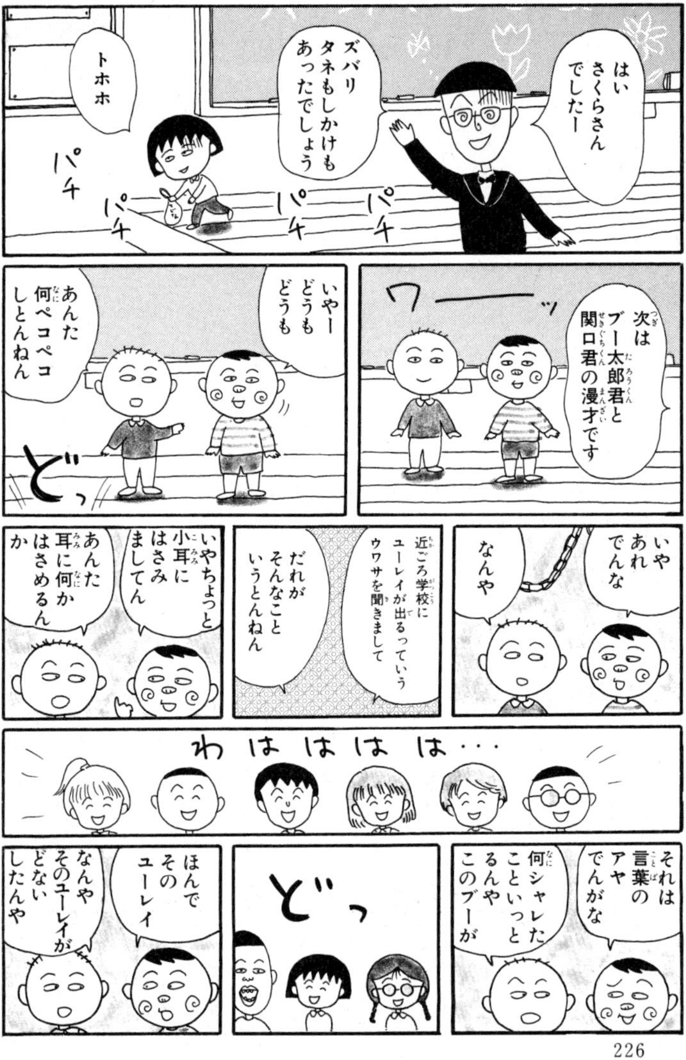

はい さくらさん でしたー
ズバリ タネもしかけも あったでしょう
トホホ
パチ パチ パチ パチ
次は ブー太郎君と 関口君の漫才です
ワーーッ
いやー どうも どうも
あんた 何ペコペコ しとんねん
どっ
いや あれ でんな
なんや
近ごろ学校に ユーレイが出るっていう ウワサを聞きまして
だれが そんなこと いうとんねん
いやちょっと 小耳に はさみ ましてん
あんた 耳に何か はさめるん か
わははははは…
それは 言葉の アヤ でんがな
何シャレた こといっと るんや このブーが
どっ
ほんで その ユーレイ
なんや そのユーレイが どない したんや

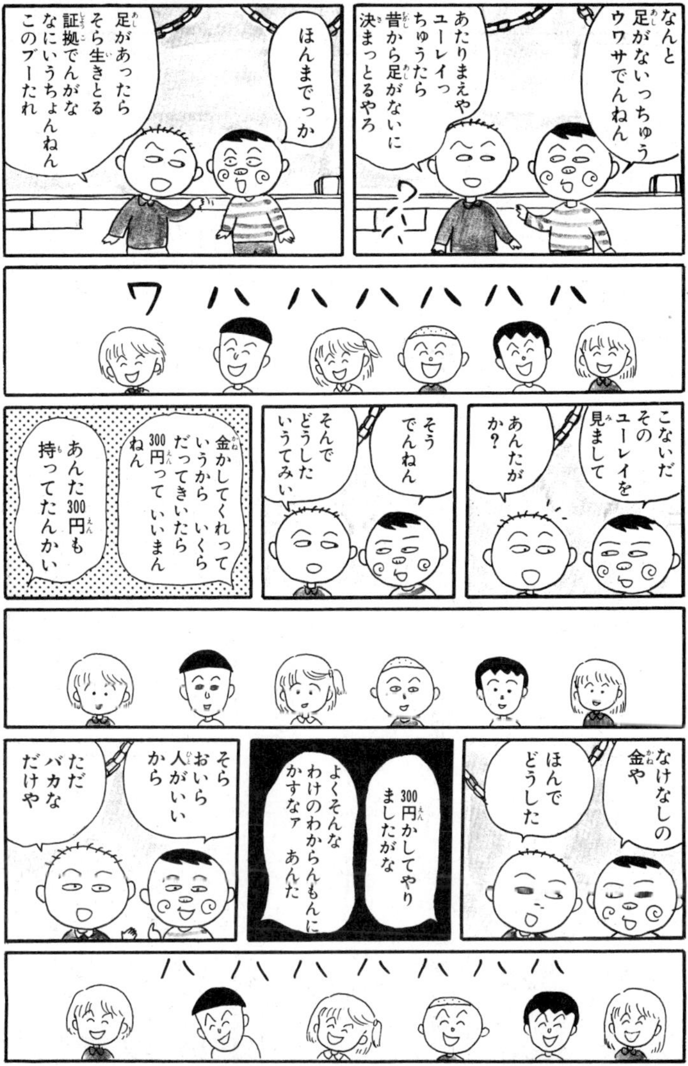
なんと足がないっちゅうウワサでんねん
あたりまえやユーレイっちゅうたら昔から足がないに決まっとるやろ
ワハハ
ほんまでっか
足があったらそら生きとる証拠でんがななにいうちょんねんこのブーたれ
ワハハハハハハ
こないだそのユーレイを見まして
あんたがか？
そうでんねん
そんでどうしたいうてみい
金かしてくれっていうから いくらだってきいたら300円って いいまんねん
あんた300円も持ってたんかい
なけなしの金や
ほんでどうした
300円かしてやりましたがな
よくそんなわけのわからんもんにかすなァ あんた
そらおいら人がいいから
ただバカなだけや
ハハハハハハハハ

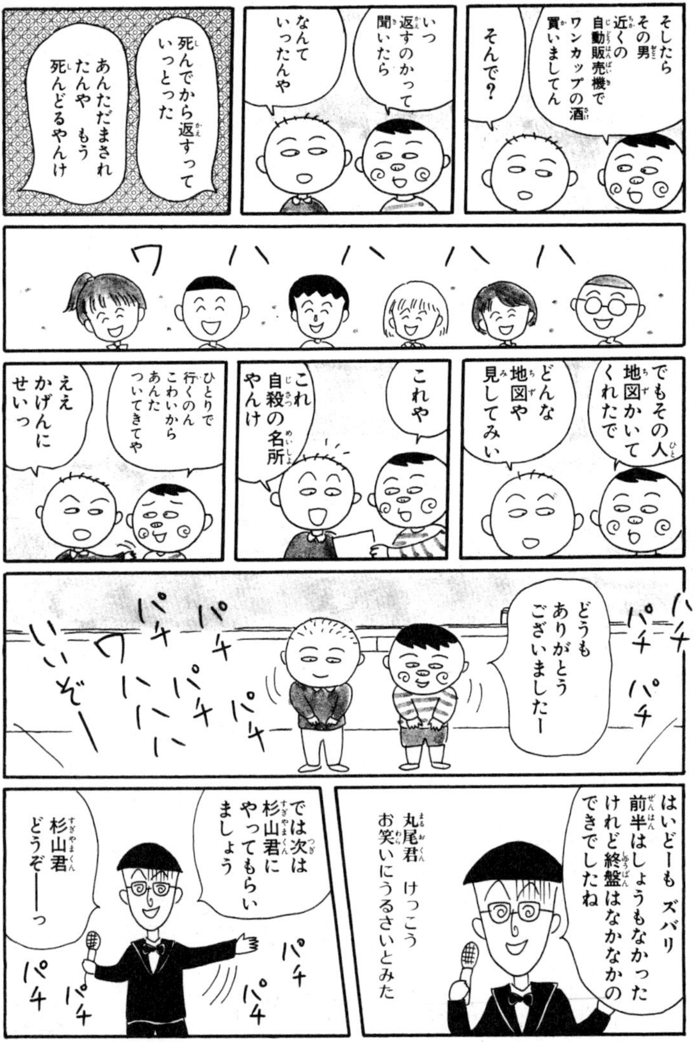
そしたら その男 近くの 自動販売機で ワンカップの酒 買いましてん
そんで？
いつ 返すのかって 聞いたら
なんて いったんや
死んでから返すって いっとった
あんただまされ たんや もう 死んどるやんけ
ワ ハ ハ ハ ハ ハ
でもその人 地図かいて くれたで
どんな 地図や 見してみい
これや
これ 自殺の名所 やんけ
ひとりで 行くのん こわいから あんた ついてきてや
ええ かげんに せいっ
パチ パチ パチ パチ
どうも ありがとう ございましたー
パチ パチ パチ パチ
ワハハハハ
いいぞー
はいどーも ズバリ 前半はしょうもなかった けれど終盤はなかなかの できでしたね
丸尾君 けっこう お笑いにうるさいとみた
では次は 杉山君に やってもらい ましょう
杉山君 どうぞーーっ
パチ パチ パチ パチ

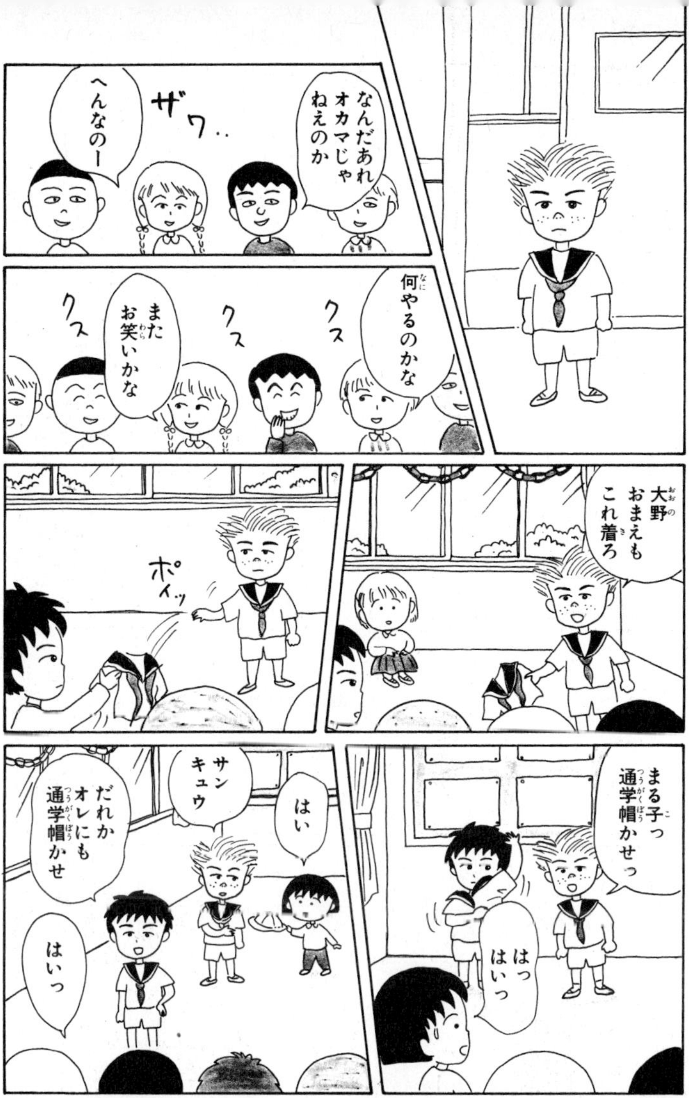
なんだあれ
オカマじゃ
ねえのか
ザワ‥
へんなのー
何やるのかな
クス
クス
また
お笑いかな
クス
大野
おまえも
これ着ろ
ポイッ
まる子っ
通学帽かせっ
はっ
はいっ
はい
サン
キュウ
だれか
オレにも
通学帽かせ
はいっ

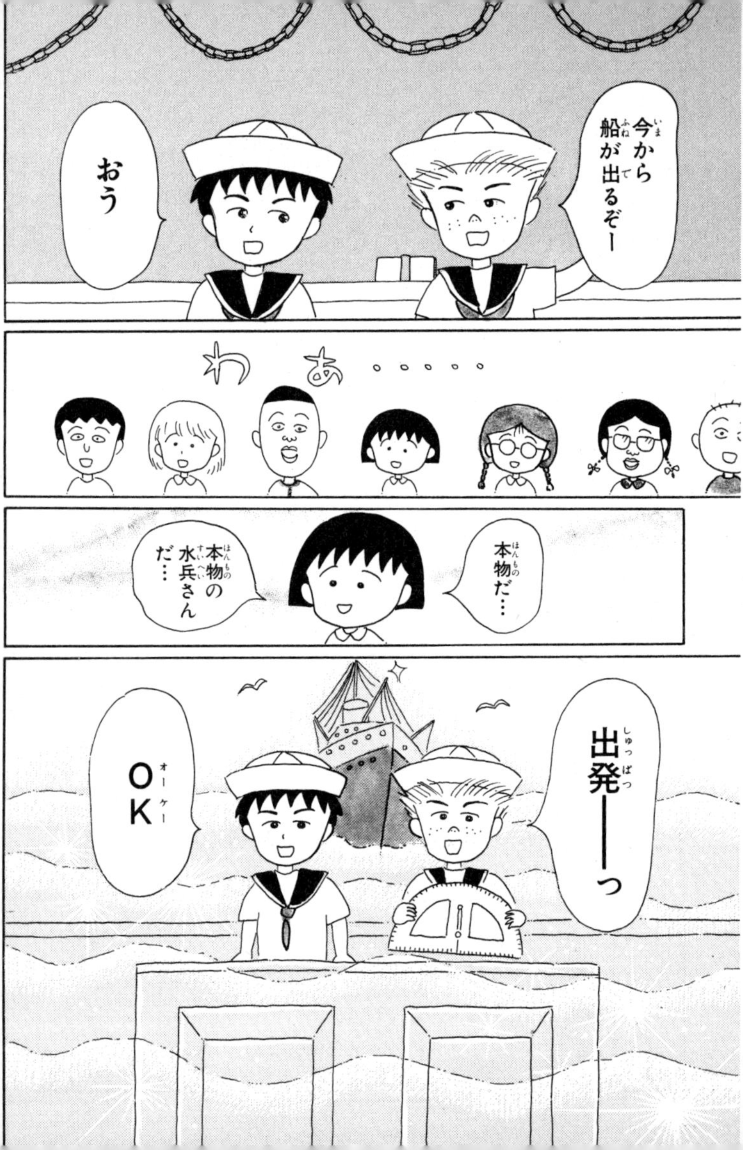
今から船が出るぞー
おう
わあ.....
本物だ…
本物の水兵さんだ…
出発ーーっ
OK

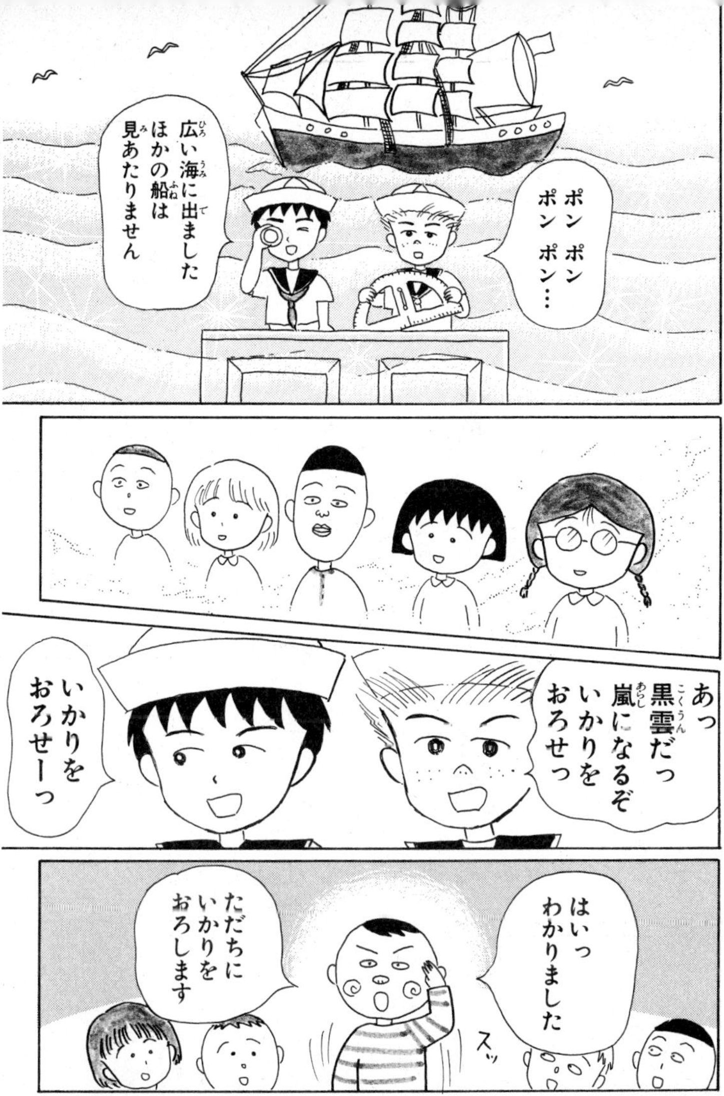

ポンポン
ポンポン…
広い海に出ました
ほかの船は
見あたりません
あっ
黒雲だっ
嵐になるぞ
いかりを
おろせっ
いかりを
おろせーっ
はいっ
わかりました
ただちに
いかりを
おろします
スッ

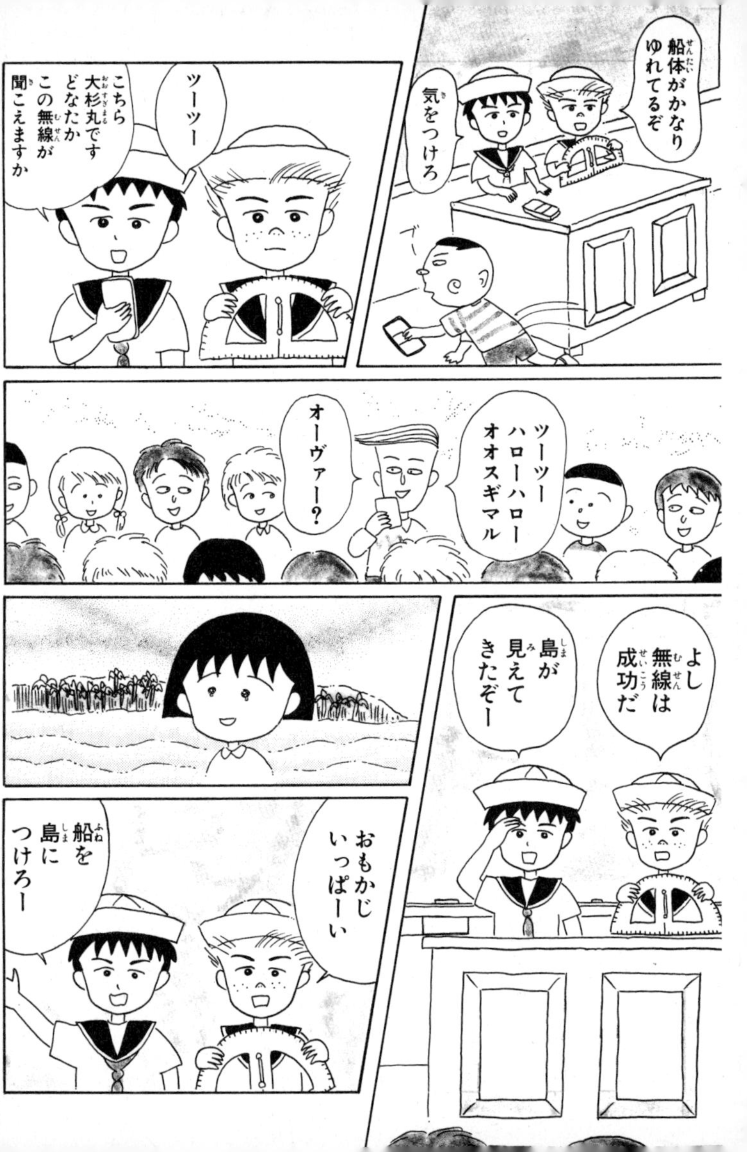
船体がかなりゆれてるぞ
気をつけろ
ツーツー
こちら大杉丸です どなたか この無線が 聞こえますか
ツーツー ハローハロー オオスギマル
オーヴァー?
よし 無線は 成功だ
島が 見えて きたぞー
おもかじ いっぱーい
船を 島に つけろー

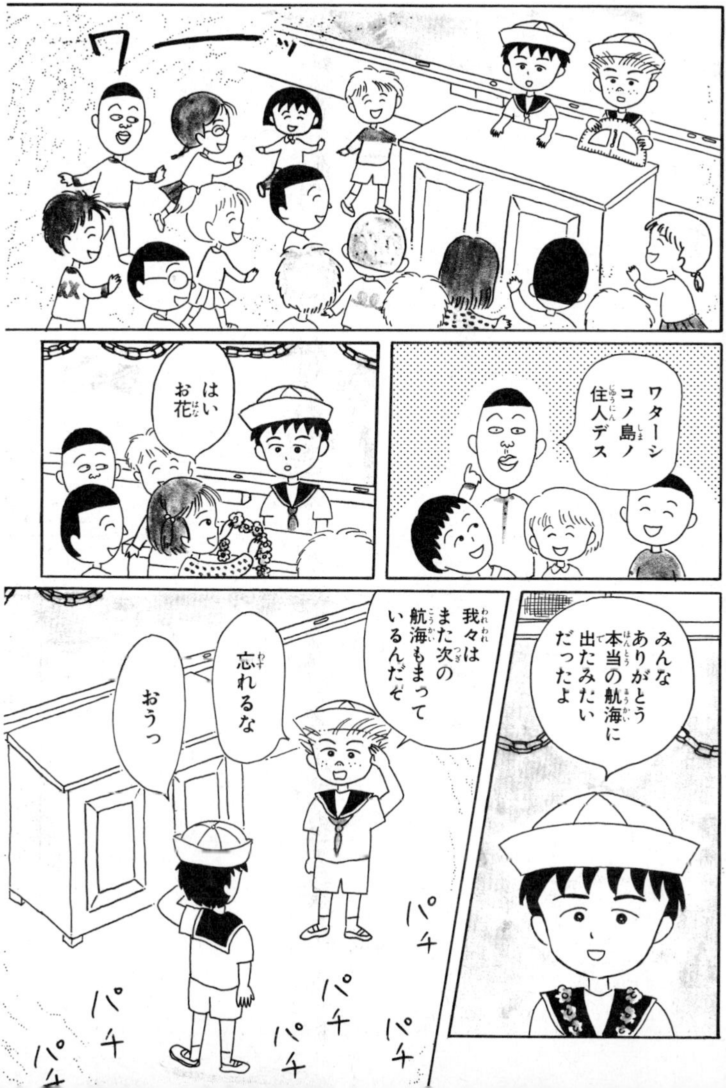
ワーーッ
ワターシ コノ島ノ 住人デス
はい お花
みんな ありがとう 本当の航海に 出たみたい だったよ
我々は また次の 航海もまって いるんだぞ
忘れるな
おうっ
パチ
パチ
パチ
パチ
パチ
パチ

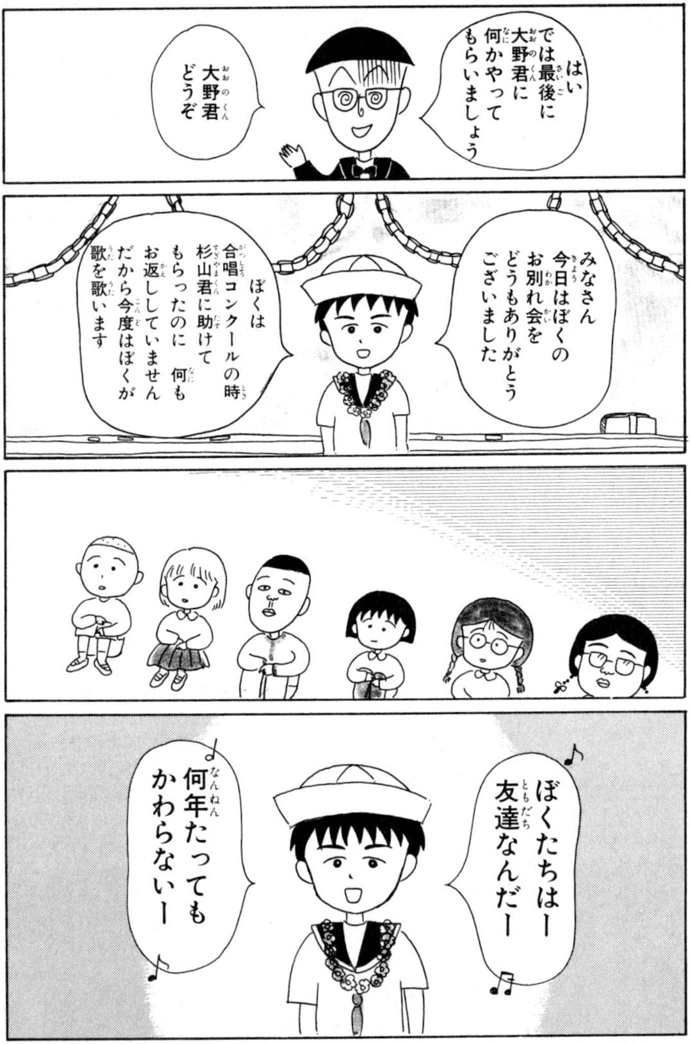
はい では最後に 大野君に 何かやって もらいましょう
大野君 どうぞ
みなさん 今日はぼくの お別れ会を どうもありがとう ございました
ぼくは 合唱コンクールの時 杉山君に助けて もらったのに 何も お返ししていません だから今度はぼくが 歌を歌います
ぼくたちはー 友達なんだー
何年たっても かわらないー

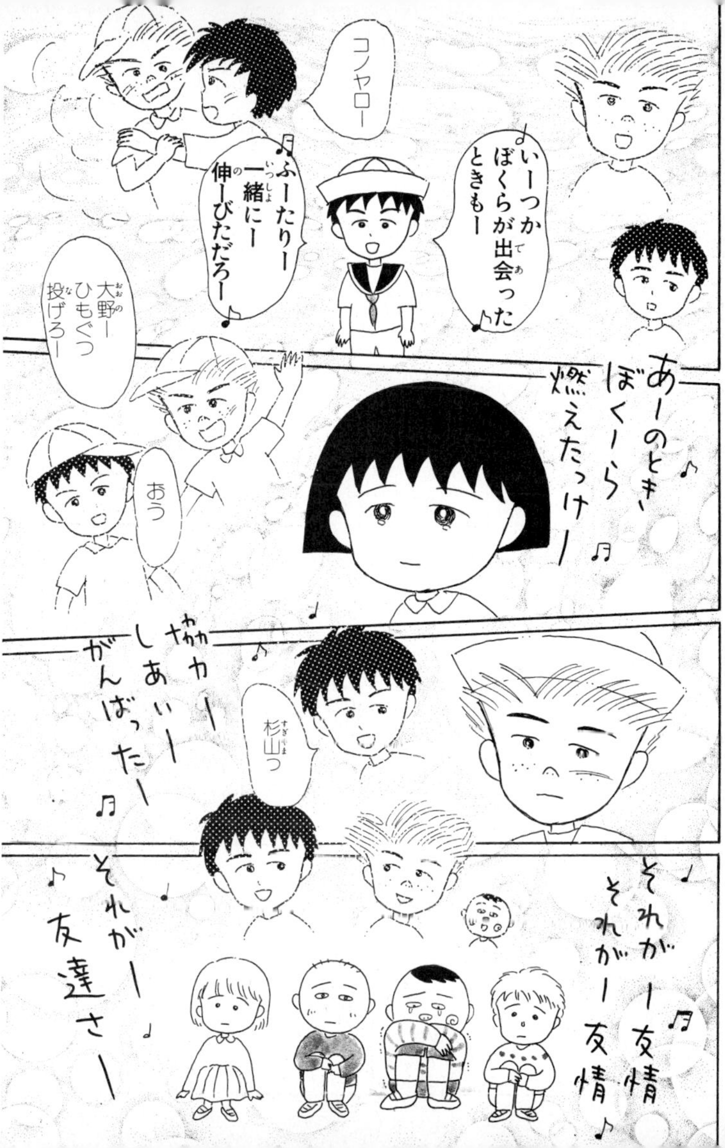

いーつか
ぼくらが出会ったときもー
コノヤロー
ふーたりー
一緒にー
伸ーびただろー
大野ー
ひもぐつ
投げろー
あーのとき
ぼくーら
燃えたっけー
おう
協力ー
しあいー
がんばったー
杉山っ
それがー友情
それがー友情
それがー
友達さー

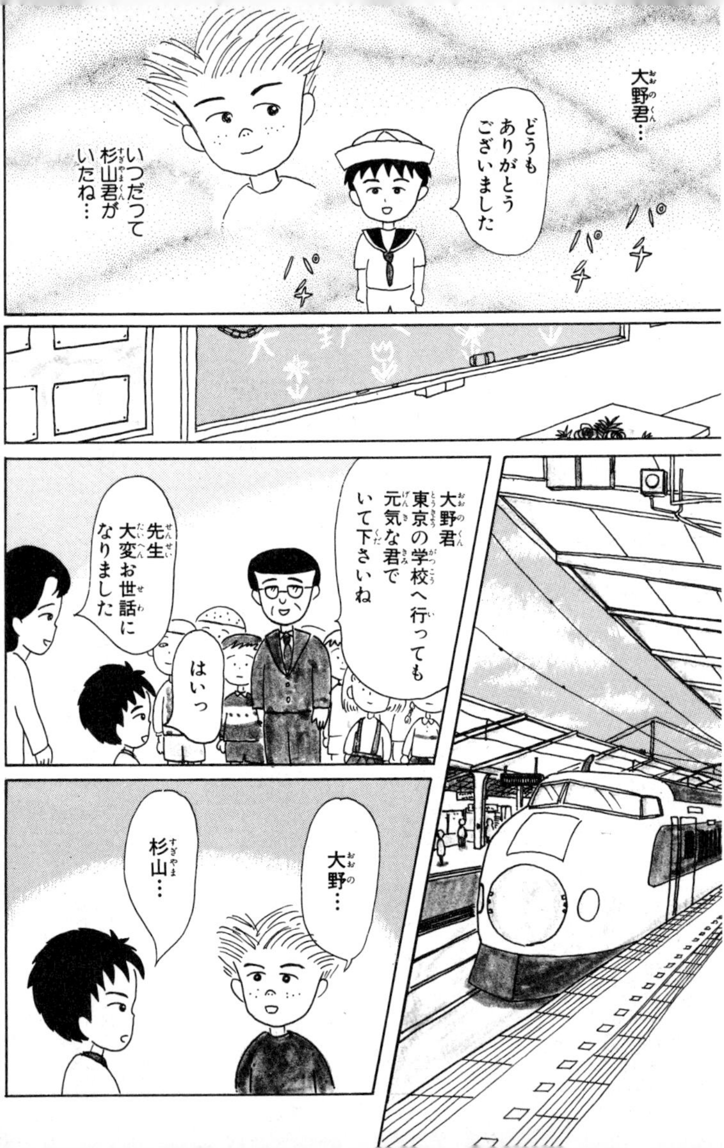
大野君…
パチ
パチ
パチ
どうもありがとうございました
いつだって杉山君がいたね…
大野君 東京の学校へ行っても元気な君でいて下さいね
はいっ
先生 大変お世話になりました
大野…
杉山…

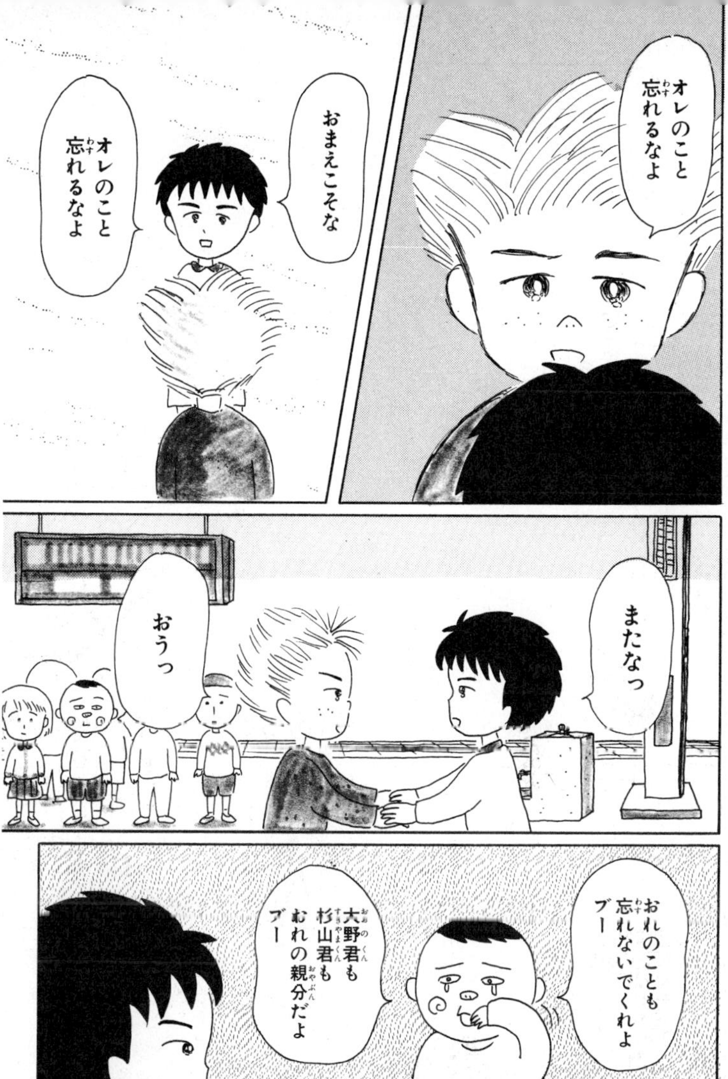
オレのこと忘れるなよ
おまえこそな
オレのこと忘れるなよ
またなっ
おうっ
おれのことも忘れないでくれよブー
大野君も杉山君もおれの親分だよブー

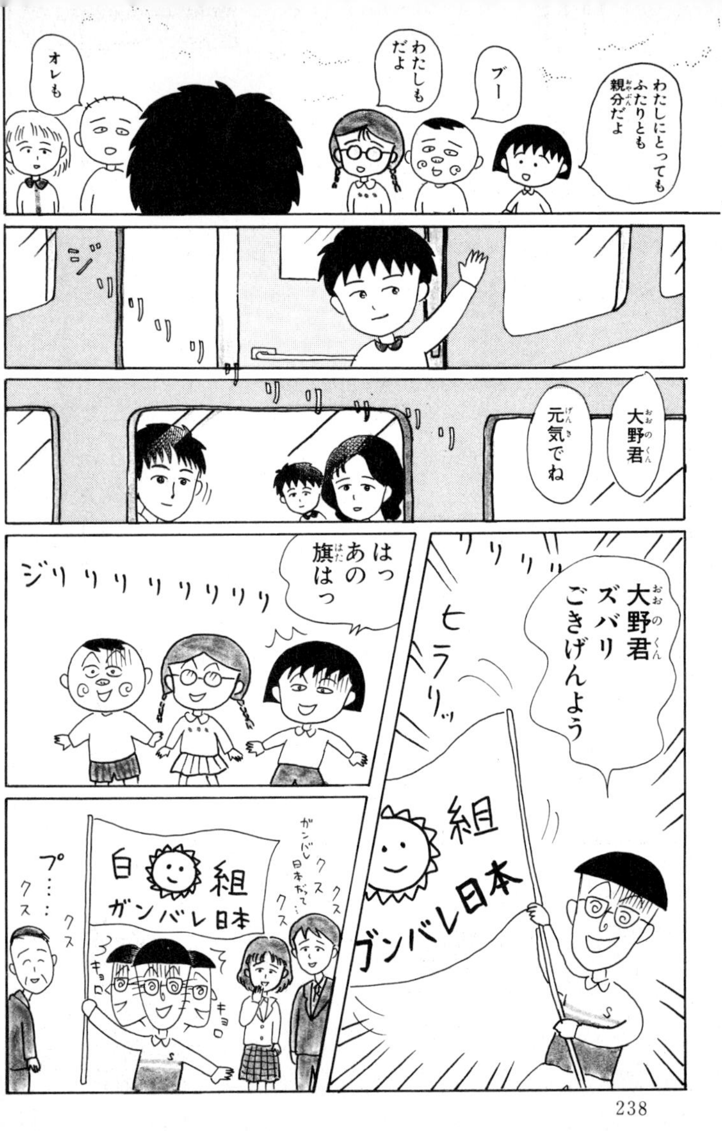
わたしにとってもふたりとも親分だよ
ブー
わたしもだよ
オレも
大野君
元気でね
リリリリ
大野君ズバリごきげんよう
ヒラリッ
組
ガンバレ日本
はっあの旗はっ
ジリリリリリリリリ
白 組
ガンバレ日本
プ…
クス
クス
ガンバレ日本だって…
クス
クス
キョロ
キョロ

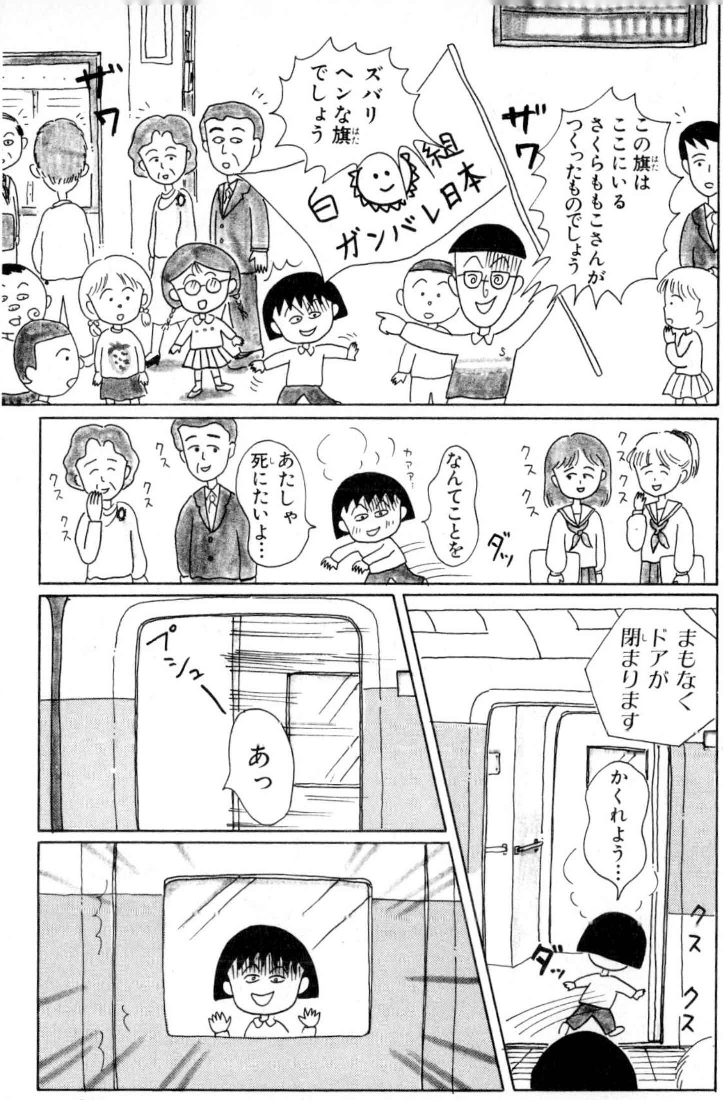
ザワ
この旗はここにいるさくらももこさんがつくったものでしょう
ズバリヘンな旗でしょう
白組ガンバレ日本
ザワ
なんてことを
あたしゃ死にたいよ…
クスクス
クスクス
ダッ
まもなくドアが閉まります
かくれよう…
ダッ
クスクス
プシュー
あっ

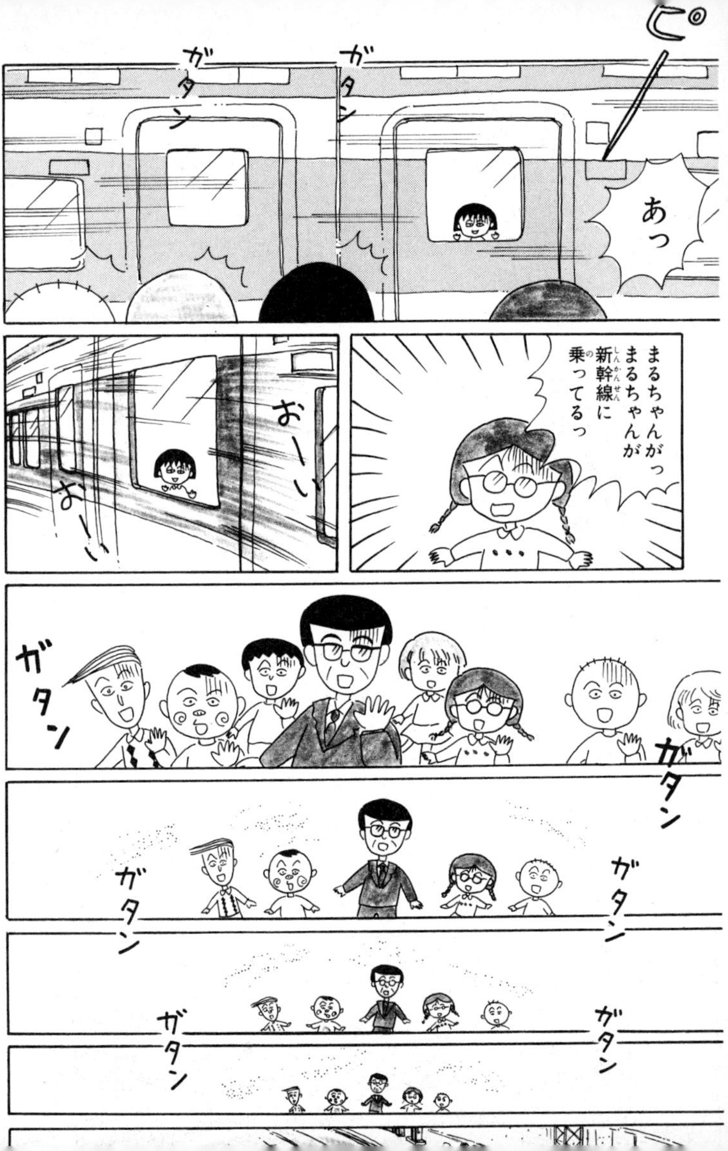
ぴ
あっ
ガタン
ガタン
まるちゃんがっ
まるちゃんが
新幹線に乗ってるっ
おーい
おーい
ガタン
ガタン
ガタン
ガタン
ガタン
ガタン
ガタン
ガタン

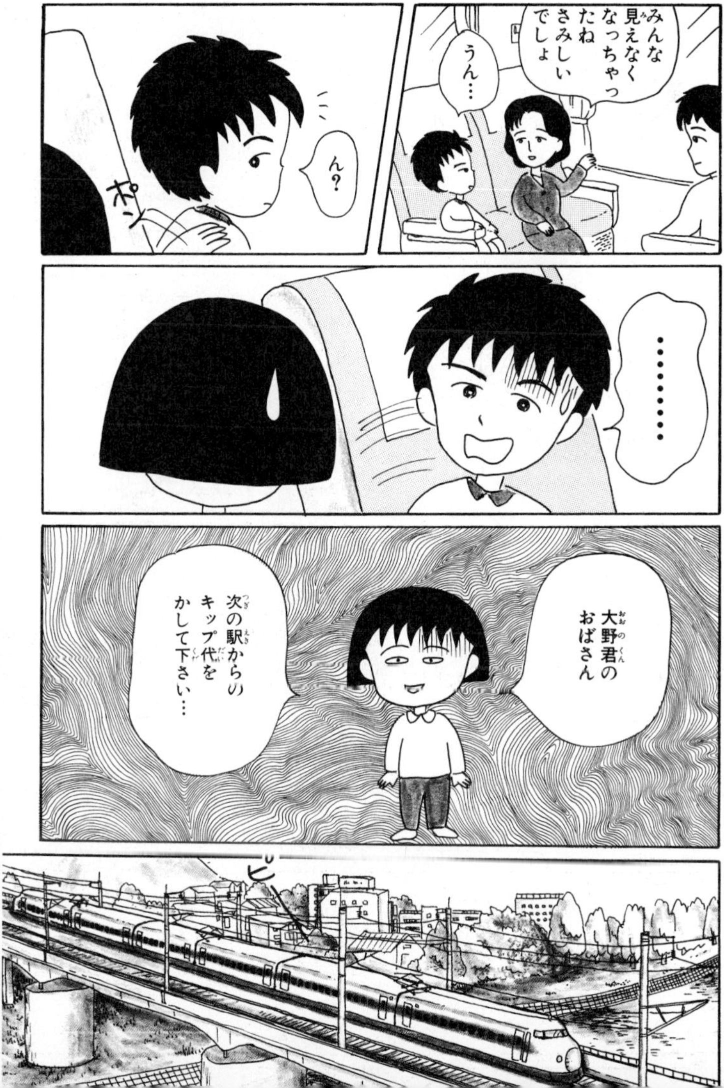

みんな見えなくなっちゃったねさみしいでしょ
うん…
ん？
ポン
…………
大野君のおばさん
次の駅からのキップ代をかして下さい…
ピー

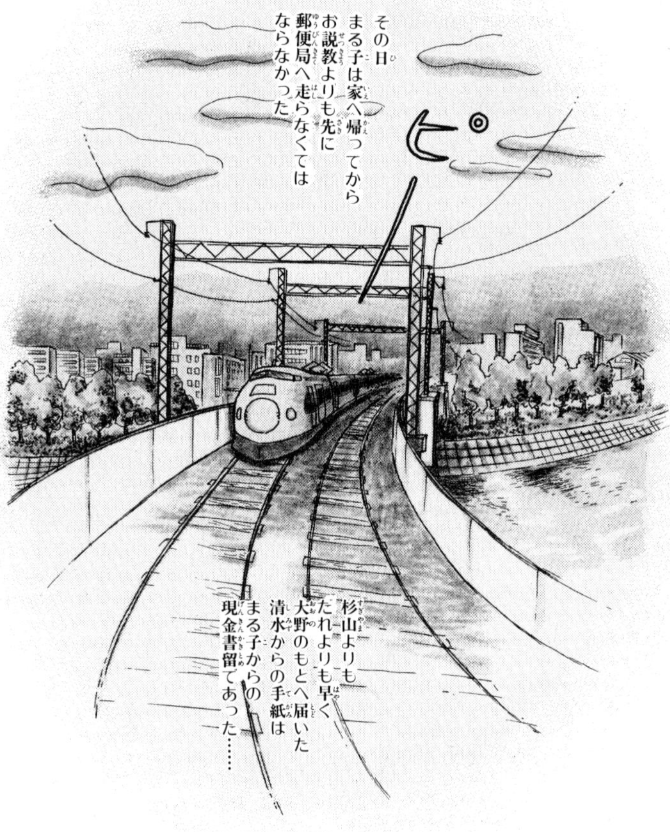
その日
まる子は家へ帰ってから
お説教よりも先に
郵便局へ走らなくては
ならなかった
ピ
杉山よりも
だれよりも早く
大野のもとへ届いた
清水からの手紙は
まる子からの
現金書留であった……

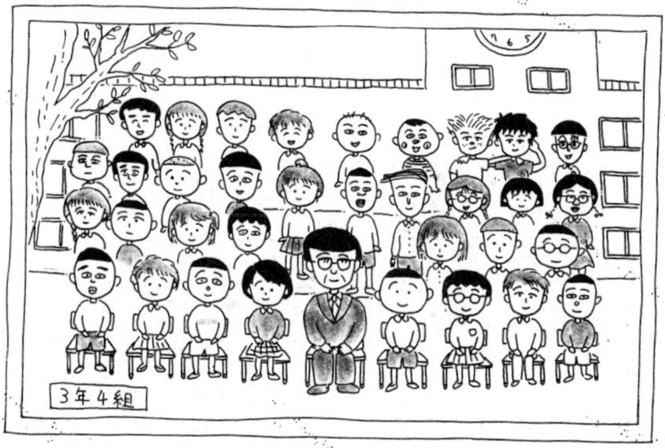

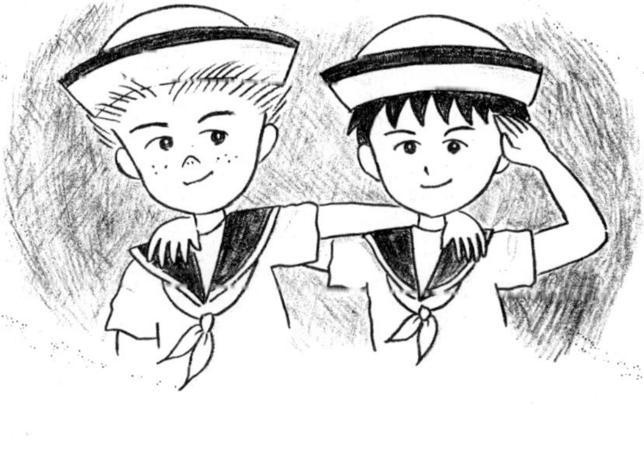

おわり

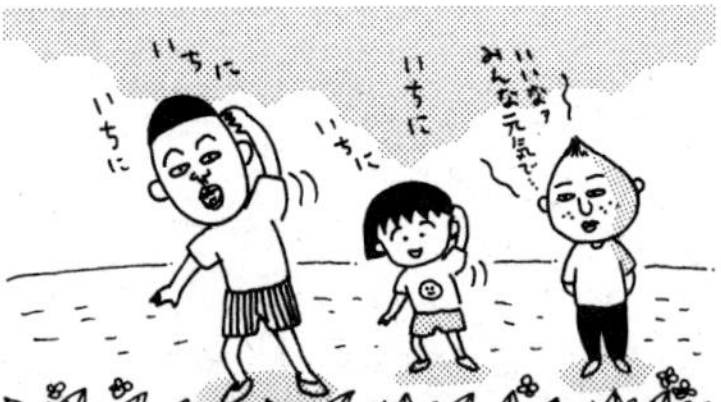
いいなァ みんな元気で…
いちに
いちに
いちに
いちに

ちびまる子ちゃん

まる子の
クラスの同窓会

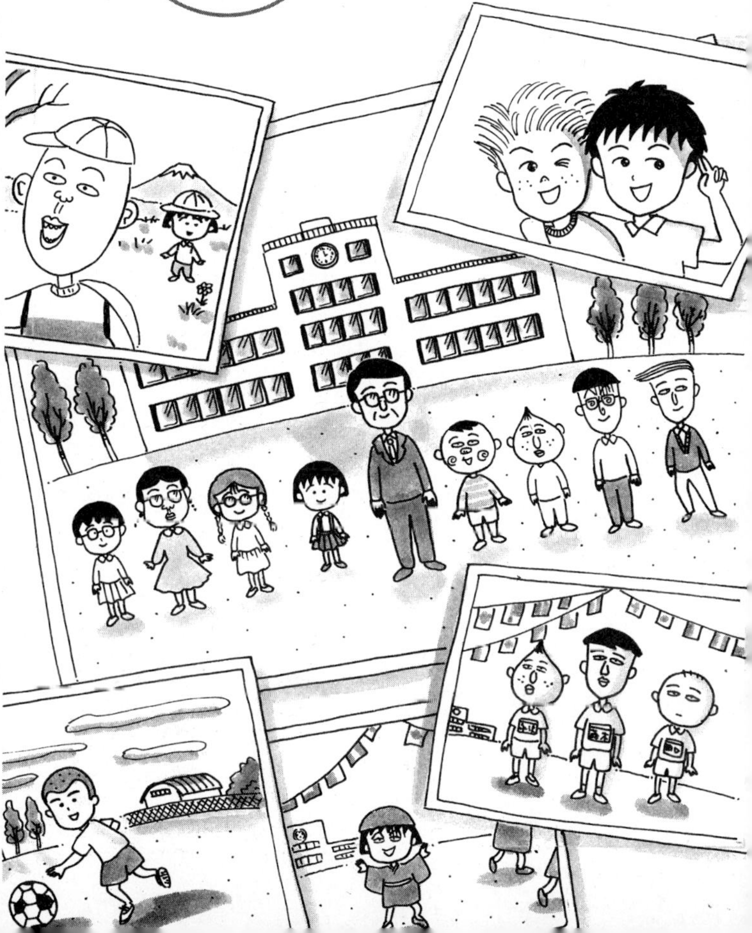

3年4組の仲間が
26才になったある日
一通のハガキが
皆のもとへ届いた——

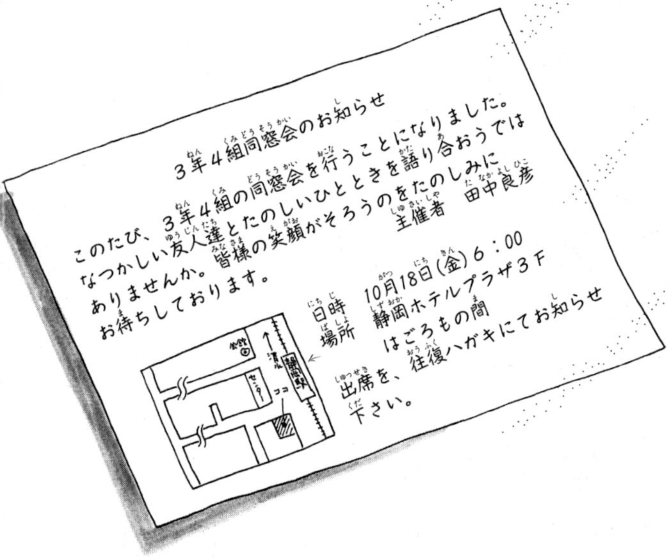

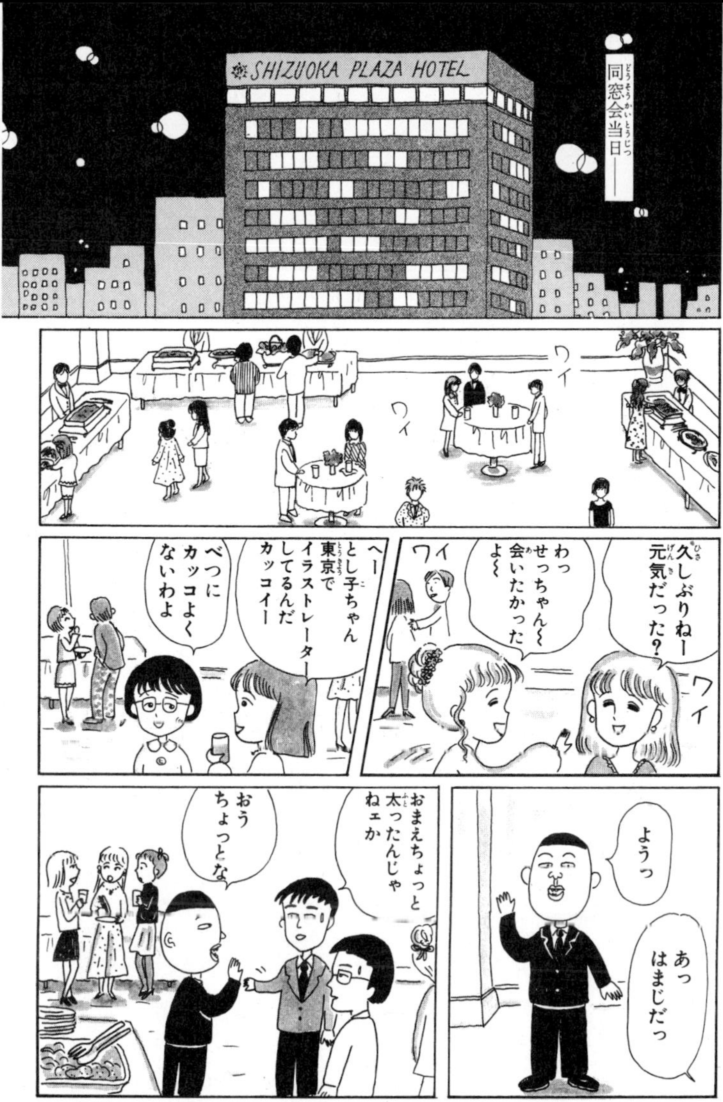
SHIZUOKA PLAZA HOTEL
同窓会当日――
ワイ
ワイ
久しぶりねー元気だった?
ワイ
わっせっちゃん〜会いたかったよ〜
ワイ
へーとし子ちゃん東京でイラストレーターしてるんだカッコイー
べつにカッコよくないわよ
ようっ
あっはまじだっ
おまえちょっと太ったんじゃねェか
おうちょっとな

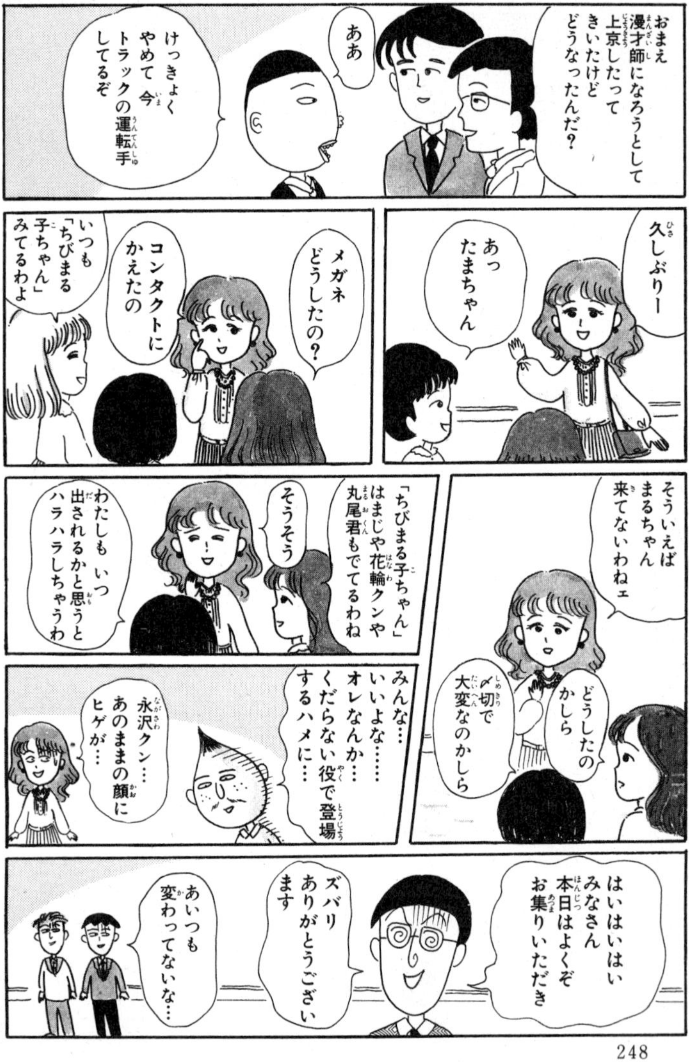

おまえ 漫才師になろうとして 上京したって きいたけど どうなったんだ？
ああ
けっきょく やめて 今 トラックの運転手 してるぞ
久しぶりー
あっ たまちゃん
メガネ どうしたの？
コンタクトに かえたの
いつも 「ちびまる 子ちゃん」 みてるわよ
そういえば まるちゃん 来てないわねェ
どうしたの かしら
〆切で 大変なのかしら
「ちびまる子ちゃん」 はまじや花輪クンや 丸尾君もでてるわね
そうそう
わたしも いつ 出されるかと思うと ハラハラしちゃうわ
みんな… いいよな…… オレなんか… くだらない役で登場 するハメに…
永沢クン… あのままの顔に ヒゲが…
はいはいはい みなさん 本日はよくぞ お集りいただき
ズバリ ありがとうございます
あいつも 変わってないな…

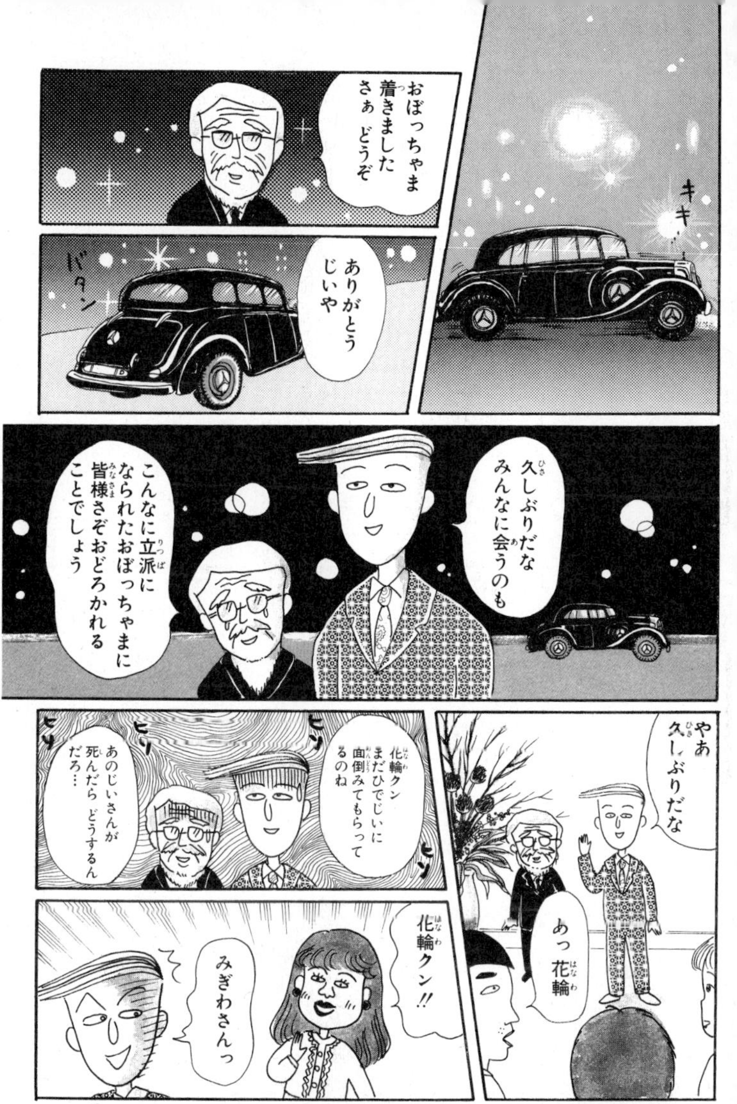
キキ…
おぼっちゃま
着きました
さぁ どうぞ
バタン
ありがとう
じいや
久しぶりだな
みんなに会うのも
こんなに立派に
なられたおぼっちゃまに
皆様さぞおどろかれる
ことでしょう
やあ
久しぶりだな
あっ 花輪
ヒソ
ヒソ
花輪クン
まだひでじいに
面倒みてもらって
るのね
あのじいさんが
死んだら どうするん
だろ…
花輪クン!!
みぎわさんっ

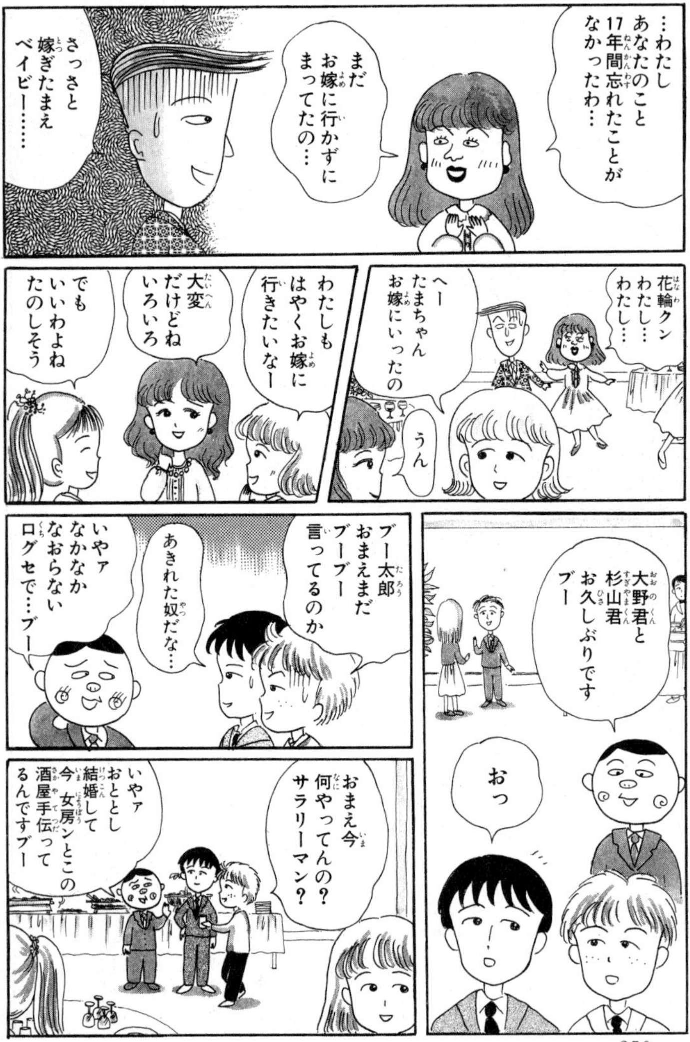
…わたし あなたのこと 17年間忘れたことが なかったわ…
まだ お嫁に行かずに まってたの…
さっさと 嫁ぎたまえ ベイビー……
花輪クン わたし… わたし…
へー たまちゃん お嫁にいったの
うん
わたしも はやくお嫁に 行きたいなー
大変 だけどね いろいろ
でも いいわよね たのしそう
大野君と 杉山君 お久しぶりです ブー
おっ
ブー太郎 おまえまだ ブーブー 言ってるのか
あきれた奴だな…
いやァ なかなか なおらない 口グセで…ブー
おまえ今 何やってんの？ サラリーマン？
いやァ おととし 結婚して 今 女房ンとこの 酒屋手伝って るんですブー

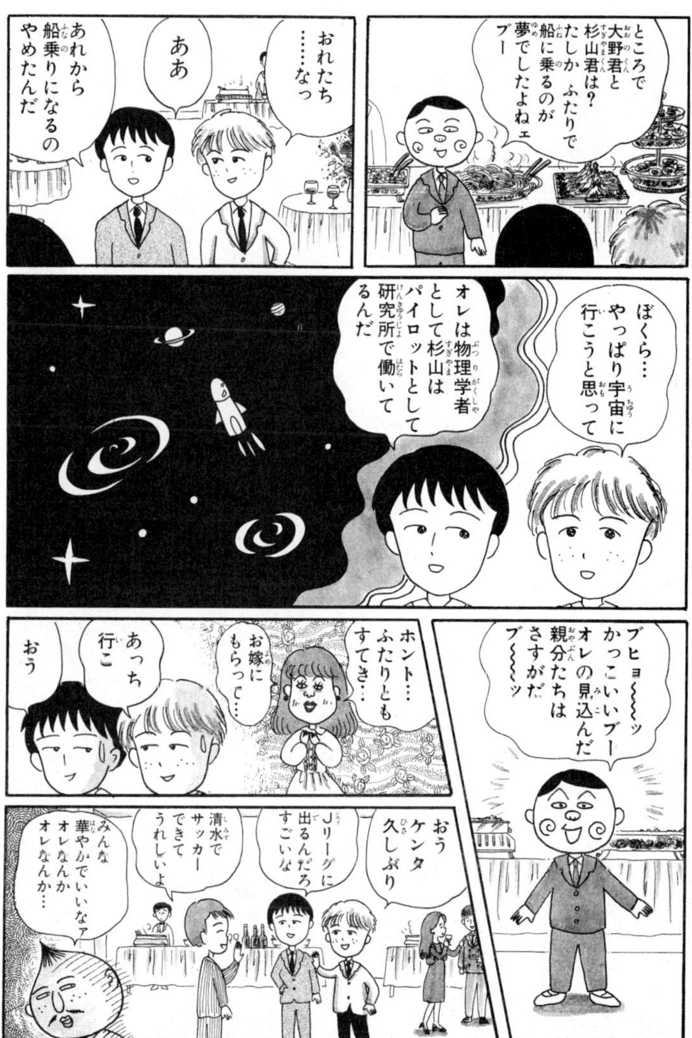
ところで
大野君と
杉山君は？
たしか ふたりで
船に乗るのが
夢でしたよねェ
ブー
おれたち
……なっ
ああ
あれから
船乗りになるの
やめたんだ
ぼくら…
やっぱり宇宙に
行こうと思って
オレは物理学者
として杉山は
パイロットとして
研究所で働いて
るんだ
ブヒョ〜〜〜ッ
かっこいいブー
オレの見込んだ
親分たちは
さすがだ
ブ〜〜〜ッ
ホント…
ふたりとも
すてき…
お嫁に
もらって…
あっち
行こ
おう
おう
ケンタ
久しぶり
Jリーグに
出るんだろ
すごいな
清水で
サッカー
できて
うれしいよ
みんな
華やかでいいなァ
オレなんか
オレなんか…

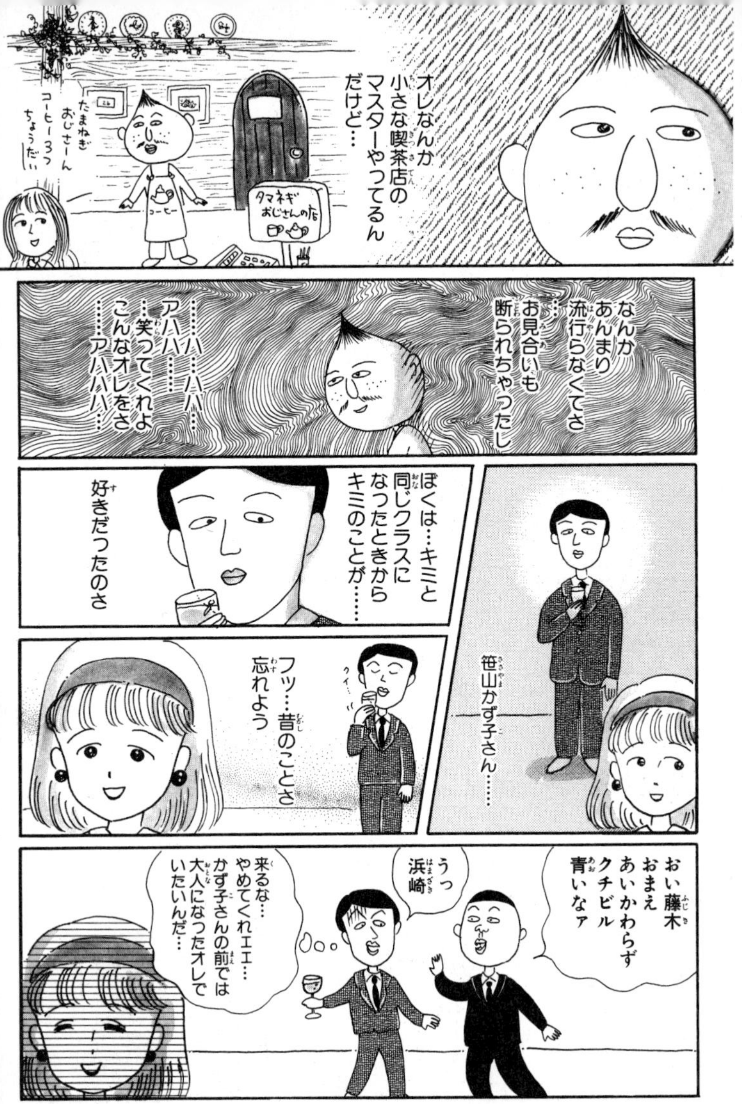

オレなんか
小さな喫茶店の
マスターやってるん
だけど…
タマネギおじさんの店
コーヒー
たまねぎおじさーん
コーヒー3つ
ちょうだい
なんか
あんまり
流行らなくてさ
…お見合いも
断られちゃったし
……ハ…ハハ…
アハハ……
…笑ってくれよ
こんなオレをさ
……アハハハ…
笹山かず子さん……
ぼくは…キミと
同じクラスに
なったときから
キミのことが……
好きだったのさ
フッ…昔のことさ
忘れよう
クイ…
おい藤木
おまえ
あいかわらず
クチビル
青いなァ
うっ
浜崎
来るな…
やめてくれエエ…
かず子さんの前では
大人になったオレで
いたいんだ…

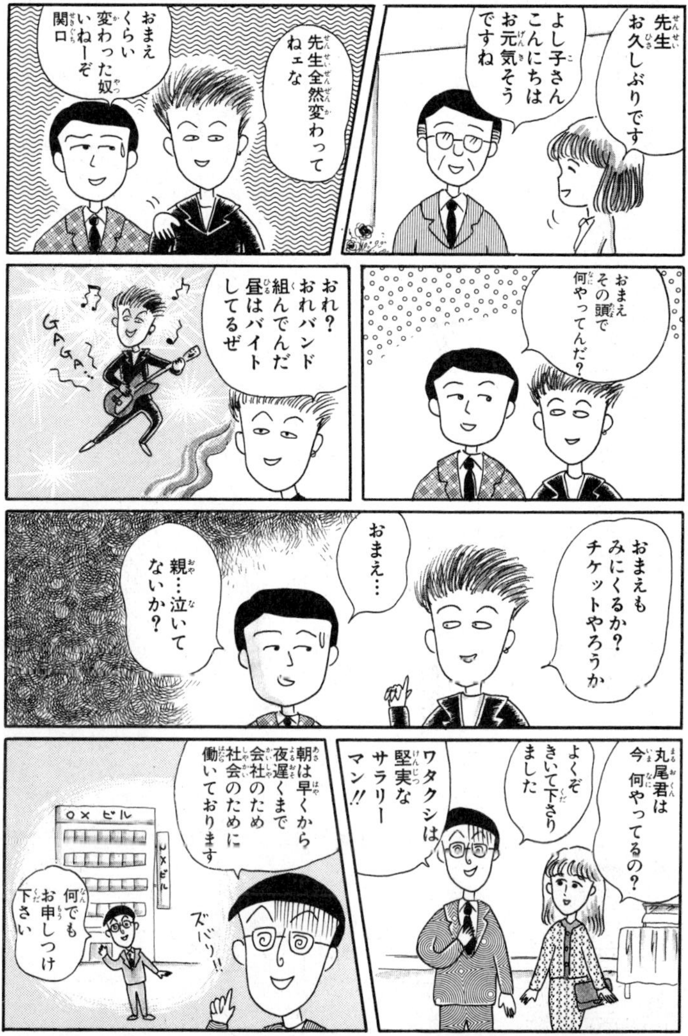
先生お久しぶりです
よし子さんこんにちはお元気そうですね
先生全然変わってねェな
おまえくらい変わった奴いねーぞ関口
おまえその頭で何やってんだ？
おれ？おれバンド組んでんだ昼はバイトしてるぜ
おまえもみにくるか？チケットやろうか
おまえ…
親…泣いてないか？
丸尾君は今何やってるの？
よくぞきいて下さりました
ワタクシは堅実なサラリーマン!!
朝は早くから夜遅くまで会社のため社会のために働いております
ズバリ!!
何でもお申しつけ下さい
○×ビル

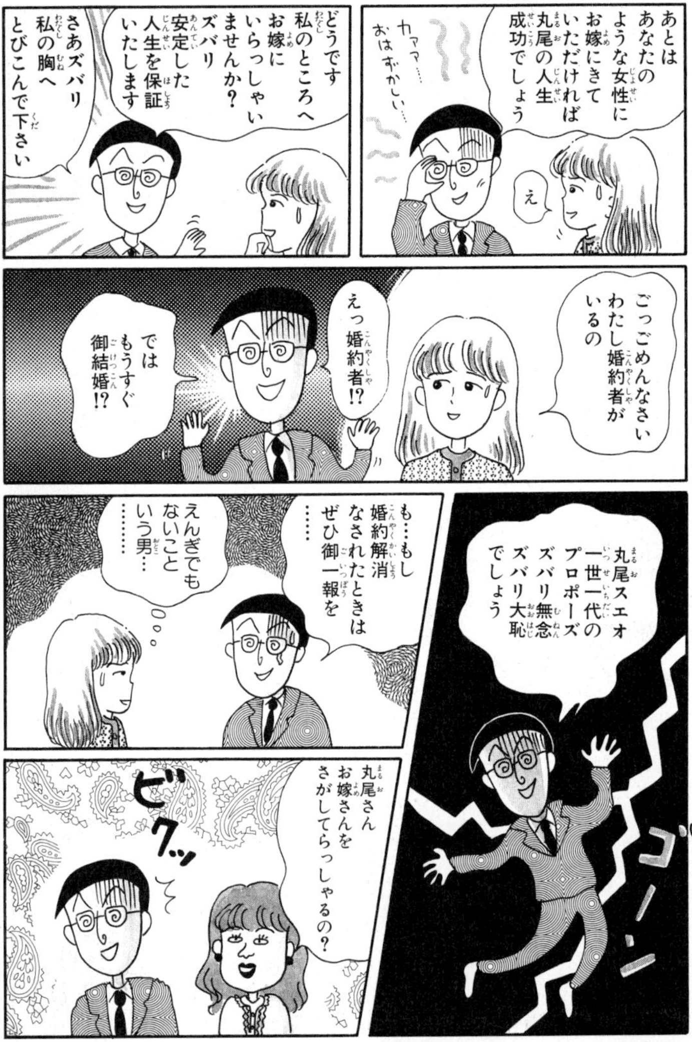
あとはあなたのような女性にお嫁にきていただければ丸尾の人生成功でしょう
カァァ…おはずかしい…
え
どうです私のところへお嫁にいらっしゃいませんか?ズバリ安定した人生を保証いたします
さあズバリ私の胸へとびこんで下さい
ごっごめんなさいわたし婚約者がいるの
えっ婚約者!?
ではもうすぐ御結婚!?
丸尾スエオ一世一代のプロポーズズバリ無念ズバリ大恥でしょう
ゴーン
も…もし婚約解消なされたときはぜひ御一報を……
えんぎでもないこという男………
丸尾さんお嫁さんをさがしてらっしゃるの?
ビクッ

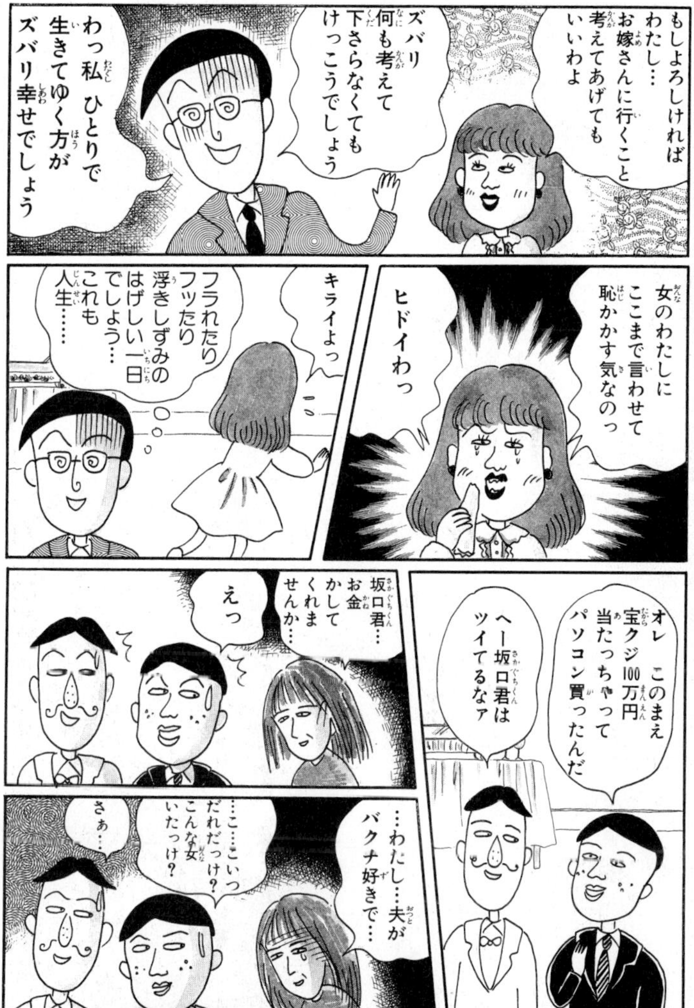
もしよろしければ
わたし…
お嫁さんに行くこと
考えてあげても
いいわよ
ズバリ
何も考えて
下さらなくても
けっこうでしょう
わっ私 ひとりで
生きてゆく方が
ズバリ幸せでしょう
女のわたしに
ここまで言わせて
恥かかす気なのっ
ヒドイわっ
キライよっ
フラれたり
フッたり
浮きしずみの
はげしい一日
でしょう…
これも
人生……
オレ このまえ
宝クジ100万円
当たっちゃって
パソコン買ったんだ
へー坂口君は
ツイてるなァ
坂口君…
お金
かして
くれま
せんか…
えっ
…わたし…夫が
バクナ好きで…
…こ…こいつ
だれだっけ？
こんな女
いたっけ？
さぁ…

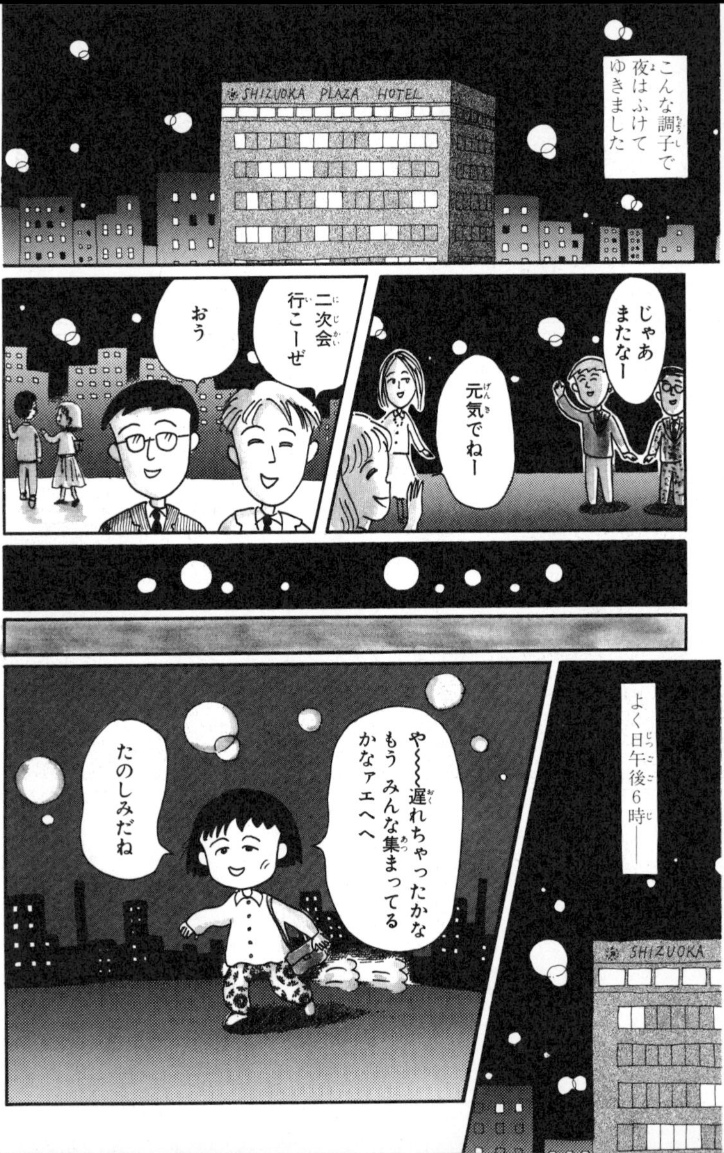
SHIZUOKA PLAZA HOTEL
こんな調子で夜はふけてゆきました
じゃあまたなー
元気でねー
二次会行こーぜ
おう
よく日午後6時——
SHIZUOKA
や〜〜遅れちゃったかなもう みんな集まってるかなアエへへ
たのしみだね

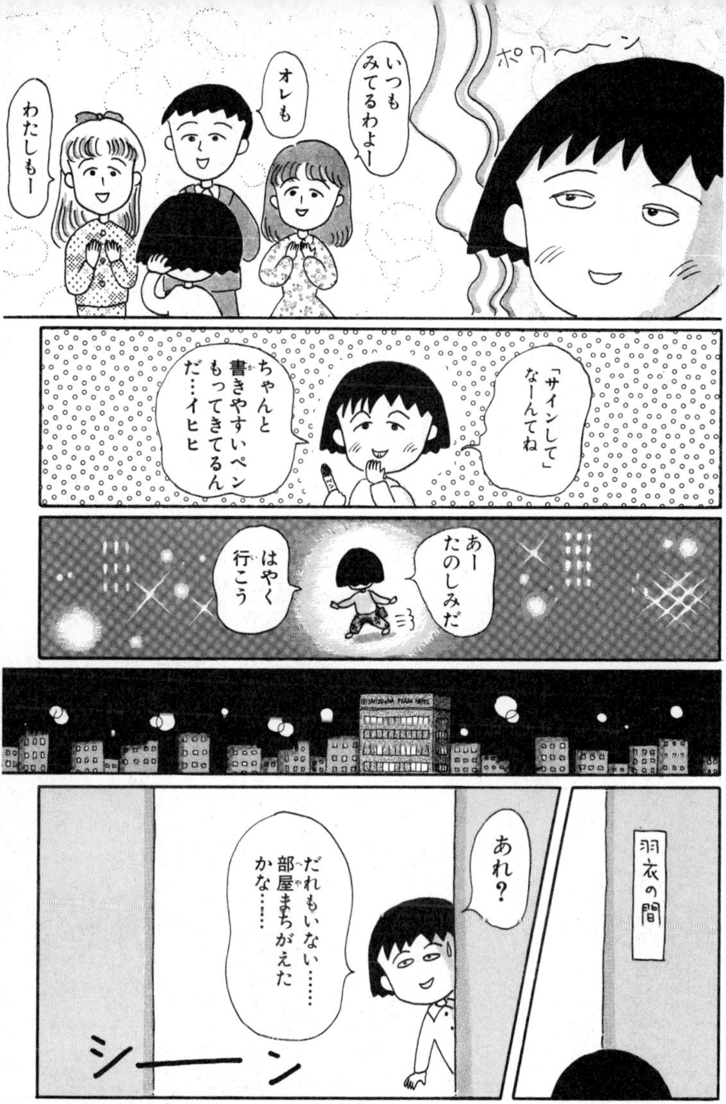
ポワ〜ン
いつもみてるわよー
オレも
わたしもー
「サインして」なーんてね
ちゃんと書きやすいペンもってきてるんだ…イヒヒ
あーたのしみだ
はやく行こう
羽衣の間
あれ？
だれもいない……部屋まちがえたかな……
シーーン

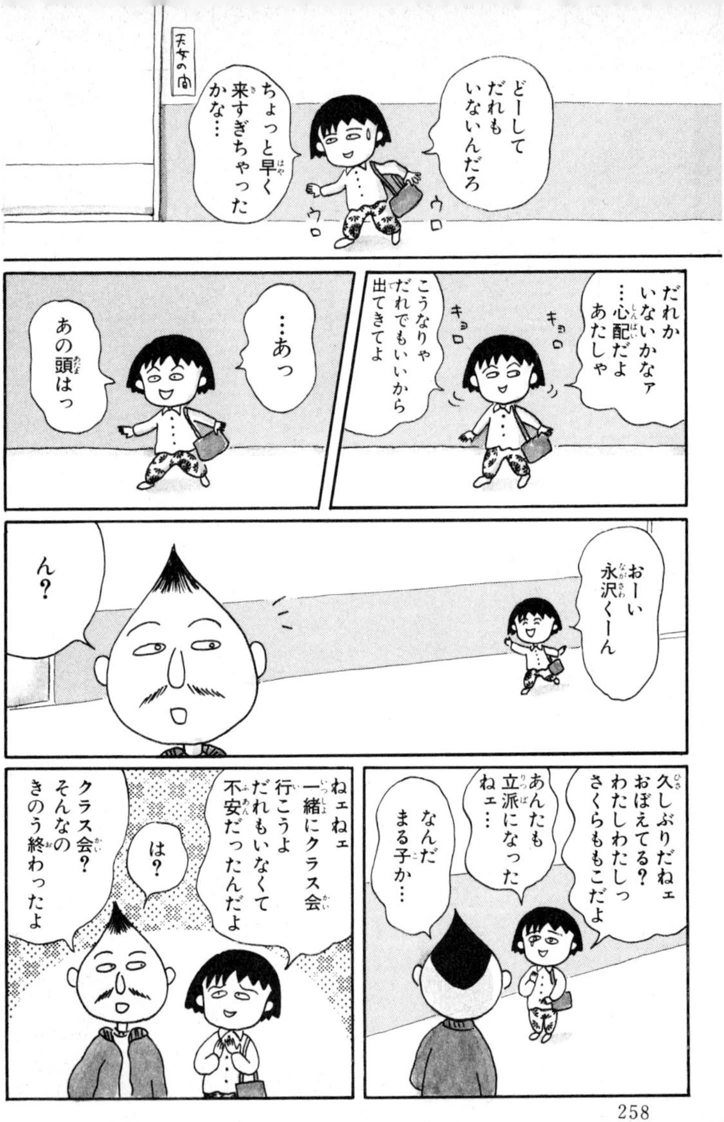
どーして
だれも
いないんだろ
ウロ
ウロ
ちょっと早く
来すぎちゃった
かな…
だれか
いないかなァ
…心配だよ
あたしゃ
キョロ
キョロ
こうなりゃ
だれでもいいから
出てきてよ
…あっ
あの頭はっ
おーい
永沢くーん
ん?
久しぶりだねェ
おぼえてる?
わたしわたしっ
さくらももこだよ
あんたも
立派になった
ねェ…
なんだ
まる子か…
ねェねェ
一緒にクラス会
行こうよ
だれもいなくて
不安だったんだよ
は?
クラス会?
そんなの
きのう終わったよ

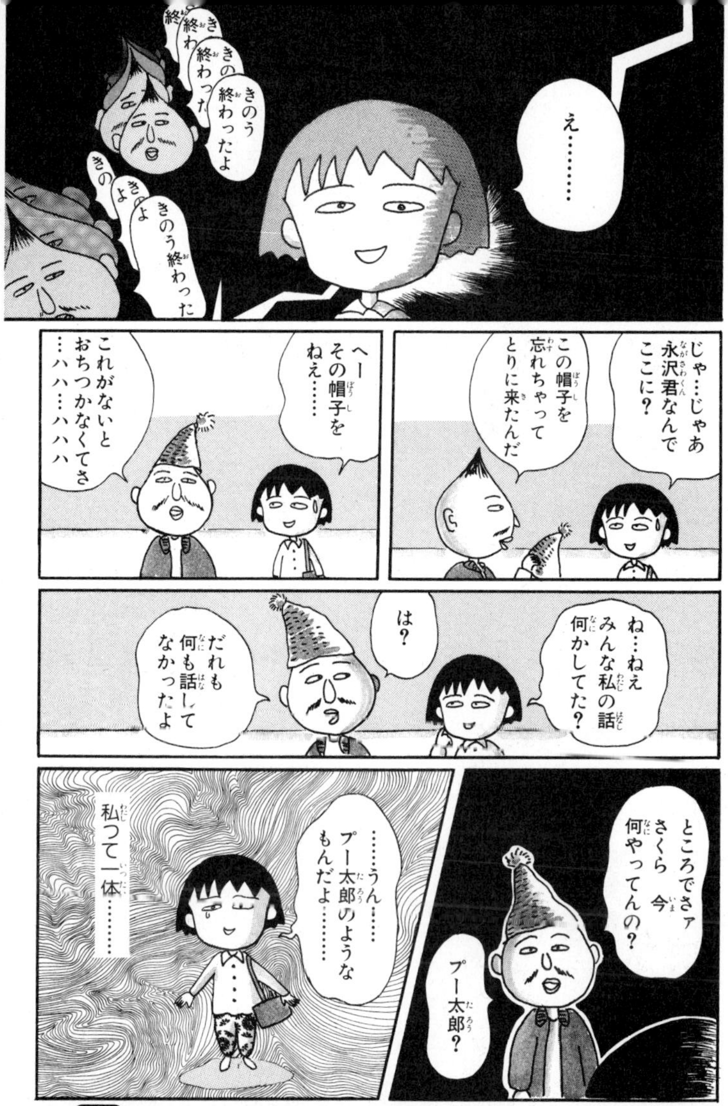

え………
きのう終わった
き
終わ
きの終わった
きのう終わったよ
きの
よ
きの
よ
きのう終わった
じゃ…じゃあ永沢君なんでここに?
この帽子を忘れちゃってとりに来たんだ
へーその帽子をねえ……
これがないとおちつかなくてさ…ハハ…ハハハ
ね…ねえみんな私の話何かしてた?
は?
だれも何も話してなかったよ
ところでさァさくら今何やってんの?
プー太郎?
……うん……プー太郎のようなもんだよ………
私って一体………

おわり

わたしのこころの
どこにいたの

ある日 出てきた
あなたの笑顔

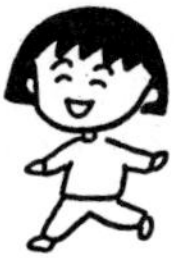

そんなに笑ってどこ行くの
そんなに泣いてどうしたの

あなたの小さいカバンの中に
わたしからの どうぞよろしくを
入れておきます

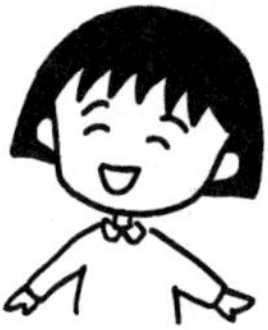

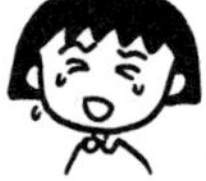

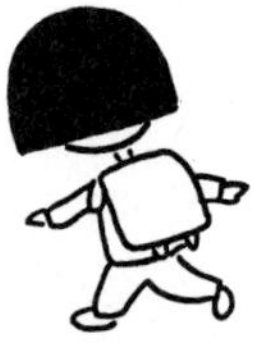

収録作品は、りぼん一九九〇年5月号〜9月号に掲載されました。
尚、「大野君と杉山君」は一九九〇年、「まる子のクラスの同窓会」は
一九九七年に描き下ろされたものです。
（単行本　一九九一年1月、10月、一九九七年6月に集英社より刊行）
※ポストカード　ちびまる子ちゃんおたのしみブック（一九九一年）

JASRAC 出0314062-301

集英社文庫（コミック版）

ちびまる子ちゃん　4

2003年12月17日　第1刷

定価はカバーに表示してあります。

著　者　さくらももこ

発行者　片山道雄

発行所　株式会社　集英社
東京都千代田区一ツ橋2－5－10
〒101-8050
電話　東京　(3230) 6326（編集）
(3230) 6393（販売）
(3230) 6080（制作）

印　刷　図書印刷株式会社

Printed in Japan

ISBN4-08-618118-5 C0179